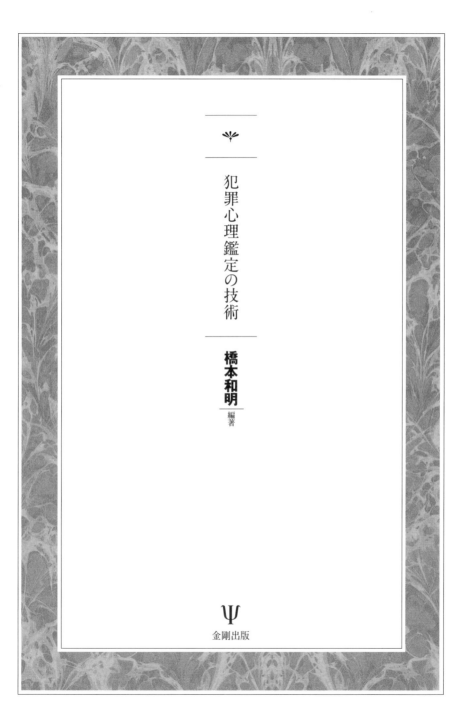

犯罪心理鑑定の技術

橋本和明 編著

金剛出版

はじめに

橋本和明

　これまで犯罪や非行に関する書籍は数多く出版されている。また，刑事事件の精神鑑定を論じた書籍もいくつか出版されている。しかし，犯罪の心理鑑定について書かれたものはほとんどなかった。その意味で本書は，犯罪心理鑑定についてのさまざまな技術を編集した極めて実践的で実務的な一冊と言える。

　「犯罪心理鑑定」という用語は読者にはあまり聞き慣れないものかもしれないが，これは罪を犯した被告人が裁判等を受けるに際して，その心理や犯行のメカニズムを見定める手法のことである。一般的には精神鑑定という用語のほうがよく知られているが，犯罪心理鑑定はそれとは少し異なる。犯罪心理鑑定はしばしば情状鑑定という名称で呼ばれることがこれまで多く，法律家の間ではどちらかと言うと，情状鑑定のほうが馴染みが深いかもしれない。

　私がこの本を編集しようと考えた理由のひとつは，犯罪心理鑑定はまだまだ世に知られていないが，今後はそれがもっと広まっていくと考えたからである。平成21（2009）年に裁判員裁判がスタートし，国民のなかから選ばれた裁判員が重大事件を裁判官とともに審議し判決を下すようになった。法律の専門家でもない，まして犯罪のことはよく知らない裁判員が，法廷で，被告人の話や弁護人，検察官の尋問を見聞きして結論にまで導くのであるから，その苦労は相当なものである。まして殺人など被害が甚大であったり，真相がわかりにくい不可解な事件になるとなおさらであ

る。そのような状況もあって，被告人の犯行の心理を読み解く犯罪心理鑑定が専門家に依頼され，法廷でそれを証言することが求められる機会が増えてきている。鑑定人は対人援助職の専門家として，被告人のパーソナリティや家庭環境，成育史を調査し，それが犯罪とどのように結びついたのかを解説することになる。時には，この被告人が更生をしていくための条件や方法などについて意見を述べることもある。そうすることで，裁判員が犯罪行為の軽重だけに目を奪われることなく，犯行のメカニズムや心理を理解し，被告人の全体を見て判断しやすくなる。そう考えると，犯罪心理鑑定の役割や責任は今後はますます重要となってくるに違いない。

　本書を編集しようとしたもうひとつの理由は，上記のように犯罪心理鑑定の要請が増してくるのに比して，鑑定ができる専門家は現時点では限られていることにある。現状では，これまで家庭裁判所で家庭裁判所調査官を経験した人や，法律のことや犯罪・非行のことを熟知し，社会調査などの調査技法にも精通している人に鑑定が依頼されていることが多い。しかし，先述した事情もあって，今後は犯罪心理鑑定が普及し，鑑定を引き受けてくれる人材を求める動きが活発になるはずである。そのときのためにも，犯罪心理鑑定についての技術をまとめた書籍を出版し，多くの関連領域の専門家に関心を抱いてもらい，鑑定人の養成につながればと願ったわけである。

＊

　本書の作成に際して，これまで心理鑑定にかかわった多くの専門家に執筆していただいた。本書は全体で4部構成になっており，第1部「技術としての心理鑑定」では，まず私が総論として「技術としての犯罪心理鑑定」を担当した（第1章）。ここでは，犯罪心理鑑定の定義や意義についてまとめ，精神鑑定や情状鑑定との差違について整理し記述した。私はそのなかで，「犯罪心理鑑定は，被告人の性格等を精査し，その形成過程が家庭環境や成育歴とどのように関係するかを明らかにするとともに，犯行

のメカニズムやそのときの心理状態を心理学的に解明する鑑定である」と定義した。つまり、犯罪心理鑑定の大きな目的は、なぜ被告人がこの事件を起こしたのかについてより真実に近い事実にアプローチすることであると私は考えている。単に、被告人の過去の生い立ちや家庭環境を遡って調べ、同情すべき不遇な成育環境だったと言うだけでは意味はまったくない。それらの事柄が今回の犯罪にどう結びついているのかを事実に基づいて示していくことに犯罪心理鑑定の意義があると強調したかったのである。そして、具体的な鑑定をイメージしやすいように、架空事例を用いて、どのように鑑定しそれを証言をするのかについても記述した。

次に、精神科医として数多くの精神鑑定に携わってきた井原裕氏に、「裁判員制度時代の精神鑑定」について論述していただいた（第2章）。井原氏は、鑑定を受託するに際しての鑑定人の心構えやあるべき姿勢について触れられており、「『技術』には、つねにそれを使う人の生き方や考え方がこめられている。それを人間観とか、倫理観と呼ぶわけだが、そういった精神的な価値なくしては『技術』に生命が宿らない」と言う。また、同氏は、2つの架空の鑑定事例を挙げ、情状面がどの程度考慮されたのかという比較検討をしている。鑑定人は人間の心の深淵に触れて、ある状況に置かれた被告人の人間としての姿がテーマとなる質の高い仕事をしなければならないと指摘し、同時に、それを引き出す検察官や弁護人の尋問の重要性も強調している。そして、「鑑定人は裁判員の琴線に触れるようなヒューマンな事情を証言する」のでなければ鑑定の目的が達せられないと述べている。おそらく読者は、生命の宿った鑑定とはいかなるものかを自然と考えさせられるはずである。

もう一人、法律家の立場から廣瀬健二氏に「法律家が求める心理鑑定」をご執筆いただいた（第3章）。廣瀬氏は長年裁判官として、刑事事件や少年事件を担当された経験もあり、法律家あるいは裁判官から見た鑑定のあり方を論述している。そこでは、犯罪心理鑑定が刑事裁判あるいは少年審判などでどのように位置づけられているのか、あるいは鑑定を実施する際、鑑定事項の設定や鑑定資料、鑑定手法、鑑定結果をどのように扱うべ

きなのかなど，極めて実務的な留意点を挙げている。同氏は，「心理鑑定を含む鑑定を行う専門家においても，事件の手続きの流れや鑑定命令・嘱託の趣旨，鑑定事項，鑑定資料の範囲等を正確に理解したうえ，法律実務家等に専門的な分析の手法，判断内容等を，その前提となる法則・基礎知識等の説明も含めて，わかりやすく，正確に伝えることが，鑑定の適切・有効な活用のために必要である」と述べている。さらに，「〔臨床心理の専門家と法律実務家の〕双方の一層の努力によって，心理鑑定が，この分野においても，より有効に活用され，犯罪・非行等の原因究明が一段と進むのみならず，最適な処遇への理解が深まり，有効な処遇によって再犯防止が促進されること，さらには，犯罪や非行に対する不正確な理解・偏見に基づく厳罰化論などが抑制されることも期待したいところである」と締めくくっている。廣瀬氏は論文を通じて，心理鑑定が有効に活用されていくためには，法律家はもとより他職種との連携のありようがものを言い，他職種に情報を伝える技術がなくてはならないと指摘する。

第2部「情状鑑定としての心理鑑定」では，少年事件，発達障害，虐待というテーマに焦点を当てた心理鑑定について取り上げた。

まず「少年事件における心理鑑定」を，家庭裁判所調査官をされてきた村尾泰弘氏にご担当いただいた（第4章）。犯罪心理鑑定は少年事件が家庭裁判所で検察官送致となり，地方裁判所の法廷に手続きが移った事件に対して実施されることがしばしばある。なぜなら，少年事件は対象が未成年であるだけに，精神的な未熟さがどの程度犯罪に影響しているかなど，今後の更生のあり方についてより一層慎重に考えなくてはならないからでもある。同氏は，少年事件と刑事事件との手続きの違いをわかりやすく説明したうえで，少年事件が刑事裁判所に移った際の鑑定のあり方が成人事件とは違うところや，そのような鑑定の実施に関する留意点を論述している。つまり，少年事件の鑑定ならではの特殊性がそこにはあり，それをいかに考慮しながら鑑定作業を進めていくのかという技術や知識について論じている。鑑定を担当する読者には是非とも読んでいただきたい内容である。

次に，発達障害の分野では小栗正幸氏に「発達障害と心理鑑定」につい

て論じていただいた(第5章)。小栗氏はこれまで法務教官を長年経験され，宮川医療少年院の院長も務められた。なかでも発達障害については造詣が深く，そのかかわりにおける示唆に富んだ技術を多くお持ちでもある。本論においても，小栗氏らしい軽快な論調で論を進められ，殺人を犯した発達障害者の「人を殺してみたかった」という言葉をどう理解すればよいのかについて解説している。私自身も発達障害者の鑑定をこれまで何度か実施した経験はあるが，それを第三者，あるいは一般の方にいかに理解してもらうかはなかなか困難を感じるところである。しかも，それを裁判員裁判という限られた時間のなかで証言することは並大抵のものではない。だからこそスペシャリストとしての鑑定人の役割が大きいと言えるのである。小栗氏の論述内容からは多くのヒントが得られるだろう。

そして，「虐待事件における心理鑑定」について，西澤哲氏に執筆をお願いした（第6章）。西澤氏は虐待研究の第一人者であり，これまで虐待事件での鑑定経験も多い。本論においては，子どもを死に至らしめる親の心理的特徴が的確に記述され，特に父親の無力感・無能感とそれに起因する支配性については非常に教えられるところが多い。また，母親の依存をめぐる心理（とりわけ男性依存やセックス依存）をキーワードに，虐待が起こってしまう背景やメカニズムを明らかにしている。これらの視点は，虐待事件の心理鑑定に際して非常に重要な視点になってくるであろうし，そのことが加害者である保護者の更生や虐待防止のポイントになるはずである。

第3部「心理鑑定の臨床的意義」では，4つのテーマから心理鑑定の臨床的意義をまとめている。

須藤明氏は，これまでの情状鑑定の経験を踏まえながら，鑑定における被告人との面接の意義について論述している（第7章）。須藤氏がそこで取り上げる「情緒的交流の場としての面接」は，これまで自分の気持ちを誰にも理解してもらえないだろうと思っていた被告人に前向きな姿勢を生み出し，面接において「"理解される"という体験」が，被告人に内在する被害者性を扱うことを可能にする。このような被告人と鑑定人との生き

た面接を通じてこそ,被告人の発達が促進され,犯罪に至るリスク因子が低下するのである。鑑定は科学性を担保し,中立的に行なわれるべきものであり,それが鑑定の必須条件と私は考えている。しかし,そこに何の情緒的交流も生まれず,無味乾燥なものしか残らないとしたら,その鑑定にどれほど意味があるだろうかと考えるのである。須藤氏の論は,鑑定における面接の意義を問いつづけていると言える。

　山田麻紗子氏も「被告人の変容と更正に資する情状鑑定の意義」で,別の角度から鑑定の臨床的意義を述べている(第8章)。山田氏は,情状鑑定が被告人の変容とその後の更生にとって極めて有意義であると主張するとともに,被告人の家族の意識を変えることもあると指摘している。鑑定を行なうプロセスそのものが被告人との信頼関係を生み,鑑定作業を通じてこれまでの成育史を含めた過去を鑑定人と一緒に振り返る体験が,被告人および家族の変容を可能にすると同氏は語る。そして,水上勉が書いた小説『金閣寺炎上』を取り上げ,金閣寺に放火した加害者・林養賢の本当の犯行動機がいかにあったかを引用しつつ検証し,情状鑑定の原点にすべきだと述べている。そして,著者・水上勉がこれを執筆する際,丹念に資料を精読し,加害者の成育史や事件の真相を知るために何度も生活した地域や事件現場に足を運び,多くの参考人から事実を聴取している事実を紹介している。そのうえで,このような手法があったからこそ,裁判時に扱われた精神鑑定書や判決文にはない,真実に近い加害者の犯行の心理を浮かび上がらせることができたと山田氏は述べている。鑑定における鑑定人の真実を追い求めていこうとするプロセスそのものが臨床的意義をもっているという同氏の主張は,重要な視点である。

　横山巌氏には,「民事事件における心理専門職の関わり」というタイトルでご執筆いただいた(第9章)。横山氏は長年裁判官を務め,現在は弁護士として活躍されている。横山氏には犯罪心理鑑定ではなく,民事事件における心理専門職との関わりや民事鑑定について論じてもらった。私の記憶では,村瀬嘉代子氏(現 日本臨床心理士会会長)が子どもの親権が争点となったケースで担当した心理鑑定が民事鑑定の第1号ではないかと

思う。刑事事件における心理鑑定が近年少し広がりを見せてきてはいるが，民事事件への心理専門職の関与はまだまだこれからという段階である。しかし，現時点で民事事件における法律家と心理専門職との協働をしっかり考えておかねばならない。横山氏は，近年問題となっている学校におけるいじめ事件の民事訴訟事件を取り上げて，被害者が裁判によって二次被害を受けないようにという切実な想いのもと，いかに臨床家と協力して裁判を進めていくかについて論じている。横山氏は大津いじめ事件の調査委員長を務めた経験もあって，いじめについての理解や被害者の置かれる心情を実にリアルに取り上げ，そして聴き取り時や訴訟時の対応の留意点を細かな点まで配慮されて丁寧に述べている。本論は法律家の視点から書かれているが，臨床家としても学ぶべきことが多い。

　第3部の最後には供述分析で著名な仲真紀子氏に「供述分析としての鑑定」をご執筆いただいた（第10章）。犯罪心理鑑定には臨床心理学をベースにしたものだけではなく，発達心理学や認知心理学を応用した分野も存在する。そのもっとも顕著なものがこの供述分析である。供述分析では，子どもや被害者の供述にどれほどの信憑性があるのかを判断し，それを裁判における有力な手がかりとするのである。この供述分析からの流れで，子どもの供述を誘導や汚染のない状態で正確に聴き取る技法として生まれたのが司法面接（forensic interview）である。仲氏はわが国における司法面接の第一人者であり，2009年から2年間，警察庁で開かれた「被害児童からの客観的聴取手法に関する研究会」で座長を務められた（私もその委員を務めた）。この供述分析は，いわゆる情状鑑定とはベースになる学問も手法も違うが，犯罪にまつわる真実の追究という点では同じである。犯罪について表面的なことをなぞるアプローチではなく，そこで何が起こっているのか（あるいは何が起こっていなかったのか），当事者が見ていたものは何かなど，鑑定人としてアプローチしていく姿勢に学ぶべきところも数多い。

　第4部は「心理鑑定の今後の展望」というテーマを掲げ，藤原正範氏に「『裁判員裁判のための対人援助専門職ネットワーク』の活動と意義」を論

述していただいた（第11章）。藤原氏は，裁判員裁判の制度が導入されるに際して，少年被告人をめぐる問題について早くから意識し，その支援を考えた人である。それが「裁判員裁判のための対人援助専門職ネットワーク」を組織化させた。藤原氏はその具体的な運営を考えるなかで，情状鑑定という専門職の取り組みが被告人の支援につながっていくことを，このネットワークの存在意義としている。藤原氏がここで述べているのは，「対人援助専門職の調査は，犯罪動機の解明，被告人の人格の把握を行なうが，静的なものにとどまらず，被告人のストレングスを見つける，エンパワメントしてより良い状態で被告人を裁判に臨ませる，被告人の更生意欲が高まるよう家族や就労先などの協力を取り付けるなど動的なものになる可能性が高い。したがって，『鑑定』というより『支援』という言葉を使ったほうがふさわしいかもしれない」と述べている。藤原氏が行なっている「対人援助専門職ネットワーク」が依頼を受けた情状鑑定の事件は数多く，わが国における現存の組織ではもっとも精力的に活動を行なっていると私には思われる。藤原氏はそのネットワークの発足から現在までの活動の様子を紹介するとともに，今後の情状鑑定をはじめとした対人援助専門職のあり方を記述している。

*

　以上のように，本書ではさまざまな立場からこの心理鑑定について論述されている。また，犯罪心理鑑定に限らず，情状鑑定，民事心理鑑定，供述分析鑑定といった多方面の心理鑑定も本書では取り扱っている。そのため，それぞれの執筆者によって，視点や方法が違っているところや，鑑定の定義，意義，用語が不統一なところもある。しかしながら私自身は，心理鑑定そのものがまだ生まれたばかりのものであり，犯罪心理鑑定にしてもこれから多くの試行錯誤を加えながら発展させていかねばならないが，現段階ではまだ固定的に定めなくてもいいのではないかと考え，あえて統一していない。そして多くの鑑定実務をこなし，その経験の蓄積のなかに

こそ，本当の高い技術が生まれてくると信じている。

　最後に，犯罪心理鑑定に興味をもたれたり，これから鑑定に携わろうとしてくれる臨床家や対人援助職に，本書のまず一番の読者になっていただきたいと願っている。また，犯罪や非行，虐待，いじめなどの事件を担当する法律家や一般の方々にも手に取って読んでいただければ幸いである。

犯罪心理鑑定の技術 ◉ 目次

はじめに ［橋本和明］ ———————————————————— 003

第1部　技術としての心理鑑定

1　犯罪心理鑑定の意義と技術 ———————————— 019
　　橋本和明

2　裁判員制度時代の精神鑑定 ———————————— 060
　　井原 裕

3　法律家が求める心理鑑定 ————————————— 076
　　廣瀬健二

第2部　情状鑑定としての心理鑑定

4　少年事件における心理鑑定 ———————————— 093
　　村尾泰弘

5　発達障害と心理鑑定 ——————————————— 111
　　［論考］人を殺してみたかった
　　小栗正幸

6　虐待事件における心理鑑定 ———————————— 126
　　西澤 哲

第3部　心理鑑定の臨床的意義

7　心理鑑定における臨床面接の意義 ───── 145
　　須藤 明

8　被告人の変容と更生に資する情状鑑定の意義 ───── 162
　　山田麻紗子

9　民事事件における心理専門職の関わり ───── 187
　　横山 巖

10　供述分析としての鑑定 ───── 205
　　仲真紀子

第4部　心理鑑定の今後の展望

11　「裁判員裁判のための対人援助専門職ネットワーク」の活動と意義 ───── 229
　　藤原正範

あとがき［橋本和明］ ───── 248
索引 ───── 250
執筆者一覧 ───── 254
編著者略歴 ───── 255

犯罪心理鑑定の技術

［編著］橋本和明

第Ⅰ部

技術としての心理鑑定

I
犯罪心理鑑定の意義と技術

橋本和明

1 はじめに

　社会の変化に伴い，犯罪のありようが変わる。特に，ここ十数年の間に，犯罪の質も量も大きく変わった。さらに言えば，犯罪に対する社会の見方も大きく様変わりしたと言っても過言ではあるまい。

　その一例として，少年事件がまず最初に挙げられる。未成年者の非行の形態は明らかに以前のものと違いが見られる。犯罪件数こそ減少してきているとはいえ，なぜそのようなことをしたのか理解しにくい犯行が増えてきている。同時に，そのような少年事件に対する人々の見方や対応もこれまでとは違ってどこか冷ややかになってきたり，自分とは遠い距離に置いて傍観者的に眺めることが多くなっているようにも感じる。

　家庭裁判所の処遇のあり方を取り上げても，以前であれば，少年の家庭環境や成育歴，学校や職場の環境などが非行の背景事情にどのくらい関連しているかを詳細に調べ，更生にはどのような手立てを講じるべきかを考えてから処遇が決められていた。それらはいわゆる要保護性と呼ばれているものであるが，現在その要保護性は考慮されるものの，それ以上に本件の事案，言うならば少年が犯した非行そのものの重大性にウエイトをかけた判断が下される傾向が強くなってきている。

　平成13（2001）年4月から施行された改正少年法では原則検察官送致

事件の規定が設けられ,「故意の犯罪行為により被害者を死亡させた罪の事件であって,その罪を犯すとき十六歳以上の少年に係るものについては,同項(検察官送致)の決定をしなければならない」(少年法第20条2項)と定められた。この原則検察官送致事件においては,少年であっても,特段の事情がない限り,成人と同じ刑事裁判を受けることになり,家庭裁判所の調査ではもっぱらその「特段の事情」の有無に焦点が当てられる。そうなってしまうと,もっとも解明されなければならない非行のメカニズムや本件と要保護性の関係について,もうひとつ踏み込んだ検討がなされず,本来必要な更生への手立てが不十分なまま決定を下されてしまう。つまり,故意に被害者を死亡させるという重大事件であるため,さまざまな観点から調査を尽くし,分析を加えなければならないにもかかわらず,事案の重大性に引きずられ,少年を取り巻く全体像が究明されぬまま,家庭裁判所から地方裁判所の刑事事件の手続きに移行してしまうシステムとなっていないかという疑問も残る。

　社会の犯罪に対する意識が大きく変わったもうひとつの出来事として,平成21(2009)年からスタートした裁判員裁判制度が挙げられる。これは国民のなかから選ばれた裁判員が裁判官とともに事件を審理し判決を下す制度である。これまでの裁判官,検察官,弁護人という法曹の専門職だけに任されていた裁判とは異なり,一般の国民のなかから選ばれた裁判員も裁判を行なうのである。この制度が導入された背景には,国民の感覚を裁判に反映させるという大きな目的があった。そのため,法律のことや犯罪のことには詳しくない裁判員に,犯行の悪質性だけに目を奪われるのではなく,犯行のメカニズムや被告人を取り巻く背景事情をよりわかりやすい方法によって法廷で提示し,それを正しく理解したうえで適切な判断が下されることが求められるようになった。まさに,「見て,聞いて,わかる裁判」を標榜する裁判員裁判には,これがことのほか重要なのである。しかし,現状を見ると,実際にはそれを体系的に裁判員に提示するシステムにはなっておらず,単に検察官の主張と弁護人の主張を見比べながら判断している面もないとは言えない。

筆者は，上記のように社会の犯罪に対する見方や対応が大きく変わろうとするときだからこそ，犯罪心理鑑定（あるいは情状鑑定——両者の違いについては後に述べる）の大きな目的や意義が存在すると考えている。

　筆者自身はこれまで殺人，殺人未遂，傷害致死，強姦致傷などの凶悪事件の犯罪心理鑑定（あるいは情状鑑定）を，裁判所の命令を受けて実施したり（いわゆる公的鑑定），弁護人からの依頼で実施した（いわゆる私的鑑定）経験が数多くある。そのなかで，とりわけ裁判員裁判における犯罪心理鑑定の役割とその重要性を痛感した。また同時に，今後より精度の高い犯罪心理鑑定を目指すにはどのような技術の修得が必要なのか，その犯罪心理鑑定を裁判でいかに活用してもらうのかが大きな課題であるとも感じた。ここでは犯罪心理鑑定の意義と技術について，筆者の考えをまとめてみたい。

2　犯罪心理鑑定の歴史・目的・意義

1　精神鑑定の目的

　そもそも刑事事件の鑑定には，刑事訴訟法第223条に基づく起訴前鑑定と，刑事訴訟法第165条に基づく起訴後の鑑定がある。後者には，「裁判官は学識のある者に鑑定を命ずることができる」とだけ規定されており，「裁判所が，裁判上必要な実験則等に関する知識経験の不足の補給のため，指示事項につき第三者をして新たに調査をなさしめ，法則又はこれを適用して得た具体的事実判断等を報告せしめる」（最判昭和二八年二月一九日判集七巻二号三〇五頁）ために行なわれるものと理解されている。

　これを根拠に刑事事件の鑑定が実施されるのだが，鑑定には筆跡鑑定やDNA鑑定などさまざまなものがある。そのなかでも，刑事責任能力と訴訟能力を有するかどうかを明らかにしようとする精神鑑定が，一般にはもっとも広く知られている。

精神鑑定は，刑法第39条にあるように，被告人の事理弁識能力や行動制御能力が「著しく減退している心神耗弱状態」か，あるいはその能力が「失われている心神喪失状態」かを明らかにすることが大きな目的である。そのため，鑑定人の条件や資格について法律では規定されていないものの，精神鑑定は精神医学に詳しい医師が実施することが多い。

2　情状鑑定の歴史

　次に，情状鑑定について取り上げたい。情状鑑定は先の精神鑑定とどこに差違があるのだろうか。

　端的に言えば，情状鑑定は量刑・処遇に関する鑑定のことである。兼頭（1977）は「訴因事実以外の情状を対象とし，裁判所が刑の量定，すなわち被告人に対する処遇方法を決定するために必要な智識の提供を目的とする鑑定である」と定義した。つまり，刑事裁判における量刑は，犯罪行為に相応しいものでなくてはならず，その本質部分は行為態様，結果，動機といった犯罪行為を構成する核の部分から決定がなされる。これらには客観的な側面と主観的な側面が当然存在するが，情状には責任能力に影響を及ぼさない程度の被告人の犯行当時の精神状態も含まれる。責任能力で問題となるような精神の障害を伴うものから，そこまでの障害はないけれども，たとえば，被害者から圧迫を受け，どうしようもなく追い込まれた心理状態になっていた程度のものまで，情状の内容は千差万別である。いずれにせよ，情状鑑定は，被告人の人格や家庭環境，犯行の動機や原因，再犯予測，予後の判定や処遇についての意見など多岐にわたり，その方法も面接や心理テスト，社会調査や各種照会，観察などさまざまである。

　この情状鑑定の制度化が活発に議論されるようになったのは，昭和40（1965）年代からである。当時，英米などで制度化されていた判決前調査制度（pre-sentence investigation）をわが国にも導入しようという動きが活発になり，それとともにこの情状鑑定にも注目が集まるようになった。家庭裁判所調査官による少年事件の調査手法が成人の刑事事件にも活かせない

かと，その頃は家庭裁判所調査官に鑑定命令が出されることがしばしばあった。また，「刑の量定に科学性を付与して，被告人に対し適切な処遇方法を決定することについて，被告人の素質，経歴，家庭その他の環境，犯行前後の心理状態を総合的に把握することが必要である」と指摘した昭和 35（1960）年の最高裁判所事務総局刑事局通達も，情状鑑定を積極的に導入しようとする動きに拍車をかけた。また，昭和 60（1985）年頃からは，退職した家庭裁判所調査官の有志でつくる家庭問題情報センター（Family Problems Information Center：FPIC）が積極的に情状鑑定を引き受けていたこともあった。しかし，この鑑定には時間も費用もかかることや，鑑定をする意義や効果がどこまであるのかという疑問もあるうえ，情状面よりも量刑を定めるに当たって犯罪そのものの重大性を重視する傾向も強くなってきたことから，情状鑑定はそれほど広がりを見せなかった。

3 犯罪心理鑑定の目的と意義

ところで，本書のタイトルにもなっている犯罪心理鑑定というのはいかなるものであろうか。精神鑑定やこれまで実施されてきた情状鑑定とどこに違いがあるのかについて，筆者の考えるところを述べていきたい。

犯罪心理鑑定という用語を最初に使用したのは，筆者が知る限りでは加藤幸雄が初めてであろう。加藤（2003）は「犯罪心理鑑定では，精神の障害の有無にかかわらず，犯罪心理解明自体が目的となる」とし，犯行の心理機制について，主として非行臨床心理学の立場から解明すると述べている。特に，被告人がまだ未成年者であり，その事件が家庭裁判所から検察官送致決定となった事件を取り扱う場合には，人格理解を前提とした裁判所での審理が要請される。そのためにも，この犯罪心理鑑定の結果を活かすことが望まれると加藤は主張する。要するに加藤は，未成熟な者の場合はとりわけ，行為全体の論理整合性に着目して経験則に則って合理的説明を加える成人裁判での一般的手法は適切でなく，むしろ，人間行動の非合理性（感情的行動）に着目して，動機論的に状況ごとの心理的葛藤に焦点

を当てて全体を説明する方法が望まれると言うのである。また，犯罪行為を行為者の人格の表われと見るというよりも，行為者の生育歴や日常の行動や態度などから，その人格像を把握したうえで，犯罪の意味や犯罪における行為や態度の意味を推定するという地道な作業が行なわれる犯罪心理鑑定に意義があると述べている。

　ここで筆者なりにあらためて犯罪心理鑑定について整理しなおすとすれば，「犯罪心理鑑定は，被告人の性格等を精査し，その形成過程が家庭環境や成育歴とどのように関係するかを明らかにするとともに，犯行のメカニズムやそのときの心理状態を心理学的に解明する鑑定である」と言える。それに対して，「情状鑑定は，刑の量定を定めるに際し，犯行時の心理状態やそのメカニズムが性格，家庭環境，成育歴といかに関係しているかを明らかにする鑑定である」と定義できる。つまり，犯罪心理鑑定は犯行のメカニズムの解明に力点が置かれているのに対し，情状鑑定は処遇を決定するに際して量刑を定めることを目的にするという大前提があり，そこが大きな違いと言える。筆者は犯罪心理鑑定のなかに，認知心理学や発達心理学の知見を取り入れた供述分析などの心理鑑定も含めてとらえているが，これなどは情状鑑定とはやや趣を異にしている。ただ，それらを除けば，実務的には犯罪心理鑑定も情状鑑定も命じられる鑑定事項に大きな違いはなく，犯罪心理鑑定においても最終的には処遇や量刑を定める目的で活用される。

　ところで，一般の人は，情状鑑定と聞くと，量刑を決めるに際して被告人にどれほど温情を与える余地があるかを見極めるためだけに実施される鑑定と誤解してしまいがちである。あるいは，被告人が自分の犯罪行為に対してどれだけ反省した態度を示したり，被害者への謝罪の気持ちや配慮がどこまで進んでいるのかを明らかにしたりする鑑定と理解している人もいるかもしれない。そのような誤解を招かないためにも，筆者は情状鑑定という用語よりも，犯罪心理鑑定という用語を使ったほうが，本来の趣旨や目的，意義が正確に伝わると考えるのである。以下本論では，情状鑑定という用語を使用したほうが適切であると判断したとき以外は，犯罪心理

鑑定という用語を使用していくことにする。

4　精神鑑定と犯罪心理鑑定の違い

　では，その犯罪心理鑑定は精神鑑定とどのような違いがあるのか，もう一度考えていきたい。すでに述べたように，精神鑑定は，犯行時における被告人の事理弁識能力や行動制御能力がいかなる状態であったかを明らかにする目的で実施され，それが心神耗弱状態や心神喪失状態に該当するか否かを判断するものである。それに対して犯罪心理鑑定は，被告人の性格等を精査し，その形成過程が家庭環境や成育歴とどのように関係するかを明らかにするとともに，犯行のメカニズムやそのときの心理状態を解明する目的で実施される。精神鑑定と犯罪心理鑑定の決定的な違いは，被告人の精神状態に焦点を置くのか，心理状態に焦点を置くのかという点にある。つまり，精神鑑定は精神状態に異常をきたしていたかどうかを見極め，それが事理弁識や行動制御の能力に影響を与えていたかどうかを明らかにするもので，もし裁判所で心神衰弱あるいは心神喪失であったと認定されれば責任を軽減されたり責任は問われなくなる。それに対して，犯罪心理鑑定は一般的には心神衰弱や心神喪失は争わないことを前提にし，心理学的な知見から被告人の心理状態を解明していくものである。要するに両者は，鑑定によって明らかにしようとするものも自ずと異なっている。

　また，そのアプローチの方法も，前者が精神医学を基礎にしたものであるのに対し，後者は心理学（主に臨床心理学，発達心理学，認知心理学など）を基礎にしているという違いもある。しかし，それらの違いはあるにせよ，精神鑑定でも犯罪心理鑑定でも，「犯行時の精神状態あるいは心理状態」という鑑定条項を命じられることも少なくなく，依って立つ学問領域が近接していることもあり，両者には重なる部分もある。

　あえてその違いを挙げるならば，安藤（2012）が述べているように，精神鑑定の場合は「最終的に鑑定人に求められているものは，時間軸でいえば『本件犯行時』および『現在』における精神の状態であり，あくまでも『精

神障害の有無』を前提にした，より科学的な根拠に基づく医学診断であ」り，他方，情状鑑定（犯罪心理鑑定）は，「具体的な鑑定事項については，各ケースから浮かび上がってくる問題に焦点が当てられたものとなっており，かなり多様である」という点にある。その多様さを示す例として，安藤は「犯罪事実に関する鑑定事項をみても，動機の解明を求めるものもあれば，環境等の外的要因と事件との関係について意見を求めるものもある。また，被告人の成育歴や今後の処遇の方向性が主な鑑定事項となっている場合には，時間軸でいえば『過去』や『将来』について扱うことになり，責任能力鑑定とは視点が異なる」と述べている。さらに，サトウ（2013）は「精神鑑定が，犯行時点の状態を推定する『点』の鑑定であるのに対し，情状鑑定は，事件を起こした人の人生を『線』でとらえます。事件の意味を『文脈』によって理解しようとする方法と言えるかもしれません」と述べている。これらを踏まえて，筆者は，犯行時の精神状態を静止画でとらえるのが精神鑑定のほうで，過去から現在，そして未来への時間軸とともにストーリー性のある動画でとらえるのが犯罪心理鑑定であると考えている。

3　犯罪心理鑑定の要請の高まり

　犯罪心理鑑定（情状鑑定）は先にも述べたように，これまで実施されてきた経緯はある。しかし，精神鑑定とは比べものにならないほどにその件数は少なく，それは刑事裁判全体のなかでほんのわずかでしかない。そのため，弁護士などの法曹関係者も犯罪心理鑑定がいかなるものかを知らない人も多く，実際に活用したことがあるという人も数少ない。
　ところが近年，この犯罪心理鑑定をもっと積極的に活用させようという動きが高まってきた。その理由はいくつか考えられるが，主に以下の3点が挙げられる。

I　裁判員裁判における犯罪や被告人についての理解の要請

　これまでの刑事裁判制度が大きく変わり，平成21（2009）年5月から裁判員裁判が施行された。殺人や傷害致死，強姦致死傷など，いわゆる重大事件の刑事裁判は，裁判官とともに，一般国民のなかから選ばれた裁判員が審理や判決をする。この制度の導入目的のひとつには，司法においても一般的な市民感覚をもっと反映させるということがあった。そして，その裁判員裁判はさまざまな角度から検証されながら，現在まで比較的順調な推移で実施され定着が図られてきている。

　ただ，裁判員裁判となる対象事件は重大事件であり，なかには死刑が判決されるようなものもあるので，裁判員にとっては心理的に負担がかかる。また，その種の事件であるからこそ，人間関係や人格，性格などが複雑に絡み合わされ，理解が難しいことが多いのも事実である。さらに，これまでの刑事裁判とは違って，裁判員裁判は短期間で集中審理をすることになるので，争点が明確でなくてはならない。つまり，事件の全貌が素人にも一目でわかるように示され，被告人がどのような経緯で犯行に至ったのかという犯行のメカニズムも，それなりに筋の通った理解可能なものとして提示される必要性が生じてきた。最高裁判所は，この裁判員裁判が「目で見て耳で聞いて心証の採れる公判審理」を目指すと標榜しているが，それはなかなか一筋縄ではいかないのが実情である。

　そこで，被告人の犯行時の精神状態までは争わないが，なぜ犯行に及んでしまったのかという犯行のメカニズムを明らかにしてほしいという要望とともに，量刑を決めるに際して，被告人の家族関係・成育歴・性格などがいかなるもので，それらを考慮する余地があるのかないのかを明らかにしてほしいという声が高まってきた。このことが犯罪心理鑑定要請の機運を高めている。言ってみれば，これは社会そのものが知りたがっている事柄でもあり，世間を騒がす重大事件がどのような要因と関係し，どのような経緯から生じてきたのか，あるいは被告人の犯行の動機や内面にある心理を明らかにしてほしいという社会の要請と合致している。

2 少年事件の質的変化

　少年事件の質的な変化に伴い，それを取り扱う少年法も平成12（2000）年の改正で大きく変わった。そのなかでも特に，刑事事件として検察官送致ができる年齢が16歳以上から14歳以上に引き下げられた（少年法第20条1項）。また，原則検察官送致事件といわれる，16歳以上の少年で故意の犯罪行為により被害者を死亡させた事件の場合は，原則として検察官に送致しなければならない（少年法第20条2項）という規定が設けられた。

　家庭裁判所で検察官送致決定がなされると，少年事件は成人と同じ地方裁判所の刑事事件の手続きで取り扱われる。そして，原則検察官送致事件の場合は裁判員裁判の対象の事件となることがほとんどであるため，未成年であろうと裁判員裁判の法廷に立たされることになる。実はこのようなケースにおいて，犯罪心理鑑定の実施が要請されることも多くなってきている。なぜなら，この原則検察官送致事件は，家庭裁判所の調査の結果，犯行の動機および態様，犯行後の情況，少年の性格，年齢，行状および環境その他の事情を考慮し，刑事処分以外の措置を相当と認める特段の事情がない限り，刑事事件の手続きに移行されるからである。

　そのためか，調査は他の少年事件とは違って，もっぱら上記の特段の事情の有無に焦点が当てられ，そして調査報告書も最終的な結論部分を引き出すための簡潔な内容で書かれていることが多い。また，このような家庭裁判所で調査した報告書は法廷で一部所見欄等が朗読される場合もないではないが，報告書全部が明らかにされることはまずない。そうなると，調査で収集した資料や鑑別結果が活用されないまま，裁判が進められることになる。いくら刑事手続きに移行したとはいえ，被告人が少年である以上はその成長発達の可能性を追求しなければならず，そのためには犯行の動機やメカニズム，家庭環境や少年の性格などを明らかにしたうえで判決に導くことが必要である。このような背景も重なり，検察官送致になった少年事件においては，犯罪心理鑑定がしばしば実施されるようになったのである。

3 処遇に着目した量刑の動向

さらに，近年，犯罪心理鑑定が注目されるようになった理由のひとつに，量刑を定めるに際して，犯罪心理鑑定で出された内容を活用したり，処遇の参考にできるという動きが出てきたことも挙げられる。

平成17（2005）年に成立した「刑事収容施設及び被収容者等の処遇に関する法律」では，「受刑者の処遇は，その者の資質及び環境に応じ，その自覚に訴え，改善更生の意欲の喚起及び社会生活に適応する能力の育成を図ることを旨として行うものとする」（同法第30条）と規定され，「矯正処遇は，処遇要領（矯正処遇の目標並びにその基本的な内容及び方法を受刑者ごとに定める矯正処遇の実態の要領をいう）に基づいて行うものとする」（同法第84条2項）こととなった。つまり，これまで成人の刑事事件の量刑は事案の悪質性や被害の程度等が量刑に合致するように決められてきたが，最近ではそれに加えて，より教育的な処遇を強化することも考えられるようになってきた。

このような動きもあり，情状鑑定の結果を処遇にも活かし，それを行刑機関にも伝達し，処遇要領の作成に役立てられると，矯正処遇をより一層効果的にできると考えられるようになりつつある。城下（2013）は「裁判員が被告人の更生可能性だけでなく更生の実効性に関心を有しているとするならば，そして量刑が『行刑の出発点』であることを考慮に入れるならば，量刑を単なる『刑の宣告』にとどまらず，真の意味で被告人にとって（さらに社会にとって）意味のあるプロセスに変容させていくことは極めて重要である。その意味で，情状鑑定と行刑の連携を推進する方向性は，十分な検討に値するものと思われる」と指摘している。まさに犯罪心理鑑定の将来性がそこに見られる。

4 犯罪心理鑑定の実務

I 鑑定の対象となりやすい事件

　精神鑑定は，犯行時の責任能力が問われる事件に対してなされることが多く，犯罪事実を争う場合が多い。それに対して，犯罪心理鑑定によって犯罪事実を争うケースは少なく，犯罪の事実は基本的に認めたうえでの実施となる。しかし，それも絶対的とは言えず，犯罪心理鑑定の結果によって，犯罪事実そのものも争点となってくることもないとは言えない。

　一般的に犯罪心理鑑定の対象となる事件の特徴はさまざまである。特に，裁判員裁判が始まってからは，裁判員裁判の対象となる殺人などの重大事件で鑑定が実施されることがしばしばある。森（2011）は，情状鑑定の対象となりやすい事件として，「奇妙な事件，動機の分かりづらい事件，犯行の本当の事情を知りたい事件，本当の事を隠していると思われる事件，被告人の家族にとってもどうしたらよいか明らかにしたい事件，被害者に問題がある事件，事件以外の面も知りたいような事件，世間的に大きな影響があるがその割に刑が軽く手を尽くした事を明らかにしたい事件などである」と述べている。筆者がこれまで受命した鑑定では，やはり殺人（あるいは殺人未遂）などで社会的に注目を集めた重大な事件が多く，しかも動機がわかりにくいものや，犯行時に未成年者で，精神的な未熟さが犯行にどのぐらい影響を与えていたかを明らかにしたいもの，事件が複数の者で行われ，そこでの集団力動が重要であると考えられたものなどさまざまである。また，家族関係が複雑で，家庭環境が被告人の性格等の形成に重要な影響を与え，それが犯行とも関係しているのではないかというものや，過去の虐待やいじめが関係しているか否かを明らかにしてほしいといったものもある。さらに，知的な能力や発達の障害が疑われ，それが犯行といかに結びついていったかというメカニズムを解明するための受命もあった。それ以外にも，兼頭（1977）は，「被告人の社会的危険性の程度，再犯危

険性の有無すなわち社会的予後等の診断，把握が不能もしくは困難な場合，被告人に対する処遇の種別，方法，期間等が不明確でいずれとも決めがたい」といった事件においても鑑定が行なわれると指摘している。

　概して言えば，被告人の犯行の心理がわかりにくかったり，本人の個別的要因以外の家庭や周囲の環境から影響を強く受けている事件に対して犯罪心理鑑定は実施されやすい。しかし，だからといって，そのような事件ならばすべてが鑑定が行なわれるわけではなく，鑑定のメリットとあわせて，時間的な面，費用的な面も当然考慮されることになる。

2　鑑定事項とその内容

　犯罪心理鑑定において要求される事項としては，大きく4つに分けられる。

　まず1つ目は，被告人の人格や性格などに関する事項で，そこには知的な能力や発達の課題の有無，情緒的な側面や対人関係における特徴，依存性や攻撃性などの強さ，性的な成熟性や異常性などが含まれる。それらは，被告人との面接だけではなく，知能検査，発達検査，性格検査などの心理テストを実施して明らかにされたりもする。

　2つ目は，家庭環境や成育環境に関する事項で，どのような家庭環境で育ち，学校や地域，仲間関係がいかなるものだったかといったことを明らかにし，そこでの躓きや問題がなかったかを調べることになる。また，先の被告人の人格や性格等を形成するのに，この環境面の影響がどの程度あったのかもここで検証する。

　3つ目は，本件犯行時の動機や経緯，心理状態に関する事項で，被告人がどのような心理から犯行に至ったのかという心理的なメカニズムを解明することになる。時には，犯行の前後での心理状態の違いや，犯行後の態度や心理，現在の心理状態などの鑑定が求められることもある。

　4つ目は，処遇や予後についての事項で，被告人を更生させるための処遇に関する意見や予後の見通しをはじめとし，更生可能性や再犯危険性，家族や周囲が留意しなければならないことなどがこれに当たる。この事項

は,「その他参考となる事項」として命じられることも少なくない。

3 鑑定の受命形態

　鑑定を受命する時期や形態についても違いがある。

　まず受命の時期は,起訴前鑑定と起訴後鑑定に大きく分けられる。精神鑑定の場合は起訴前鑑定も少なくないが,犯罪心理鑑定の場合は一般的に起訴後になされる。通常の鑑定の場合では,被告人が身柄を拘束されていることが多いが,なかには保釈などで身柄を拘束されていないこともある。また,裁判員裁判となる事件に犯罪心理鑑定が実施される場合は,公判前整理手続きのなかで,裁判官,検察官,弁護人の三者が協議し,鑑定実施の有無,実施される場合の鑑定事項の内容などが決定される。この犯罪心理鑑定は公的鑑定と言われるもので,公判前整理手続きで鑑定を実施することが決定し,鑑定人候補者の選出がなされ,裁判所で宣誓をして始められる。これに対して,私的鑑定が実施されるプロセスは少し異なる。通常考えられるものとしては,弁護人から主張された鑑定請求に対して検察官は必要なしと主張し,裁判所も鑑定請求は採用しないと決定された場合,裁判所からの命令に基づく鑑定ではなく,弁護人から依頼された鑑定となる。この私的鑑定では,弁護人が公判での鑑定人を専門家証人として証言させたいと主張し,それが認められれば,鑑定人は鑑定結果をそこで述べていくこととなる。

　鑑定人の立場から言えば,公的鑑定と私的鑑定の大きな違いは,拘置所にいる被告人との面接の設定のあり方にある。公的鑑定の場合は,面接室が与えられ,面接時間の制限もほぼなく,拘置所職員の立ち会いもなく,比較的拘束感のない雰囲気のなかで行なわれる。それに対して,私的鑑定の場合は,アクリル板越しの接見室で会うことになったり,拘置所職員が立ち会ったり,通常の面会人と同様に時間制限をされることもある。そうなると,鑑定人と被告人の間にはまさに壁ができてしまい,その心理的な距離を取り払うのには時間と工夫が必要となる。また,そのような面接構

造では知能検査はもちろん，さまざまな心理テストを実施することも難しくなる。そのため，弁護人から裁判官や検察官，拘置所に働きかけてもらい，鑑定人が少しでも鑑定が遂行しやすいように環境調整の協力を要請することがある。それは鑑定を実施するための前提条件として極めて重要なことである。なかには，私的鑑定であっても公的鑑定とほぼ同じ待遇が認められる事例や，公的鑑定の整備された環境には及ばないものの，面接時間の制限をかけられなかったり，拘置所職員の立ち会いはなされなかったりという配慮がされる事例もある。

　上記以外にも，公的鑑定と私的鑑定にはさまざまな待遇の違いがある。公判においては，私的鑑定の場合，通常は鑑定人としての席は用意されず，一般の傍聴席で裁判の様子を知ることになるが（場合によっては証人の立場であるという理由から，傍聴も許されないことがあると聞いている），公的鑑定の場合は，被告人の様子がよくわかるようにと，証言台のすぐ前の書記官が座る横に鑑定人の席が設けられたりもする。

　さらに言えば，鑑定人に支払われる報酬も待遇面での大きな違いと言える。公的鑑定では裁判所が鑑定費用を出すことになるが，私的鑑定では当然被告人側が負担する。そのため，私的鑑定の場合は，被告人側に経済的余裕がなければ必然的に鑑定が実施できないわけで，弁護人のなかには，自分の弁護士報酬のなかから捻出する人もいる。

　いずれにせよ，鑑定の形態によって鑑定の進め方や内容が変わってくる可能性があり，それが本来あるべき鑑定の目的そのものを阻害することにならないことが望まれる。

4　鑑定作業の具体的な流れ

　公的鑑定にしろ，私的鑑定にしろ，犯罪心理鑑定を受命した後，具体的にどのような鑑定作業を進めていくのか，筆者の通常行なっている作業について以下に紹介したい（なお，筆者は『非行臨床の技術』（橋本，2011）において，調査の技法について詳しく述べたので，それも参照してほしい）。

①記録の精読

　まず事件の記録を読み，本件の犯罪について丹念に事実を追いながら具体的にイメージし，そのなかで合点の行かないところはどこかを犯行の流れに沿って場面ごとに立ち止まりながら考えるようにしている。そのためにも，被告人や被害者の供述調書や捜査報告書といった事件記録はしっかり読み込み，被告人がどのような経緯で犯行に至ったのかを頭に浮かべるように心がけている。その際に重要なことは，事実関係のなかで客観的に捉えられるところはどこで，主観的に捉えられているところはどこかを，明確に区別できるように努めることである。そうすることで，被告人がどのような動きをしようとしたのか，その際にどのような心情を抱いていたのかがより理解しやすくなる。

　また，事件記録以外にも，被告人に関する身分が明らかになる戸籍関係書類，家族関係や人間関係がわかる資料，これまで関与してきた関係機関の情報などもケースの理解にはとても役に立つので，時間をかけて読み込むようにしている。

　このように，記録などを精読することで多くの情報を得るだけではなく，被告人の犯行の動機や心理的なメカニズムを家庭環境や成育歴などの情報と織り交ぜて，さまざまな仮説をまず立てることが重要である。面接前に仮説を立てることがなぜ重要であるかというと，面接での応答がより的確になり，単に事情を聞くだけではなく，適切な質問ややり取りができ，そこに深まりが生まれるからである。逆に，仮説を立てないで，闇雲に被告人に質問を投げかけた面接では，時間がかかるうえに信憑性に欠けるというデメリットがある。

②被告人との面接と心理テストの実施

　面接のなかでも，筆者はとりわけ初回面接が重要であると考えている。初回面接は鑑定人と被告人との最初の出会いの場であり，これから鑑定作業を共同で進めていくための双方の合意を形成する場でもある。そのためにも，初回面接の導入部分で，この鑑定の目的や意義はもちろんのこと，

これから始めようとする面接の内容や回数，心理テストなどの具体的な作業や方法，鑑定では被告人以外に家族なども調査対象とすることなどをあらかじめ説明する。

なかでも重要な点は，守秘義務の取り扱いについてのインフォームド・コンセントである。今後，鑑定人と被告人との信頼関係が深まり，「この鑑定人だから内面にある感情を素直に話す」という姿勢が被告人に出てくるかもしれない。しかし，話された内容が鑑定人によって後日公開の法廷で明らかにされて，被告人は鑑定人に話したことを後悔したり恨んだりしないとも限らない。そうならないためにも，鑑定人の面接の目的や趣旨，ここで話されたことはよほど理由がない限り鑑定書や法廷で明らかにされる可能性があることを，最初にはっきり被告人に伝え，納得のうえで面接に入っていくことが必要である。

このようなインフォームド・コンセントは，被告人との信頼関係を築くためにも必要である。被告人の心情としてみれば，この犯罪心理鑑定に，自分の真の気持ちを代弁して自分を擁護してくれると大きな期待を寄せることも少なくない（特に，情状鑑定という名称で行なう場合はなおさらである）。にもかかわらず，鑑定の結果や公判での鑑定人の証言が，被告人の思い通りの内容ではなかったとするならば，思わぬしこりが残ってしまうことになる。その意味も含めて，筆者は「この鑑定は，被告人であるあなたがどのような経緯と動機で本件のような事件を起こしてしまったのかを心理学的に明らかにするために行なうもので，その結果はあなたの考えている内容や期待するものではないかもしれない。しかし，鑑定人の私としては，あなたの話やさまざまな情報を得るなかで，少しでもそれが真実に届くようなものになればと思ってお引き受けした。そして，あなたにとってもこの鑑定作業がお役に立てればと考えている。そのことをあらかじめご理解いただきたい」という趣旨のことを，被告人に噛み砕いて述べるように心がけている。

初回面接以降，面接は何回ぐらい実施するのか，どのような心理テストを行なうのかは，まさにケース・バイ・ケースである。当初に立てた仮説，

あるいは鑑定作業の途中で新たに生まれた仮説を検証できるだけの面接や心理テストを行なう必要がある。しかし、だからといって、漫然と回数だけを重ねる面接や心理テストは不適切である。また、現実的には鑑定の期間があらかじめ設定されているため、鑑定人はそのなかで効率的で有効な方法を考えていくことが求められるのである。

　ところで、鑑定人が面接を重ねていくと、被告人との心理的な距離が縮まり、今まで人に言えなかった思いや押さえ込んでいた感情を出してくることも珍しくない。また、鑑定人に生き方や考え方についての相談を投げかけたり、自分の気持ちを受け止めてほしいという過剰なまでの要求や承認を求めてくる場合もある。それは被告人の家族と面接していても同様で、「どうすればよかったのでしょうか？」「これからどうすればいいのでしょうか？」と意見を求められることも少なからずある。筆者は、犯罪心理鑑定は被告人の犯行の動機や経緯などに対して心理学的にアプローチして、より真実に近いものが明らかにされることを目的としていると述べたが、付随的に明らかになる問題も生じてくる。それが鑑定を疎外するものになっては本末転倒も甚だしいが、だからといって、そこに付随する治療的な関係や治療的な効果をすべて切り捨てていいとも筆者は思わない。実際に、それだけ鑑定人との関係が深まって、被告人が内面を吐露すれば、より真実に近づく鑑定結果となるからである。筆者が行なってきたこれまでの鑑定のなかで、多くの被告人が「こんなに自分のことを深く見つめたのは初めてで、考えさせられました」「捜査段階での刑事さんたちとの面接ではじっくり考えずに話していましたが、ここでは自分の気持ちをその時に戻して振り返れました」などと口にすることを何度も経験している。じっくりと被告人の言葉に耳を傾け共感し、適切な質問を投げかけて掘り下げていくという作業は、時に被告人にとっては治療的な作業にもなっていく。それが結果的には被告人の更生につながる一助となれば、なおさら望ましいわけである。ただし、治療的効果を主眼にして犯罪心理鑑定を実施するのでは趣旨が違うし、筆者はそうすべきではないとも考えている。それを主眼にするならば、そもそも鑑定ではなく、カウンセリングなどの治療が

できる機関へタイミングを図ってつなげるべきである。

③家族や参考人への調査

　犯罪心理鑑定では，被告人との面接が中心となるが，そこで話された事実を裏づけたり，被告人から得られない情報を得るために，被告人の家族や被告人とこれまで交流があった参考人に調査を実施することがある。そうすることで，鑑定人がこれまで見えていなかった被告人の一面に気がついたり，鑑定人がこれまで抱いていた考えにより強い確信がもてるようになる。ただ，その際にも，家族のなかで誰に会うべきか，参考人として誰を調査対象にすべきかは，鑑定人が考えている仮説の検証とセットで考えていかねばならない。

　なお，ここで本件の被害者も調査対象に含めるべきか否かは議論の分かれるところであろう。筆者には犯罪心理鑑定で被害者を調査対象にした経験はない。しかしながら，家庭裁判所で家庭裁判所調査官をしていたとき，少年事件において被害者調査や被害者の意見陳述を担当した。その経験からすると，被害者から見た加害者や事件のありようという視点を加えることで，これまで理解していた少年像や犯行のメカニズムがさらに深まるのは確かである。それを考えると，鑑定においても被害者を調査対象にすることは鑑定の目的から大きく外れることとは言えないかもしれない。しかし，一方で，それは厳密には鑑定ではなく，被害者参加制度のある公判で被害者に述べてもらう方法も選択できる。いずれにせよ，被害者の負担がかからないか，あるいはどちらの方法が妥当かなどを十分に考慮することが必要である。

④鑑定書作成

　公的鑑定においても私的鑑定においても，鑑定人は鑑定書を作成し提出する。鑑定書には，受命時に求められた鑑定事項に添って記載され，時にその分量はA4で数十枚という膨大なものになる場合もある。

　しかし，公的鑑定で，しかも裁判員裁判の場合，鑑定人が作成した鑑定

書がそのまま証拠として採用されることは少なく，裁判員はそれを読むこともない。一般的には鑑定人が書いた鑑定書は，「鑑定書メモ」といった位置づけとなり，鑑定人が公判で証言するときに使用する資料（筆者の場合はパワーポイントで作成することが多い）が正式な証拠となる。

　また，私的鑑定においても，内容豊富な鑑定書を作成して，それが証拠として採用されることが望ましいであろうが，そうならない場合も少なくない。やはり鑑定人が専門家証人として公判で証言する際に使われる資料だけが証拠になる場合が多い。裁判員裁判では，「見てわかる，聞いてわかる裁判」を重視しているため，従来のような膨大で，専門用語に溢れている鑑定書はあまり望ましいものとは言えず，一般人にもわかる言葉で，しかも内容を的確に伝えているものが求められる。

⑤公判における証言

　鑑定人の非常に重要な役割として，公判で鑑定の内容や結果をいかに伝えるかという大きな仕事がある。先述したように，分量の多い鑑定書は証拠として採用されにくいため，公判での証言がまさに証拠となる。そのため，いわゆる鑑定人のプレゼンテーション能力は鑑定そのものの評価につながると言っても過言ではない。

　鑑定人は公的鑑定でも私的鑑定でも，与えられた持ち時間の間に，端的にわかりやすく鑑定結果をまとめて報告しなければならない。その際に，文字がぎっしり並んでいる資料（鑑定書）よりも，パワーポイントで要点をまとめたり，時には図式を入れた資料を作成し，それに基づいて証言する方法が最近では活用されることが多くなっている。筆者の経験からもそちらのほうが有効であると実感している。

　また，これは一連の鑑定作業を通じて言えることであるが，被告人の本件の動機や犯行のメカニズムを明らかにすることによって，そのことが犯情あるいは一般情状といかに結びついているかをつねに意識することが鑑定人には求められる。特に，情状鑑定の実施は，最終的にはその量刑を決めるためのものであるからなおさらである。単に犯行の動機やメカニズム

を言いっぱなしで終わるのではなく，量刑とどのように関係にあるのかをしっかり見定めたものでなくてはならない。

　筆者がこれまで経験した証言で，裁判員に非常に理解をされ納得をいただいたと感じたのは，鑑定人の述べる証言の一つひとつから，これまでの公判の過程で被告人や参考人が発言してきた言葉や態度が裁判官や裁判員に思い浮かべてもらうことができ，鑑定人が今述べている説明の真意を理解してもらえたときである。たとえば，「被告人が尋問で発言していたあのような発言は，鑑定人がここで指摘していることに当てはめると理解しやすい」「鑑定人が説明したように，本件の犯行時に取った被告人のあの行動はこんな風に考えればわかりやすい」と裁判官や裁判員になるほどと感じてもらえることである。言い換えれば，裁判官や裁判員にとっては，これまでなかなか結びつきにくかった事実の集まりにすぎないものに，鑑定結果がつながりをつけ，時には因果関係や背景事情を明らかにしていくのである。これが犯罪心理鑑定の大きな役割でもある。この点について，安藤（2012）は「短期間の審理の中で多角的な視点から被告人を理解することはおそらく簡単ではない。したがって，裁判員制度における裁判員による評議と判決にあたっては，考慮すべき諸事情について不足のない情報が提供されることが必須であり，この点では情状鑑定の活用が有益であるケースもあると思われる」と述べている。

　以上のように，鑑定人には鑑定で得られた結果をいかに伝えていくかというプレゼンテーション能力が必要であり，独りよがりで共有されにくいものやあまりにも専門的すぎてわかりにくいものは適さない。その意味でも，鑑定においては情報をいかに的確に入手し，分析を重ね，その結果を発信するかが大いに問われていると言える。

5　犯罪心理鑑定の具体例

1　裁判員裁判を想定した事例

　筆者は弁護士と犯罪心理鑑定についての勉強会をこれまで継続して実施している。そのなかで，裁判員裁判となる事例を想定し，もし筆者が弁護士からの要請を受け，専門家証人として法廷に立った場合，どのような証言をすればいいのかを検討したことがあった。以下に記載するのは，そのときに使用した架空事例である。これを通して，本件の犯行が被告人の家族関係や成育歴，性格などといかに関係しているのかを考えていくとともに，証言のあり方についても検討したい。

　なお，この架空事例は鑑定事例という設定とはなっていない。そして，情報はあくまでも弁護人が知りえた家庭裁判所における少年調査票からのものという前提であることをお断りしておきたい。

①裁判員裁判となる本件の犯罪事実

　被告人は犯行時および家庭裁判所受理時は17歳で，定時制高校の1年に在学中であった。被告人は，A，BおよびCと共謀のうえ，通行人から金品を強取しようと企て，金属バット2本を用意するなどして，被告人が運転する原動機付自転車後部に上記Aが乗り，上記Bが運転する原動機付自転車後部に上記Cが乗って通行人を物色していたところ，平成X年10月14日午前2時前頃，市内にあるD交差点において，同所付近をそれぞれ自転車に乗って走行していた被害者E（当時20歳）および被害者F（当時20歳）を認めた。同人らから金品を強取しようと決意し，G付近路上まで同人らを追尾し，同日午前2時頃，同所において，被告人が，上記被害者Eに対し，その右腕を左手で掴んで引っ張り，「止まれ」「金出せ」などと語気鋭く申し向けて同人運転の自転車を停車させたうえ，所携の金属バットで同人の右肩を1回強く殴打する暴行を加えてその反抗を抑圧し

た。同人から現金約6,000円および運転免許証ほか2点在中の財布1個（時価5,000円相当）を強取し、その際、上記暴行により同人を路上に転倒させ、同人に加療約3カ月間を要する見込みの脳挫傷、外傷性くも膜下出血、頭部挫創および右鎖骨骨折の傷害を負わせたものである。

1　本件について

(1)　本件の動機

暴走族の元総長である先輩から工面するよう指示されていた金を手っ取り早く用意するため、通りすがりの相手から金銭を奪おうと考えたものである。少年は、「相手は誰でもよかった。被害者に『やってみいや』などと言われて、自分を馬鹿にされたように感じ、一瞬頭が真っ白になり、そのあとカーっとなって、バットを振り下ろした。気が付いたら殴っていた感じだった」と述べる。

(2)　非行に至る経緯

①暴走族「G」のメンバーであるA, B, Hらが、平成X年8月終わり頃、高校生に怪我を負わせた件で、示談金の支払が必要となった。9月30日の「G」の集会において、Hが集会の参加者に示談金を集めるよう指示をし、少年は、AやBとともに、Hから、ひったくりでもしてお金を集めるようにと、しつこく言われた。

集会が終わった後、Aが金属バット2本を見せながら「金取りに行こか」と言ってきた。少年は、金属バットで相手を殴って、無理やり金を奪うのだろうと思い、即座に賛成した。当日は、少年、AおよびBとで相手を探したが見つからなかった。Hは、「G」の前総長で、一目置かれる存在であった。少年は、断るとHから何をされるかわからないし、仲間内で馬鹿にされるのではないかという不安があった一方で、うまくやれば警察に見つからないという気持ちもあったという。

②少年らは、今回の犯行の数日前（日時は判然とせず）にも、同様の行為に及んでいる。このときは、少年が、AとBにひったくりに行こうと誘った。Aが金属バットを用意し、3人でバイクでターゲットを探した。そして、少年がバットで被害者の足の部分を殴りつけ、被害者から3万円を奪った。またすぐに同様のやり方で金を奪えると考えて、金はHには渡さず、1万円ずつ3人で分けて、ゲーム代などに使った。

③今回の犯行当日、仲間が集まった公園で、Hから金を集めるように再度言われ、AがHの車から金属バットを下ろしたことから、少年は、数日前と同じ要領で金を奪いに行くものと思い、その気になった。その後、Aが連絡をして、B, C

も公園に来たので，4人で行くことになった。少年らはタオルやバンダナを使って顔の鼻から下の部分を覆い，顔が見られないようにして，少年とCが運転するバイク2台の後ろに金属バットを持ったA, Bが乗り，公園を出発した。少年らは，知人と会う可能性がある地元を避け，〇町方面に向かった。D交差点付近で，自転車に乗っている被害者らを見つけ，少年が「あれ行こか」と言い，皆が賛成した。少年が被害者の腕をつかむなどして自転車を止めさせたうえ，バイクから降りるとAが金属バットを渡してきたので，少年は，「俺がやろう」と思ってそれを受け取り，被害者に「金を出せ」と脅した。少年は，「被害者は素直に従うだろうが，従わなかったら一発くらい殴ってやろう」と考えていたところ，被害者から，「金なんかないわ！ やれるんか！ やってみいや！」と大きな声で言われ，無我夢中でバットを振り下ろした。バットは被害者の肩に当たり，被害者はバランスを崩して自転車と一緒に転倒した。少年は，倒れている被害者のズボンのポケットから躊躇することなく財布を奪って，乗ってきたバイクで逃走したが，すぐに緊急配備中の警察官に身柄を確保された。

(3) 被害に関する事項

被害者は，バットによる殴打で鎖骨を骨折したほか，転倒によって，頭部外傷，脳挫傷，外傷性くも膜下出血の傷害（全治3ヵ月）を負い，入院当初は意識障害が見られた。現在は，意識は回復し，会話にも問題ないものの，頭痛，めまい，耳鳴りといった症状があるほか，右半身に不自由な感じがあるとのことで，近々リハビリのため転院の予定である。ただし，後遺症が残るかどうかはわからない。被害者調査の詳細な内容は，平成X年11月10日提出の調査報告書の通りである。被害者およびその親族は，「命を落としてもおかしくなかった。少年だからといって甘い処分は許せない」として，厳罰を望んでいる。当初被害者が意識障害となっていたこともあり，父母は被害者への謝罪などができていない。

(4) 本件非行後の少年及び保護者の態度

①少年は，観護措置期間中，「親に申し訳ない」と繰り返し述べていた。しかし，事件については「Hが怖かった。どうしようもなかった」と責任転嫁に終始し，自己の行為の悪質さやHをはじめとする仲間の中で自分が果たしていた役割について振り返ることはできていない。また，被害者に対しては，「悪かった」「痛かっただろうと思う」とは言うものの，表面的で，真剣味が感じられないものであった。

②父母は，今回，検察官送致の可能性もあることを調査官から聞き，父母とも「刑務所に行ったら悪くなるだけ」と反対の意向を示すが，父は「後は本人が自覚するしかない」とも述べ，今後の具体的な監護方針は示せない。

2　家族関係

少年の家族は，実父（バス運転手，47歳），実母（販売員アルバイト，44歳），

兄（会社員，22歳）である。

① 父は，路線市バスの運転手をしている。休みは不定期だが，おおむね週に5日勤務している。父は，職場では真面目で評価されていると自認している。母によれば，父は，自宅で酒を飲んでは家族に殴る蹴るの暴力を振るっていたとのことである。特に少年の幼少時はひどく，ビール瓶で殴ることもあった。小学1年の頃，少年は，父から顔があざだらけになるまで殴られ，児童相談所に通告されたが，父は児童相談所に行こうとしなかった。母も，自らが暴力の対象となるため，少年に対する父の暴力を止めに入ることはせず，父の暴力が収まるのをただ待つという対応しか取れなかったという。少年は，「父は酔うと理由もなく殴ってくるため，小学生の頃は，自宅で父が酒を飲みだすと怖くなった」と述べる。しかし，少年が中学生になってからは，少年が家に寄りつかなくなったこともあって，父から暴力を振るわれることはなくなった。少年は，「最近は父と顔を合わせる機会がほとんどなく，会話らしい会話はない」と述べる。父は，少年らへの暴力自体は認めるものの，「多少行きすぎたところはあったが，しつけの一環だった」と述べ，深刻な問題とは捉えていない様子であった。
② 母は，競馬場で馬券の販売員のアルバイトをしている。勤務は週に3，4日である。普段から少年と接する機会は多い。少年は，家族で唯一話ができる存在が母であると認めつつも，母のことを「親父の顔色ばかりうかがっている」と評している。一方，母は，最近は少年が母の注意を聞き流すようになったため，空しさを覚えるという。
③ 兄は，自動車部品製造工として勤務し，市内のアパートに交際相手と2人で居住している。母によれば，以前は兄も父の暴力の対象であったが，学習成績が良くなるにつれて兄に対する暴力がなくなり，少年のみに暴力が向けられるようになったとのことである。少年は，「兄と自分とは出来が違う」と述べ，兄のことについてあまり多くを語ろうとしない。
④ 少年は，平成X年夏以降，不登校になり，仕事がない日は，日中，自宅で寝ていた。また，夜間は本件共犯者らと暴走行為を繰り返しており，家族と接することはほとんどなかった。

3 成育歴

平X-17.8.9　I市にて出生。
平X-10.4（6歳）　J市立K小学校入学。
父からビール瓶で殴られることがあった。学校からは，「落ち着きがなく，授業中にずっと座っていられない。同級生に暴力を振るう」などと聞いていたが，父に言うとまた怒るので黙っていた。4年時の担任が親身に対応してくれたこともあり，学校から注意を受けることは減った（母）。
平X-10.9（7歳）　父からの暴力を理由に児童相談所に通告される。

小学校からの通告。児童福祉司の呼出しには、母と少年とで数回訪れたが、母は、父を恐れており、根本的な解決を図ることができない様子だった（児童相談所への照会回答）。

平X-4.4（12歳）　J市立L中学校入学。
1年生の2学期から遅刻、欠席が目立ちはじめた。2年生になってからはほとんど登校することなく、たまに登校しても授業中は終始寝ていた。学校に暴走族らしき者が迎えに来ていることもあった（学校照会書回答）。

平X-3.4（13歳, 中2）　喫煙を始める。
最初の頃は親に怒られたが、すぐに何も言われなくなった（少年）。

平X-3.4頃　暴走族「M」の関係者と交遊が始まる。
夜、コンビニの前にいたところ、小学校の頃から知っている先輩に声をかけられた（少年）。

平X-3.8.24（14歳）　前件非行（強盗致傷）。
バイクに乗っている同級生が生意気だとして、鉄パイプで相手を殴り、数名の中学生に骨折などの重傷を負わせ、原動機付き自転車を奪ったもの。

平X-3.9.28　前件につき当庁において児童自立支援施設（N学院）送致決定。
在院中は大きなトラブルはなく、高校進学に向けて勉強に励んだ（児童相談所への照会回答）。

平X-1.3（5歳）　N学院措置解除。

平X-1.3頃　暴走族「G」総長のHと知り合う。
街で偶然会った「M」のメンバーからHを紹介された（少年）。

平X-1.4　O工業高校定時制に入学。

平X-1.10（16歳）　原付免許取得。母からもらった10万円で原付バイクを購入。

平X.7　パチンコ店「P」でアルバイトを始める。

平X夏以降　不登校になった。

平X.10.14（17歳）　本件事件、緊急逮捕。

平X.11.4　当庁事件係属、観護措置決定。

4　学業・職業関係

　O工業高校定時制の2年生で、欠席が多く、出席する日もほぼ毎日遅刻していたものの、この夏休みまでは学校には通っていた。夏休み以降は、登校するのが面倒になったとして、まったく登校していない。学校は今回の犯行を承知しており、担任教諭からは自主退学を勧められている。

　平成X年7月から週3回、自宅近くのパチンコ店店員としてアルバイトをし、月に約5万円を得て、そのすべてをバイクのガソリン代や小遣いとして使っていた。職場では、仕事ぶりや態度について上司から厳しく注意されることも多く、ストレスに感じていたが、「金のためだと思って我慢して」（少年）、休まず通っていたという。

5　交友関係

　暴走族「G」は，中学の卒業生を中心に，約 20 名で構成されており，今回の犯行当時，少年は，ほぼ毎日一緒に暴走行為をするなどして遊んでいた。中心は初代総長の H であり，H は形の上では総長を退いているものの，実質的には暴走族を支配している。少年は H について，「最初は怖かったが，面倒見が良いところや男らしいところに段々と憧れるようになった」と述べる。ただし，少年は人から指図されるのが嫌なため，「G」の構成員にはなっていないという。なお「G」は，指定暴力団△△組系××組とつながりがあり，少年は H を介して△△組構成員とも遊ぶようになっていた。

6　性格・行動傾向・生活態度

①自信がなく，物事を被害的に受け取りがちで，他者との力関係の優劣を過度に気にしてしまう。そして，集団場面では，馬鹿にされたくないとして必要以上に目立とうと振る舞う。また，暴力への抵抗感が低い。自分の思いがかなわないときや相手が自分を馬鹿にしていると捉えると，すぐに暴力に及んでしまう。また，暴力を振るわれる相手には，振るわれて当然な理由があるという考えをもっている。少年は，高校入学以降のけんかは数え切れないが，いずれも急所を外して殴っているため事件になっていない旨述べる。

②鑑別結果によれば，知能は「中の下」段階（IQ＝85，新田中 3B 式）である。少年鑑別所の処遇意見は，中等少年院送致－長期処遇。

7　調査官の意見

　検察官送致決定（法 20 条 1 項）に相当。

①今回の犯行は，暴走族の元総長から金を集めるように求められた少年らが，手っ取り早く金を得るために起こしたものである。少年らは，当初から相手を殴る目的で金属バットを持って出かけ，少年らの要求に応じない被害者の態度に腹を立て，何ら落ち度のない被害者の上半身を金属バットで殴り，倒れた被害者から躊躇なく財布を奪っている。少年の行為は，極めて悪質であり，幸い被害者は一命を取り留めてはいるものの，脳挫傷等により一時は意識障害を伴うなど，被害は極めて大きく，一歩間違えば被害者の命を奪いかねない危険なものである。また，少年は，共犯者に犯行をもちかけるなど主導的な役割を担っていた。

②少年は，幼少時から父による身体的な暴力を受けていたが，中学校に入るとそれを避けるために家に寄りつかなくなる一方，不良仲間や暴走族との遊びにのめり込んでいた。少年は，不良仲間と一緒に行なう無免許運転や粗暴行為によって，自信がもてたり，周囲からの評価を得られたりすることができたものと考えられる。今回の犯行では，少年が被害者を選び，共犯者のなかで唯一暴

行を加えており，金を要求する元総長が怖かったというよりも，仲間内での自分の存在価値が高まるように，積極的に行動したものと考える。
③ 幼少時の少年に対する父の暴力は，度を超えた，筋の通らないものであり，また，母は自らも父の暴力の対象となっていたこともあって，少年をかばうことなく，父の暴力を見て見ぬふりをしていた。少年は，そうした暴力が身近にある家庭で，父母にとって自分が大切な存在であるという実感をもてないまま育っている。そのため，少年は，小学校低学年の頃から，家庭内では父におびえつつ，家庭の外では不満があると他人に暴力を振るうようになった。ところが，中学入学後に少年の生活が乱れだすと，父母はそれを制止する力がなく，結果として，少年の中学2年時には，知り合いの中学生数名を鉄パイプで殴って骨折などを負わせたうえ，原動機付き自転車を奪う強盗致傷事件を起こし，児童自立支援施設送致となっている。少年が高校2年の夏以降，父母ともに，深夜に家を出る少年に気づいていながら，何ら対策を講じていない。そのため少年は家庭からますます離脱し，父母の注意にも耳を貸さなくなっている。
④ 前回の強盗事案は，まがりなりにも付き合いがある相手に対して，恨みつらみが高じての非行であったが，今回の犯行では，金銭を奪う目的で，面識のない被害者の上半身を金属バットで殴っている。また，今回の犯行の数日前にも，金属バットで相手を殴ったうえ金を奪ったと述べており，これらのことから，児童自立支援施設での指導を経ても，少年の非行性は，より深刻化していると言える。少年が過去に少年院に送致されたことがないことからすると，少年に対しては，少年院に送致して長期の矯正教育を施すことも考えられる。しかし，今回の犯行が極めて危険な行為で少年がそれを主導していること，非行に結びついた当時の生活や友達関係の問題点に少年自身が気づいていないこと，被害者の被害程度が大きく，被害者は少年に対して厳しい処罰を科すことを望んでいること，少年は被害者やその親族の精神的な苦しみを理解していないこと，近隣では同種強盗事案が相次いで発生していて，住民の不安感情は大きく，今回の犯行を中心になって行なっていた少年の処分結果が社会に与える影響も大きいことからすると，保護処分を選択することは不相当であり，事件を検察官に送致し，成人と同様の裁判を受けることによって内省を深めさせるほかないと考える。

② **家庭裁判所での調査内容**

　本件は身柄付きで家庭裁判所送致となり，家庭裁判所調査官の調査を受け，その少年調査票には次のように記載されていた（なお，少年と記載されているのは，被告人のことである）。

2 裁判員裁判での争点

　家庭裁判所では,本件は少年法第20条1項による検察官送致決定となった。その後,検察官が起訴をし,裁判員裁判の対象事件であるため,公判前整理手続きがなされ,3日間の公判予定が組み入れられたという設定である。

　検察官は被告人が未成年であったとしても,事案の重大性,悪質性などから刑事処分が相当であるとし,懲役刑を主張している。一方,弁護人は被告人には精神的な未熟さがあり,刑事処分はふさわしくなく,保護的な指導のもとに更生をさせるべきであるとし,本件を少年法第55条により家庭裁判所に移送したうえで,少年院での矯正教育が望ましいと主張している。

　これらの争点のなかで,弁護人は被告人がこれまで父から酷い身体的虐待を受けてきており,母は父への恐怖心からその虐待を止めることもせずに放任してきたという家庭環境が,本件にも大きく影響していると考えていた。その後,大学教員で専門家である筆者に本件と虐待との関係について公判で証言してほしいと依頼がなされたという経緯をたどった。

　なお,裁判所は少年調査票を取り寄せず,筆者は弁護人を経由して少年調査票の内容を知ったという設定としている。

3 専門家証人としての証言

　筆者による専門家証人としての証言には1時間半の時間が取られたという設定にした。通常であれば,最初に証人のプレゼンテーションの時間を一定設け,その後に弁護人からの質問と進んでいくが,このときはあらかじめ弁護人と協議して,弁護人からの質問に証人が答える形式で進めることにした。

①虐待が子どもの発達に及ぼす影響

　筆者はまず，個別なところに焦点を当てるよりも，虐待全般が子どもにどのような影響を与えるのかということを裁判官や裁判員に理解してもらうことが先決だと考えた。そこで，虐待（特に身体的虐待）が子どもの心身にさまざまな影響を与えることを，学術研究の資料や少年院・児童自立支援施設の入所中の子どもの多くが虐待を受けているという報告を取り上げて説明した。そして，筆者自身が家庭裁判所調査官として在職中に多くの虐待事例を扱ってきた経験や，筆者も研究員の一人であった最高裁判所家庭裁判所調査官研修所（現 裁判所職員総合研修所）の共同研究を紹介し，虐待が深刻化している事例を分析した報告も紹介した。

②本件における虐待が被告人に与えた影響と本件犯行との関係

　次に，本件における父の虐待が被告人にどのような影響を与えたか，それが本件犯行とどのように結びついているのかについて，以下のように具体的に取り上げた。

(1) 過敏性――父からいつ暴力が加えられるかわからない状況下で育った幼少期，被告人はたいへんな不安感と相当な恐怖心を抱えていたものと考えられる。その不安感や恐怖心があるゆえに，その後に至っても，ちょっとした物音や反応にも敏感になったり，一定時間落ち着いていられなかったりすることも多かったと言える。これらの言動の特徴は「過敏性」としてまとめられるが，それが被告人には顕著であった。それは幼少期に限らず，思春期になっても改善はされず，相手のちょっとした言動に過剰に反応したり，通常はそこまで思わなくても構わない状況であるにもかかわらず，「このままではやられるのではないか」といった必要以上の自己防衛が働きやすくなっていた。つまり，それほどまでに過敏であらねば自分を守れなかったと考えるのが妥当であり，この「過敏性」は自己防衛の手段でもあると言える。本件において

も，その「過敏性」が顕著な場面として，被告人が本件被害者から「やれるんか！ やってみいや！」という言葉をかけられたところが挙げられる。おそらく被告人はこの被害者の言葉に人一倍不安感や恐怖心を感じたに違いないし，このままでは自分のほうがやられるかもしれないという思いもあって，「無我夢中でバットを振り下ろした」のである。そこには，被害者の言葉に単にカッとなって暴力に及んだというだけではない，虐待の影響による「過敏性」が背景にあると理解できる。

(2) 被害感──虐待の影響による「過敏性」が被告人には認められるが，それゆえに日常面でも落ち着きがなかったり，多動や注意散漫などの言動となって現われてしまう。幼少期の頃から被告人にはその傾向が見られ，授業中落ち着きがないうえ，同級生にすぐに暴力を振るうなどの言動が多いと6歳時に指摘されていることからも明らかである。このように，親から暴力を受けてきたり，愛情を注がれずに放任されてきた子どもは，愛着に課題を抱えることが多い。また，自分の取った行動が周囲から否定的に見られたり，問題児とみなされたりして，ますます孤立してしまう。そうなると，自己イメージが低下していき，自分自身のことも大切に思えなくなってしまう。少し言い方を換えれば，被告人の内面での「被害感」が年齢ともに大きくなっていったと考えられる。これも父からの虐待，母から十分にケアされなかった影響のひとつと言える。被告人は本件においても，被害者から「自分が馬鹿にされた」と感じたり，一緒に行動をする仲間からも馬鹿にされるのではないかと思っているところがあり，そのように見られないように，たとえ悪いことでも率先してやったり調子に乗った行動までしがちになっている。

(3) 無力感──さらに，身体的虐待を受けてきた被告人が暴力を振るいやすくなった背景として，上記のような「過敏性」や「被害感」以外にも重要な視点を押さえておかねばならない。それは単に暴

力を振るう父親の言動をまねたというだけではなく、心の底に深刻な「無力感」を抱いていたという点である。被告人の母についてもこの「無力感」が相当にあったと考えられ、父のわが子への虐待を制止できず、被告人を守りきれてこなかったのは「無力感」以外の何ものでもない。そして、先にも述べたように、被告人は虐待を受けて自己イメージが悪く、自分が惨めで卑小な存在だと被告人自身も小さい頃から感じており、「無力感」を抱いていたからこそ暴力に及んだという理解がされなければならない。なぜなら、「無力感」から脱皮する手っ取り早い方法が、暴力の使用だからである。つまり、暴力を振るうと相手を制圧できるばかりでなく、相手が脅えたり、自分の命令に従うようになり、あたかも自分に力があるかのように錯覚しやすい。被告人には幼少期から暴力を振るう行動が見られ、本件においても金属バットを使用するなどの暴力があった。これらの暴力の背景には、虐待を受けたことによる「無力感」が大いに関係しており、自分にパワーを感じさせる手段として暴力が使用されていたと理解しなければならない。このことは、暴走族などの仲間関係においても、被告人は力を周囲に誇示したり、力で相手との優劣を見て取ろうとする傾向が顕著にあり、それも「無力感」と無関係ではない。

(4) 被害と加害の逆転現象――いずれにせよ、身体的虐待を受けた被害者がその虐待から回復させ自らを成長させていくプロセスとして、往々に暴力を振るう加害者になることが実際の事例には多い。筆者はこれを「被害と加害の逆転現象」と呼んでいるが、この被害と加害の両者の関係に着目することが必要である。本件の被告人の場合にも同様であり、本件の犯行をはじめとし、これまでの暴力などの問題行動を加害という側面ばかりに目を向けていては真の動機や行動の意味がつかめない。そこには過去の虐待や親子のあり方が色濃く影響していることを理解し、それらとの関係を読み解いていくことが、本件の動機や犯行のメカニズムの理解に

つながる。

③少年院での更生の可能性

筆者は，本件犯行と父から受けた虐待との関係，家族との関係について述べた後，最後に本件の処遇のあり方の意見を述べた。特に，本件では少年法第55条による家庭裁判所への移送をしたうえでの少年院での矯正教育が妥当なのか，懲役による刑事処分が妥当なのかが裁判員裁判の焦点となっているため，筆者は被告人を少年院での更生の可能性について，以下のように証言した。

(1) 安心で安全な環境の提供——虐待を受けた人がさまざまな症状や苦悩から回復していくには，心理療法やカウンセリングなどの技法が重要であることは言うに及ばない。しかし，そのなかでも特に重要なことは，安心で安全な空間や場所といった適切な環境を用意することである。環境を整え，安全で安心な生活が築けていけてこそ，はじめて虐待を受けていた自分を振り返ることができ，そこからいかに回復していくかという展望が見えてくる。その意味では，本件の被告人で言うならば，中学時に入っていた児童自立支援施設の環境は望ましかったのかもしれない。そこでは父から暴力を振るわれる心配もなく，これまでの仲間関係とは違って新たな関係を生む機会にもなり，被告人に安心で安全な場所として機能したのであろう。施設入所中は問題行動は見られず，施設を出てから定時制に通った1年半は事件を起こすなどの問題行動もなかった。現在，被告人はまだ17歳という年齢であり，これからの長い将来のことを考えると，現段階ではまず被告人を取り巻く環境を整えることが何より優先されるべきである。被告人が将来，社会復帰をするときのことを現時点から考え，家庭裁判所が保護観察所長に環境調整命令（少年法第24条2項）を出し，被告人が少年院での矯正教育を受けている期間に，少年院から復

帰後の家庭環境を父母に整備して準備をさせておくことも必要である。その意味でも，本件では矯正教育がもっとも適切な処遇ではないかと判断する。
(2) 矯正教育の必要性──本件で，被告人が懲役刑となれば，刑務所での処遇となり，これまで指摘してきたような被告人の抱えている問題は解決しにくい。特に，被告人には対人関係を力で推し量ろうとする傾向があり，行刑施設である刑務所ではそれがますます助長され，逆効果を生む危険さえ出てくる。被告人のこれまでの虐待経験に加え，精神的な未成熟さを考慮すると，それを矯正させ，発達を促進させる可能性は少年院のほうが高い。なぜなら，少年院では教育的にかかわり少年の成長を促そうとする特徴が刑務所よりも明らかに強いからである。さらに，集団処遇だけでなく，カウンセリングなどの個別処遇も刑務所よりも明らかに少年院のほうが充実しており，さまざまなプログラムを効果的に活用することもでき，それらの処遇が被告人の更生には効果を上げることとなる。

4 犯情に関連した情状の取り扱い方と証言のあり方

　一般的に，情状と聞くと，被告人の悲しい生い立ちや環境，不遇な運命などのように，何らかのハンディキャップの要素を並び立てて刑を軽くするといったイメージで捉える人がほとんどである。しかし，犯罪心理鑑定あるいは情状鑑定は，そのような「お涙頂戴」とは違い，情状に取り上げた要素が本件の犯罪行為のどの部分（犯情）と関連しているのかを明確に証言できなければ意味をもたない。

　上記の事例で言うならば，被害者からの「やれるんか！　やってみいや！」という言葉が，これまで虐待を受けて「過敏性」のある被告人の不安感や恐怖心と結びついたこと，虐待の影響で自己イメージが悪く，「被害感」が強い被告人は被害者から馬鹿にされたと感じて率先して犯行に及

んだこと，暴力を振るうことで自己の「無力感」を補償できると感じ取っていたところが被告人にはあり，この「無力感」と暴力の関係も過去の虐待の影響のひとつと考えられることなどが，犯情に関連した情状と主張できるかもしれない。

　ところで，刑事裁判において刑の量定を決める場合には，その犯罪行為に相応しいものでなければならないとされている。その核心部分は，犯罪の行為態様であったり，被害などの結果であったり，いかなる動機かといったものがこれに該当する。これらがまさに「犯情」として考えられるところであり，鑑定において明らかになった被告人の性格や成育歴，家庭環境や社会環境がその「犯情」とどう結びついているかを明確にすることが求められる。したがって，過去に家庭で虐待があった，学校でいじめを受けたといったことをことさら並び立てたところで，それが「犯情」と関係していなければ，結果的には大きく量刑に影響を与えることにはなりにくい。逆に，「虐待やいじめを受けた人のなかにも立派に社会でやっている人がいるではないか」と反論され，時にはそれが被告人に不利に働く場合もないとは言えないのである。

　上野（2006）は，情状を「犯情」と「狭義の情状」に分けており，「犯情とは，直接または間接に犯罪事実の内容に属する犯情，例えば，犯行の動機，目的，手段方法，計画性の有無などであり，狭義の情状とは，被告人の家庭環境，生活歴，性格・行動傾向等を指す」と述べている。狭義の情状は一般情状とも呼ばれ，これも量刑の判断のひとつにはなるだろうが，現在の刑事裁判の動向においてそれほどウェイトが置かれることはない。筆者が「お涙頂戴」だけの鑑定では鑑定の存在意義が乏しいというのには，そのような理由もある。犯罪心理鑑定や情状鑑定に求められるのは，被告人を取り巻く家族や成育歴，性格などがどれほど本件犯行と関係があるのかという真実を解明することであり，闇雲に被告人の刑を軽くしようとか，温情をかけることではないと筆者は考えている。

6 犯罪心理鑑定の臨床的意義

1 真実にアプローチすること

　これまで述べてきたように，犯罪心理鑑定は，被告人の性格や家庭環境，成育歴が本件の犯行とどのように結びついているのか，その犯行のメカニズムを心理学的に解明するのが主たる目的である。情状鑑定には刑の量定を定めるという目的があり，その点において犯罪心理鑑定と多少の違いはあるものの，基本的には同じものと考えてもよい。いずれの鑑定でも，被告人が犯行に及んだ動機や経緯がいかなるものかという真の犯行のメカニズムの解明が何より求められ，真実にアプローチしていくことでは同一であると言ってよい。

　そうであるからこそ，鑑定人が目の前に示された事実をありのままに受け止めなかったり，事実を曲げて報告や証言をすることは決して許されない。また，自分勝手で独りよがりな手法で情報を収集し，あまりにも主観的すぎる分析や解釈をするなどしてはならない。あくまでも，そこに科学性や客観性が担保されていなくてはならないのである。

　この犯罪心理鑑定は，量刑を決めるうえで，情状酌量の余地があるかどうかを判断するために活用されることもある。それは，その鑑定が真実にアプローチして解明しようとする姿勢から生まれた結果として説得力をもっていることが認められたからである。真実とは遠い「お涙頂戴」的な情状の切り取りだけの鑑定では，その意味をもたないばかりか，被告人にとっても鑑定が有益なものにならない。真実にアプローチし，犯行のメカニズムが真実に近いものとして解明されることが，結果的には犯罪行為に一番相応しい量刑が決められることになると筆者は理解している。

　筆者なりに犯罪心理鑑定の意義をまとめよう。客観的事実や主観的事実が錯綜したもののなかに必ず真実が隠されており，そこに心理学等の科学的な手法でアプローチをしてゆき，真の犯行の動機やメカニズムを解明し

ていくことこそが犯罪心理鑑定と言える。そこに，犯罪心理鑑定のもっとも大きな臨床的意義があると言える。

2　被告人の振り返り作業の促進と再出発の糸口となること

　犯罪心理鑑定それ自体は，上記に挙げた目的が主である。一方，鑑定人が被告人やその家族に面接するなど，さまざまなかかわりをもつことが，ある意味では被告人を変えるきっかけや要因になることもしばしば経験する。

　筆者が鑑定を行なった被告人のなかには，「鑑定をしてもらわなければ，自分のそのような気持ちに向き合えることもなかったであろうし，考えもしないでそのままやり過ごしていたと思う」と述べたり，「あらためて事件のことを振り返り，そのときの気持ちをできる限り思い出しながら鑑定人に話したことで，ようやく被害者の気持ちがわかるようになった」と語る者もいた。被告人は鑑定人に出会う前にも，事件のことを警察官や検察官，弁護人に何度も話してきている。特に，事件を起訴したり，公判を維持させていくためには，客観的な事実の存否が問われることになるため，事情聴取はどちらかと言うと客観的な事実を中心にして繰り返し問われることが多い。そんな事情もあってか，被告人はじっくり自分の内面に向き合い，そのときの心のありようを振り返り，じっくり嚙みしめながら語るところまでは至らない。仮に被告人が主観的な事実を述べる面接場面があったとしても，それを聴取する者が被告人の気持ちを受け止める専門的スキルを十分に持ち合わせていないために不完全燃焼となってしまうこともある。その結果，被告人にとってはさらなる内省を促すような展開にはどうしてもなりにくくなる。その点，臨床心理学的な知見をもつ鑑定人は，客観的な事実だけでなく，主観的な事実にも重点を置き，それらの両者の事実を丁寧に被告人から引き出しやすい。また，それらの事実を鑑定人の共感を通して受容していくことによって，被告人は一層自己を見つめ直し，これまで自分の身に起こったことの振り返りが促進されていく。

犯罪心理鑑定のプロセスは，実はこの一連の作業の繰り返しであると言っても過言ではない。そこに鑑定人のかかわりを通した被告人の気づきや思わぬ洞察に至ることも少なくない。そして，被告人は鑑定を受けることによって，今後の自分の生き方を考え直すきっかけをつくったり，再出発の糸口を見出すことにもなるのである。なかでも，家庭環境が複雑で，誰からも自分の話をじっくり聞いてもらったことがないという被告人にとってみれば，この鑑定人との面接はこれまで経験したことがない受容体験となる。そして，鑑定人とともに，これまでの自分や家族関係について，幼い頃からの成育歴を丁寧に遡り，犯行時点や今後の将来について考えていくことは，今まで点でしかなかった過去，現在，未来を線でつなげていくことにもなる。

　これは被告人にとって良質な治療場面であるとも言えるが，犯罪心理鑑定の本来の目的ではないことは言うまでもない。つまり，これは鑑定の主たる目的ではなく，あくまでも二次的な目的である。しかし，仮にそうだとしても，この鑑定が被告人にとって更生の一歩を踏むきっかけとなり，今後の更生にとって有効であると認められるならば，それは臨床的にも意義があることである。

　特に，被告人が未成年であったり，あるいは発達障害やパーソナリティ障害などのように発達や人格に課題を有していたりすると，犯罪心理鑑定の意義は一層大きいと言える。なぜなら，そのような被告人は，自分を客観的に見る能力に乏しかったり，他者に伝える手段や方法を知らなかったり，対人関係が円滑に行かず，目の前の相手に翻弄して自己主張ができなかったりしやすいからである。そこで，鑑定人はまず被告人と信頼関係を築き上げることを何よりも優先し，じっくり時間をかけながら，被告人の理解を進めていくことに重点を置く。鑑定を通じた鑑定人と被告人の共同作業が結果的には彼らの成長を促し，更生の扉を開かせる可能性があると言える。

7 今後の展望と課題

　情状鑑定（あるいは犯罪心理鑑定）は歴史こそ古いものの，刑事事件においてはそれほど活用されずにきた。それは刑事事件の公判にかかわる者がいずれも法曹関係者であり，よほど特殊な事情でもない限り，情状鑑定の必要性が低かったためでもあった。しかし，裁判員裁判の導入により，事情は変わりつつある。国民のなかから選ばれた裁判員は法律の専門家ではなく，しかも犯罪にも詳しいとは決して言えないため，それをわかりやすく示してくれる専門家が必要になってきた。なかでも，被告人がなぜ犯行に及んだのかといったメカニズムや背景事情を専門家が解明してくれれば，それが適切な判決につながるとわかってきたからである。犯罪心理鑑定の必要性が近年浮上してきたのにはそのような背景があり，今後はますますその機運が高まると予想される。そのためにもさまざまな準備が早急になされなければならない。

　そのひとつとして，犯罪心理鑑定を引き受ける鑑定人の数を増やすことと，そして容易に鑑定人を活用できるようなシステムを構築することである。現在のところ，鑑定を担当する専門家を登録するシステムもなく，鑑定の必要性に迫られると裁判官なり検察官あるいは弁護人がまったく個別的なルートを使って鑑定人を探したり，これまでの鑑定資料を頼りに連絡先を探したりすることが多い。鑑定人がどうしても見つけられない場合は，やむなく鑑定を断念してしまうことも少なからずある。

　また，鑑定人は誰にもできるというわけでは決してなく，高度な専門性と実践力が要求される。そのためには，臨床心理学や法学など人間諸科学を幅広く学んだ対人援助の専門家を鑑定人として養成し，鑑定の技術を身につける訓練をしていくことが必要である。しかし，その訓練機関はわが国には存在しておらず，それを教える大学もほとんどない。犯罪心理鑑定が一定の位置づけを獲得するためには，鑑定人の養成や訓練ができるシステムを築き上げることが急務となる。そして，そこで訓練がなされて，あ

る一定の水準までの技術を修得した専門家が名簿に登録され，必要に応じてそれが活用できるシステムがあれば望ましい。犯罪心理鑑定が単なる個人的なレベルの技術で終わってしまっては，これからの発展は望めない。ましてや DNA 鑑定や精神鑑定といった他の鑑定のような科学性や客観性の高い水準には到底至らない以上は，経験を積み重ね，絶え間ない訓練をしていくことこそが，より高い専門性を生むのであり，そのためにもシステムの構築が必要なのである。

　それ以外にも犯罪心理鑑定が広がりにくい要因がいくつか考えられる。たとえば，鑑定を実施すると相当の時間がかかってしまい，裁判の長期化を招くこともそのひとつである。また，鑑定人に支払う鑑定費用などを誰が負担するかといった問題もある。たしかに，時間の問題や費用の問題は現在でも鑑定を実施するうえでの大きな阻害要因となっている。特に，私的鑑定の場合は，被告人側に経済的な余裕があれば別であるが，ほとんどの場合は困窮しており，時には被害弁済の捻出で精一杯で鑑定費用どころでない。弁護人も裁判所が命じる公的鑑定を申請するものの認められず，私的鑑定をしたいがその費用がどこからも出せないというジレンマに陥ることも珍しくはない。これらの問題を打破するためには，公的鑑定の実施を増やすような動きがあったり，私的鑑定となった場合には弁護士会などの費用負担の制度を設けるなどの工夫が必要となってくる。

　以上のように，犯罪心理鑑定をめぐる課題は山積みであり，システム面にしろ，技術面にしろ，多方面から検討していくことが大切である。また，臨床心理士などの対人援助職と法律家など他機関・他職種の専門家が知恵を出し合い，協力をしながらこれをいかに円滑に進めていくかを考えていく時期に来ている。

文献

安藤久美子（2012）裁判員制度における情状鑑定の利用――精神鑑定の視点から．青少年問題 647；30-35．
橋本和明（2011）非行臨床の技術――実践としての面接・ケース理解・報告．金剛出版．

加藤幸雄（2003）非行臨床と司法福祉．ミネルヴァ書房．
兼頭吉市（1977）刑の量定と鑑定――情状鑑定の法理．In：上野正吉・兼頭吉市・庭山英雄＝編：刑事鑑定の理論と実務――情状鑑定の科学化をめざして．成文堂，pp.114-128.
森 武夫（2011）情状鑑定について――実務経験から．専修大学法学研究所紀要 36；34-65.
サトウタツヤ（2013）ちょっとココロ学――「文脈」から事件を理解．読売新聞 2013 年 6 月 17 日．
城下裕二（2013）情状鑑定の現状と課題．法と人間科学中間報告書，pp.116-121.
上野正雄（2006）情状鑑定について．法律論叢 78-6；283-288.

2 裁判員制度時代の精神鑑定

井原 裕

I 柳田國男の『山の人生』

　かつて，柳田國男の『山の人生』が事件記録を読む者にとっての必読文献とされていた頃があった。それは，昭和の後半の頃である。当時は，裁判員制度も，医療観察法も，それどころか精神保健福祉法すらなかったが，法律の条文を理解するよりも，まず人間の人生を理解することが先だとされたのである。

　私自身は，『山の人生』を司法精神医学界のオピニオン・リーダーであった小田晋の著作を通じて知るところとなった。当時は周囲の先輩に尋ねると，「精神鑑定をやるつもりなら，その前に読んでおけ」と勧められたものであった。

　この書を不朽の人間知の書としているのは，冒頭に唐突に提示された2件の子殺しの事例である。この2例は，「山に埋もれたる人生あること」と題して，いささか無造作に置かれているが，内容は衝撃的である。1例は西美濃の貧しい炭焼きの男やもめによる子殺し，もう1例は九州の，逃避行の末の心中事件である。どちらも，貧困と病苦と孤独との闘いに打ちひしがれ，ついに一家心中を図ったが，死にきれなかったという事例である。

　後者の一部を柳田の名文から引用してみる。

大きな滝の上の小路を，親子三人で通るときに，もう死のうじゃないかと，三人の身体を，帯で一つに縛りつけて，高い樹の隙間から，滝を目がけて飛び込んだ。数時間ののちに，女房が自然と正気に復った時には，夫も死ねなかったものとみえて，濡れた衣服で岸に上って，傍の老樹の枝に首を吊って自ら縊れており，赤ん坊は滝壺の上の梢に引懸って死んでいたという話である。
　こうして女一人だけが，意味もなしに生き残ってしまった。死ぬ考えもない子を殺したから謀殺で，それでも十二年までの宥恕があったのである。このあわれな女も牢を出てから，すでに年久しく消息が絶えている。多分はどこかの村の隅に，まだ抜け殻のような存在を続けていることであろう。
　　　　　　　　　　　　　　　　　　　　　　　　　（柳田，1976）

　柳田の場合，法制局参事官として稼動した時代があり，その間，特赦に相当する事例を検討するために，膨大な予審調書を読み込んでいた。このあいだの事情については，柳田の晩年の回想「山の人生」（初出は，「神戸新聞」昭和33年7月31日・8月1日）に詳しい（井口・柳田，2005）。
　特赦の判定については，個々の事件内容をよく調べて，背景事情，再犯のおそれ，情状酌量等を総合的に考慮しなければならない。そのために，関係資料を1年中読んで過ごすような日々であったという。誰もが皆敬遠する仕事であったため，新人の参事官がなかば押しつけられるようにして行なわされる仕事だったらしい。しかし，柳田はこの仕事に強い関心をもち，新人に回すことなく10年以上この仕事を続けた。
　特に，九州の滝に落ちて死にそこなった女については，よほど記憶に残ったらしく，以下のように回想している。

　　その時の心理は我々には解らないが，やはり当人はもう死にたくなくなるものらしく，自首して出た。子供は無意志なので殺人罪が成り立ち，何でも十二年という長い刑に処せられた。しかし，あまりにも品行が正しくて殊勝だし，環境も憐れむべきものであり，再犯のおそ

れは無論ないから，特赦にしてやってくれといって，私から印を捺して申し出た。それで特赦になったわけである。　　（井口・柳田，2005）

　この「あまりにも品行が正しくて殊勝だし，環境も憐れむべきものであり，再犯のおそれは無論ないから，特赦にしてやってくれ」という考え方こそ，本書のいうところの「情状鑑定」に通じよう。違いがあるとすれば，それは判決の前に行なわれるか，後に行なわれるかだけである。

2　事件記録に埋もれたる人生あること

　本書は，心理鑑定（情状鑑定）の技術上の問題を扱う書となるが，「技術」以前に心理鑑定の精神的な意義について考えてみてもいいかもしれない。その際，柳田國男の『山の人生』は思考のきっかけを与えてくれる。「技術」には，つねにそれを使う人の生き方や考え方がこめられている。それを人間観とか，倫理観と呼ぶわけだが，そういった精神的な価値なくしては「技術」に生命が宿らない。

　さて，本書の執筆者と柳田國男には共通点がある。それは，分厚い事件記録を読むという点である。

　精神鑑定を受託すると，検察庁や裁判所から段ボール箱に詰められた書類の山が送られてくる。鑑定受託人は届けられた厖大な事件記録を，付箋と鉛筆をもって，片っ端から読んでいき，鉛筆でチェックし，付箋を貼って，抜き書きを作って，といった気の遠くなるような作業を延々と続ける。同僚たちのほとんどが帰宅し，静まり返った夜の病院の片隅で，あるいは大学の研究室で，一人黙々と殺人，強姦，放火の事件記録を読みこんでいく。この一見すると不気味な作業は，この仕事を引き受けたことのない他の同僚には，酔狂の極致のように映るであろう。実際，この連日深夜にまで及ぶ単調な作業が好きか嫌いかで，その人が鑑定に向いているかどうかが決定する。

本書の執筆者も読者も，そのような作業が必ずしも嫌いではない人たちであろう。なぜか。その答は，供述調書を読む者だけが知っている。供述調書を読んだことのない人間には，決して知ることができない。それは，調書というものが単なる行政書類ではなく，人間苦の壮絶な記録だからである。

　事件記録の主人公は，人殺し，強姦男，通り魔たちである。まず，普通の善良な市民ではお目にかかることのできない人物ばかりである。この人物たちの語る言葉は，調書のエキセントリックな独白調の文体もあいまって，一種異様な迫力をもって読む者を圧倒する。しかも，主人公の語りに，土地，時刻，気候，情景，人物の配置などの詳細な描写も加わる。犯行に至る主人公の心境，どこで殺意を抱き，あるいは，姦淫の目的を抱き，どの瞬間に一瞬のためらいを自覚し，次のどの時点で決意を新たにして，行為に及んだかなどの，犯罪心理の意識の流れもまた，語られる。しかも，驚くべき内容に似つかわしくない，奇妙に内省的な語り口によってである。それに加えて，事件関係者の，異様に饒舌で，そのくせ冷たいまでに客観的な人物描写もさしはさまれる。そして，それらの文章をつづる編集手法もまた，尋常ならざる奇抜ぶりである。意表を突く改行に，鬼面人を驚かすキーワード文字列センタリングがさしはさまれるのである。

　この世にも珍しい叙事ドラマについては，そこに捜査官の作為が加わった一種の創作となっている可能性も念頭に置かなければならない。しかし，その点を割り引いても，事件記録は独特の文体と奇矯な編集方法とによって，珍重すべきヒューマン・ドキュメンタリーと化している。そこには確かに，記録されることがなければ埋もれていたはずのかけがえのない人生がある。迂闊に読み流してはならないはずの，貴重な人間の記録が隠されているのである。

3　精神鑑定のなかの人間

　精神医学や心理学を専攻した者にとって、「人間とは何か」「生きるとは何か」とは、斯学を志した以上、生涯をかけて追求すべきテーマである。その目的のためには、およそ精神鑑定ぐらい勉強の機会になるものはない。精神鑑定の基本的な骨格は一例研究である。しかし、それは、少々手の込んだ手続きを要する。そのために膨大な資料が与えられる。多数の捜査員が動員され、詳細なデータが集められる。それらのすべてが、わずか一例の症例を研究するために与えられる。鑑定人の仕事のうち、半分は資料の精読、抜粋、編集にかけられる。さらに、じかに被疑者・被告人と面接する機会も与えられる。心理検査も、生理学的検査も、時間と費用の制約を気にすることなく、徹底的に行なうことが許される。その結果、通常の事例研究にはない、実に多くのことを学ばせてもらえるわけである。

　もっとも、人間の研究をライフ・ワークとする立場とはいっても、そのなかでも刑事事件に関わる人間は一握りであろう。鑑定は、どちらかといえば、精神科医にとっても、心理学者にとってみても、敬遠すべき仕事とみなされてきた。しかし、斯学本来の目的は「人間の研究」のはずである。そう考えてみると、刑事鑑定を依頼されることは、千載一遇の好機が到来したともいえるであろう。

　作品のなかに数々の犯罪をとりあげたドストエフスキーは、犯罪を一個人が生死を賭して世界と対峙する行為であるとみなしていた。だからこそ、犯罪も刑罰も、ドストエフスキーの作品の重要なモチーフとなっていたのである。人は皆、小さな個人として、大きな世界との不均衡な相互関係のなかで戦っている。そのなかで一個人は、いかにして自らの個的価値を主張し得るかに取り組んでいる。その課題を極限まで追求して、ついに世界とのあいだでとりかえしのつかない紛糾を生んでしまったのが犯罪という行為である。それは許される行為ではない。それにもかかわらず、そこには、すべてを平準化してしまう環境という名の濁流に流されまいとする一

個人の抵抗がある。その姿は，私たち臨床家にとって，通常の精神科臨床，心理臨床ではけっして得ることのできない，深い洞察をもたらしてくれる。犯罪が異常行動の極北にあるだけに，そこには通常のクライエントたちのなかには微視的にしか見えない人間の本性が，デフォルメされて現れているのである。

4　精神鑑定と情状

　刑事精神鑑定を市民感覚に近づけるためには，このような人間的関心をもって精神鑑定に臨むことが必要である。とくに，裁判員制度時代にあっては，それは積極的に求められているともいえるであろう。そもそも裁判員制度が求められた背景には，刑事司法の形式主義，画一主義に対する反省があった。そこには，人間に関わる諸学がもたらす知見が生かされていない。それどころか一般市民の健康な市民感覚すら反映されていない。本来，法とは倫理のしもべであり，法廷とは市民的価値観を法の後ろ盾をもって実現することにあったはずなのに，である。裁判員制度はこのような法と市民感覚の乖離を解消する制度として導入された。市民の健全な慈悲，温情，賢察を導入することで，刑事裁判の血なまぐささを幾分かでも緩和し，結果として，協同で「大岡裁き」を実現しようとするのであった。

　この点を考慮すれば，精神鑑定・心理鑑定もまた，情状において酌むべき事情のあるケースを適切に検討することで，硬直した裁判審理過程に一石を投じる可能性がある。それは，裁判制度の画一主義を超える制度として，冷厳な刑罰原理のなかにあって，例外的に人間的な判断を行なおうとするものである。

　従来，少年審判と比較すると，成年の刑事裁判では情状の考慮の方法がパターン化していた。「情状において酌むべき事情」のバリエーションは，きわめて乏しかった。被疑者・被告人に不利な情状については大量の資料が用意され，そこに検察官による「無慈悲」「身勝手」「自己中心的」といっ

た被疑者・被告人を断罪する定型句が付された。有利な事情としては、反省の態度、身内の監督者の熱意、被害弁償の有無などの、パターン化した事情に限定されがちだったのである（守谷，2002）。

　ここに精神鑑定・心理鑑定の果たすべき役割は大きい。この点はすでに裁判官の岡田（2007）が以下のように述べていることとも符合する。

> 精神鑑定の積極的な活用は、刑事裁判においてより多くの判断資料を得ることにもつながる。さらには、主として量刑に関する事実である犯行の動機やその形成過程、被告人の性格分析などに関し、心理鑑定や情状鑑定という形で鑑定が積極的に活用されることになれば、被告人の今後の処遇や治療に資するような有益な資料も得られるのではないかと期待される。

5　[事件A] 広汎性発達障害少年による傷害事件

　以下の事件は、実際の事件をもとに大幅な改変を加えた模擬症例である。実際の事件は、某年某月に関東地方にて発生した16歳少年による事件だが、少年の更生と社会復帰のために、実際の事件に触れることは控え、模擬症例で代替させていただく。

　罪名は、傷害、器物破損、銃砲刀剣類所持等取締法違反、非現住建造物等放火であり、裁判所が認定した犯罪事実だけで10を超える。傷害が2件、残りは器物破損、動物愛護法違反等の犬・猫に対する殺害、傷害、および、納屋や倉庫に対する放火である。幼少期からの小動物解剖の趣味が高じ、次第に野良猫、野良犬、飼い猫、飼い犬とエスカレートし、ついに幼児に対する傷害に発展したというケースであった。

　この少年は、理系専門職の実父と専業主婦の実母の下に出生。妹が一人あり。生育史上、母子手帳に「目つきや目の動きがおかしい」「見えないほうから声をかけても顔を向けない」「バイバイ、コンニチハなどの身振

りをしない」などの記載があり。就学時，特別支援学級を推す声もあったが，知的障害がなかったため，普通学級へ。6年間，友人もできず，孤立した小学校生活。岩石の収集，鉄道に興味あり。一方，昆虫，魚，蛙などの解剖に執着。また，高学年の頃，野良猫に対し，農薬入りの餌を食べさせて苦しむ様子を観察することを好むようになる。中学3年生の頃から，インターネットで動物虐待のサイト，殺人事件のサイトなどを見て性的興奮を自覚。一方，中学1年次は中位であった成績は，中学2年次頃から不登校がちとなったこともあって，3年次は低下。高校は隣県の単位制高校へ。高校1年から不登校。一方，動物虐待の性癖は高じていき，野良猫，野良犬，飼い猫，飼い犬，さらには小学校で飼育されていたウサギなどを捕まえては，虐待して，殺し，解体することを繰り返した。高校2年で退学し，その1カ月後，公園のトイレに刃物を携帯して，幼児を連れ込んでいるところを幼児の母親に見つけられ，逮捕された。当時，同様の事件が起こっていたため地域住民はみな警戒しているところであった。

精神鑑定時，知能は，WAIS-III にて言語性 IQ が 83，動作性 IQ が 98，全検査 IQ が 91。文章完成法，ロールシャッハ・テストなどでは，言語表現能力の拙劣さが目立ち，ロールシャッハ・テストでは反応数がゼロであった。自閉症スペクトル指数（AQ-J）にて 40 点（カットオフ値は 30 点），広汎性発達障害評定尺度にて思春期・成人期得点で 22 点（カットオフ値は 20 点）。「299.80 特定不能の広汎性発達障害」(DSM-IV-TR) と診断し，「事件の動機形成に一定の影響を与えるも，その影響は了解可能な範囲であり，精神病的なものではない。弁識・制御能力に著しい減退をもたらすほどの重症度には達していない」との参考意見を付した。

事件は裁判員裁判の対象となった。弁護側は責任能力で争わず，処遇を争点としたため，法廷での精神鑑定人尋問では治療の可能性について述べることが求められた。

私は，公判でのプレゼンテーションにおいて，おおむね次のように述べた。広汎性発達障害ゆえに，興味・関心が狭く，かつ，偏っている。この少年の不幸は，その興味・関心が，残虐さ，動物の解体，幼児に向かった

点にあった。広汎性発達障害の治療とは，障害自体を治すのではなく，ひとつの個性として尊重しつつも，その行動を許容範囲に収めることである。治療は，広義の認知行動療法だが，その目的は，対人行動における助言により，試行錯誤を通しての成長を促すこと，および，興味・関心を社会常識と調和しつつ深めるよう指導することである。性衝動自体は治療できないし，また，すべきでもないが，その衝動の志向する先を許容範囲に収めることが必要である。もっとも，精神療法はマインド・コントロールではなく，患者本人の動機づけ，主体的治療参加が不可欠である。その際に，本人のやる気と，周りの根気が必要である。第一に，本人が治す気になり，かつ，治す気が続かなければいけない。性的志向は個人的な事柄であり，本人の意欲なくしては，治療は実現しない。第二に，本人を取り巻く側にも根気が必要である。家族のみならず，地域の人々の根気も必要である。その理由は，治療は施設内では終わらず，社会に出てからいかにして行動を統制できるかがポイントとなるからである。地域社会が彼の社会復帰をどこまで許容するかもカギになる。そのようなことを述べた。

　地方裁判所の決定は，「本件を○○家庭裁判所に移送する」というものであった。「処遇選択の理由」においては，生まれつきの広汎性発達障害や生育環境を本人の責任に帰すことができないこと，当時未成年であったことなどが考慮された。また，障害を有する事情を考慮すれば，被告人を少年刑務所に収容し，集団で処遇しても意味はないこと，むしろ，医療少年院に収容して，少人数の下で専門家による治療・指導を含めた個別処遇を施すべきであること，ならびに，現状のままでは再犯の可能性が高いので，新たな被害者を出さないという社会の要請に適うものとしては，少しでも効果のありそうな保護処分に付すことが相当である，といったことが述べられた。

6 [事件B] 気分変調症青年による殺人事件

　以下の事件も，自験例をもとに大幅な改変を加えた模擬症例である。
　某年某月に関東地方にて発生した32歳のひきこもり青年による殺人事件。罪名は，実母に対する殺人と実父に対する傷害。金銭援助を断られ，さらに罵声を浴びせられたところから，母親を衝動的に包丁で刺して殺害し，止めに入った父親を左上腕全治1カ月の切創を負わせたというものである。
　この青年は，高校卒業後，3年ほど接客業にてフルタイム稼働し，その後はアルバイトを数回行なったのみ。両親に対する暴力・暴言もあったため，5年前から実家を出て独居生活。長年生活費を援助していた両親もすでに年金生活に入っており，仕送りは滞りがちであった。両親との交流も金の無心のみとなっていた。家賃を滞納し，家主から退去を命ぜられ，一方で，転居先もなく，一時的に実家に身を寄せていたが，滞在3日目にして，両親と衝突し，この不幸な事件が起きてしまった。
　この青年は，過去に近医精神科診療所に通って，「うつ状態」との診断で，抗うつ薬，抗不安薬を投与されたことはあったが，5回ほど受診したのみで，それも6年前のことであった。
　精神鑑定書では，抑うつ，意欲低下，不眠などを認めた。軽度の抑うつ気分が慢性持続性に2年以上の期間にわたって続くことを考慮し，一方で，大うつ病の診断基準は満たさなかったことから，「気分変調症」と診断した。参考意見として，事件当時の被疑者の思考が悲観的・厭世的であった点を指摘した。しかし，それは気分変調症ゆえというよりも，むしろ気分変調症は結果であり，その背景に就労の失敗，再就職の困難さ，いささか過保護な実家からの資金援助，それによる本人の自立意欲の乏しさ，他の同胞も被疑者同様に両親の庇護下にあり，その同胞たちに比して両親からの援助が不公平だと感じていたなどの諸事情があると指摘した。また，家庭内で他の同胞が母親を巻き込んで被告人との敵対の図式を演出し，連日非難の罵

声を浴びせて，被告人を孤立無援の状況へと追い込んでいたという事実もあった。総じて，被疑者をとりまくこれらの境遇については，刑事責任能力に影響を及ぼすようなものではないが，情状に関する事項として検討していくべきであると思われると記した。

　事件は裁判員裁判の対象となった。弁護人は公判に先だって鑑定人としての私に面会を求め，事件についての意見を聞いてきた。私は，率直に「責任能力は疑う余地がない。むしろ，情状について考慮すべき事情はある」と述べたが，弁護人は「責任能力で徹底的に争う。それが被疑者の希望だ」と主張した。

　証人尋問では，最初に検察官による質問があり，その後，鑑定人である私がスライドを使って「鑑定結果説明」を行なった。鑑定人としての私には，責任能力に関するコメント（「心神喪失」ないし「心神耗弱」に該当するかの参考意見）が求められた。それで，私としては，裁判員へのわかりやすさも考慮して，「理由のある落ち込み。病的とはいえない」「気分変調症で抑うつ状態だが，責任能力に影響を及ぼすほどの重症度に達していない」「精神医学的に心神喪失にも心神耗弱にも該当しない」などと説明した。

　弁護人は，事前の宣言通り「重症うつ病につき心神喪失」を主張し，鑑定人尋問においては徹底的に争ってきた。鑑定書の些事を突いてきたり，ときに声を荒げたりなどして，なかなか好戦的であったが，反対尋問は，私には想定内のことばかりであった。どのような証言を引き出そうとしているのかが読め，相手の誘導戦略が手に取るようにわかったので，余裕をもって証言することができた。弁護人は，鑑定書の論理の矛盾をついたり，事件とは直接関係のない鑑定人の過去の雑文をあげつらって，鑑定人の資質に疑問を投げかけるなどの戦略で，鑑定の価値を貶め，再鑑定を要求しようと躍起になっていた。私は，「標準的な方法で鑑定を行ないました」の一言で通した。争点となった責任能力に関しては，裁判官・裁判員に，私の証言は，ほぼ受け入れていただいたように思う。

　ただ，鑑定人尋問の全時間は，診断や責任能力をめぐる瑣末な議論に終始した。上述の通り，鑑定書においては，弁護人が鑑定書を情状資料と

して利用しやすいように，別紙に酌量すべき事情を列挙していた。しかし，それらを弁護人はまったく利用することをしなかった。事件前後の被告人と被害者との関係のような本来検討すべき背景事情に関して，いささかも審理されないまま時間切れとなり，公判は終了した。

　判決は，求刑通りの懲役刑となった。すなわち，裁判員・裁判官は弁護人の弁護を歯牙にもかけなかったのである。

7　裁判員裁判と市民感覚

　裁判員裁判において，事件Aで寛大な判決が下されたこと，事件Bで弁護人の強硬な戦略を裁判員たちが一顧だにしなかったことは，どちらも裁判に対する市民の感覚を反映している。裁判員制度の時代にあっては，法廷戦略も市民感覚を考慮に入れなければならない。

　事件Aにおいては，弁護人は当初から責任能力を争点とせず，もっぱら処遇を俎上にのせてきた。そのため，専門家証人の立場から，行動に影響を及ぼした精神医学的背景を説明し，今後の治療の可能性にすら積極的に言及することができた。

　良識ある市民の代表たる裁判員は，人間としての被告人にこそ関心があったので，被告人をとりまく状況と経緯のなかで，なぜ被告人がそのような行動をとったのかを理解しようとした。さらには，処遇において，どうすればより再犯の可能性を減じることができるのかについて，鑑定人の証言に注目した。その結果，裁判員・裁判官は，事件には対人認知の障害が関わっていて，それは生来のものであり，本人の責任の埒外にあることを理解した。そして，再犯を防ぐためには，いくらかでも治療的な効果がありそうな選択をすべきだと判断し，結果として寛大な判決を許容したのであった。

　一方で，事件Bにおいては，被告人はあるときは，被害者の冷淡な対応を非難し，あたかも自分こそが迷惑を被った被害者であるかのような証

言を行なった。責任能力が問われる場面では、弁護人とともに自ら精神障害者であることを主張した。このような被告人の発言は、裁判員・裁判官をして寛大な判断を躊躇させてしまった。

　この事件で裁判員が鑑定人尋問の証言のなかから被告人に有利に解すべき心証をまったく得られなかったのには、理由がある。被告人が自ら心神喪失だったと主張し、それを争点にするよう弁護人に強く要請したのであった。そのため事前に私が鑑定人として率直に責任能力を争っても勝算はないと告げていたにもかかわらず、弁護人はあえて責任能力を争ってきた。しかし、専門家証人に対する反対尋問は、専門知識に劣る法律家にとって圧倒的に不利である。したたかな鑑定人ならば、強引に攻め込んでくる弁護人の反対尋問に対して、「正確に証言させていただきたいので質問の趣旨をおたずねしますが」と断って、その尋問の根拠となった精神医学認識について尋ね返して、尋問自体の無意味さを露呈させ、弁護人の勉強不足を間接的に指弾するなどお手のものである。

　それにしても、精神医学の診断をめぐる議論や、責任能力の諸条件をめぐる議論は、それらをいくら展開してもそこから被告人に有利な情報は得られない。そのような瑣末な議論に時間を費やしているうちに、被告人の人間の実像に迫る余裕はなくなっていった。むしろ、このような瑣末な議論をすればするほど、審理は被告人に不利な方向に導かれ、被告人の人間像の悪しき側面ばかりが誇張されてしまった。鑑定人は裁判員の琴線に触れるようなヒューマンな事情を証言することもできたのに、この弁護人は、ついに有利な証言をただのひとつも引き出せずに終わったのであった。

8　刑事裁判における漫画的正義の超克

　英語には「漫画的正義（the caricature of justice）」という言葉がある。刑事裁判における検察官対弁護人の対決の構造は、双方が自身の主張をいささかの歩み寄りもないままに、断固として主張する。その対決の様子は、

まさしく「漫画的正義」の名にふさわしい。

　成熟した大人による通常の対話というものは、双方の意見の相違点を浮き彫りにしつつ、双方から妥協案、譲歩案を繰り出して、落としどころを探るという弁証法的な展開が見られる。

　一方、刑事裁判における検察官対弁護人の対決は、双方が互いに相手の意見を考慮することなく、もっぱら自説防御のための極論を主張し続けるので、ほとんど子どもの喧嘩のようである。裁判員・裁判官は、この不毛な水掛け論を見て、どちらが有利かを判断して、軍配を一方に上げるといったところがある。

　弁護人のなかには、刑事弁護をスポーツとしてとらえている人がいる。責任能力を争点に据えて、有責よりも心神耗弱のほうが、心神耗弱よりも心神喪失の方が、より勝利だといわんばかりに。そして、この傾向は、医療観察法審判において付添人を引き受けた弁護士にも見られることがあり、入院処遇よりも通院処遇を、通院処遇よりも不処遇を勝ち取ることができれば、それは付添人としてガッツポーズを挙げる価値があると思っているらしい。

　実際には、精神鑑定が行なわれるケースは、何が勝利なのかの判断は難しい。だからこそ専門家証人が呼び出されるのである。被告人が障害者である場合、訴訟関係者の誰にとっても、本当のところ何が被告人の利益なのかという判断は難しい。そして、その点は、被告人の利益を守るべき弁護人においても同じはずである。

　事件Bは、刑事裁判であったが、そこでは弁護人は、心神喪失を勝ち取るべく、スポーツマンシップに則って、最後まで正々堂々と戦った。その結果、法廷では被告人の責任逃れをしようとする厚顔ぶりばかりが強調されてしまい、被告人にとって真に同情に値する事情については、何ら触れられることはなかった。弁護人は終始、闘志にみちあふれていたが、ついにいささかの知性をも発揮することはなかった。何が被告人の利益なのかについて、ほんの少しでいいから知恵を働かせるべきであった。

9　精神鑑定人をどう尋問するか

　鑑定人は，被告人に関して，診断や責任能力をめぐる議論以外にも多くのことを語り得る（井原，2012）。事件の状況と本人の置かれた立場を総合的に考慮して，そこから事件へと追い込まれていった被告人の心理の経過を語ることもできる。あるいは，対人援助の長年の経験を生かして，被告人のこころの障害を考慮に入れた社会復帰の方法について参考意見を述べることもできる。

　ただ，鑑定人は，ひとたび証人尋問に召喚されれば，聴かれたことしか答えてはならない立場である。それが法廷のルールである以上，鑑定人がみずからイニシアティブをとることはできない。その結果，優れた尋問には，それにふさわしい優れた証言を返す。愚問には，それにふさわしい愚答を返す。それだけである。事件Aにおいては，被告人の処遇をめぐって建設的な証言を行なうことができた。事件Bにおいては，反対尋問は愚問と愚答の応酬に終始し，法廷は白けた空気に包まれた。

　実際には，責任能力には問題はないが，多くの同情すべき事情を抱えている場合がある。たとえば，家庭内の事件の場合，家庭内の複数の強者が，一人の弱者を心理的に虐待し，追い詰められた側が窮鼠猫をかむように逆襲に転じて，結果として殺人を犯してしまう場合などである。実際，事件Bでは，若干このような面もあった。中立的にみて被害者側にも多少の落ち度があり，生き残った家族もそのことを後悔している可能性もあった。被害者遺族は加害者家族でもあり，被害者であるという意識よりも，むしろ悲劇の一翼を担ってしまった立場として，自責の念にかられていた。誰も厳罰など望んでいなかったのである。

　こういうときには，優れた弁護人ならこうするだろう。有責の判断をした鑑定人に対して，当初から情状を意識した尋問を行ない，鑑定人から弁識能力に固執しない柔軟な証言を引き出して，審理を被告人に有利な方向へ向けようとする。そうして，家族全体，集団全体のダイナミズムのなか

で，被告人がなぜこのような行為に及んだかを明らかにし，裁判体の寛大な量刑判断を引き出そうとするであろう。

　責任能力をめぐる問題など所詮は，①心神喪失，②心神耗弱，③完全有責の三択問題に過ぎない。それは，精神科医にとっては，あまりに単純な出題である。精神科医は，日々，人間の心の深淵に触れており，ある状況に置かれた被告人の人間としての姿がテーマとなれば，もう少し程度の高い仕事ができる。

　精神鑑定人としては，専門家証人として召喚される以上，専門性の高い証言を行ないたいと希望している。裁判員制度の時代にあって，精神鑑定人に何を証言させるべきか。それは，尋問する側にとっても，再考の余地のある課題であるように思われる。

文献

井口時男＝編，柳田國男＝著（2005）柳田國男文芸論集．講談社．
井原裕（2012）裁判員裁判で法曹に望むこと――刑法39条に依存しない弁護．精神医療66；59-67．
守谷克彦（2002）情状鑑定について．刑事弁護30；39-44．
岡田雄一（2007）責任能力の判断と精神鑑定についての若干の考察．司法精神医学2；80-86．
柳田國男（1976）遠野物語・山の人生．岩波書店．

3

法律家が求める心理鑑定

廣瀬健二

1 はじめに

　私は裁判官として，30年間，刑事事件を担当し（少年事件も14年余兼務），その後10年余，法科大学院で刑事訴訟法，少年法，刑事政策，刑事実務等を講じている。本書の主題「心理鑑定」に関しては，少年事件において多数の家庭裁判所調査官や少年鑑別所の法務技官等による心理テスト，非行メカニズムの分析，処遇意見等をみてきたほか，刑事事件における責任能力の判断，刑の量定の判断に関する臨床心理学的な分析にも接してきた。そこで，このような実務経験を踏まえて，刑事・少年事件における心理鑑定を念頭におき，前提となる刑事手続き・少年審判手続き，鑑定に関する手続き等について概説したうえ，法律実務家として心理鑑定について，気付いた点，望むことなどにも論及することとする。

　なお，鑑定は，家事事件，民事事件，行政手続き等においても活用されているが，本稿ではこれらには触れていないことをお断りしておく。

2　鑑定の意義

　最初に前提となる用語・概念について補足しておこう。

刑事訴訟法において，鑑定とは，特別の知識・経験がある者にその専門的な知識またはそれに基づく判断を報告させること，あるいはその報告そのものをいう。鑑定のうち，主として被告人の精神状態（責任能力の有無・程度）を鑑定事項とするものを「精神鑑定」，被告人の刑の量定要素等（犯行の動機・原因の解明，処遇方法等）を鑑定事項とするものを「情状鑑定」と実務上呼んでいる。

　我が国の刑事手続きは，捜査段階と起訴後の公判段階が明確に区分されている。このため，犯罪の嫌疑を受けている者は，捜査段階では「被疑者」，起訴後の公判段階では「被告人」と呼び分けられている。

　「責任能力」は，刑法上，犯罪成立要件のひとつとされ，14歳以上の正常な人にはこれが備わっているものと考えられており，①精神の障害（生物学的要件）と②弁識能力あるいは③制御能力（心理学的要件）に異常がうかがわれる場合に検討される。すなわち，行為者が精神の障害により，ものごとの善悪・行為の違法性を弁別・識別（弁識）する能力（弁識能力）またはその弁識に従って行為する能力（制御能力）を欠く状態を「心神喪失」と呼び，行為者は「責任無能力」で無罪とされる。①は認められるが，そこまでには至らず，行為者に②および③は一応あるが，それが著しく限定されている場合を「心神耗弱」と呼ぶ。この場合には，犯罪は成立し刑を科すことはできるものの，「限定責任能力」として行為者の刑は必要的に減軽されることになる。

　捜査段階では，責任能力が欠ける心神喪失の場合は犯罪が成立しないので「罪を犯した」といえず，犯罪捜査の対象とできないことになる。限定責任能力（心神耗弱）の場合には犯罪は成立するので捜査は可能であるが，不起訴の理由となる可能性がある。なお，一定の犯罪（対象行為）に対する心神喪失・心神耗弱を理由とする不起訴・無罪等の場合には，心神喪失者等医療観察法の対象となる可能性がある。

　起訴後，公判手続きで心神喪失と認定されれば無罪とされるほか，裁判手続きが理解できないなど被告人の防御能力自体が欠けていれば，公判手続きが停止される場合もある。公判で心神耗弱と認定された場合には刑が

必要的に減軽され、より軽い刑が科されることになる(5)。このため、責任能力に疑問が生じ、専門的判断が求められる場合には、精神鑑定が活用されることになる。

3 刑事手続きの流れと鑑定

1 捜査段階

　捜査とは、犯罪に関する証拠を収集し犯人・犯罪事実を特定する捜査機関の活動である。人権への制約を伴うので任意捜査が原則とされ、逮捕・勾留・捜索・差押えなどの強制捜査には原則として裁判官による令状が必要である（令状主義）。原則的に警察官が捜査を担当し捜査結果がまとまると、事件・記録を検察官に送致し、検察官は補充的な捜査をして、起訴・不起訴を決定する。検察官には訴追裁量権があり、嫌疑が認められる場合でも事案の軽重、被害・犯人の情況等を考慮して起訴猶予とすることができ、起訴する場合も略式命令請求（罰金）か正式起訴（公判請求）かを決定する。なお、訴追裁量は、起訴猶予6割、起訴の8割は罰金で正式起訴は7％程度と謙抑的に行使されている。
　捜査機関から専門家に鑑定が嘱託されるのは、検挙された被疑者の言動の異常や犯行態様の異常性、犯行の動機・目的の理解困難性などから、精神の障害がうかがわれる場合が多い。この鑑定の要否は捜査機関が判断し、鑑定を嘱託する者、鑑定事項についても捜査機関が定める。鑑定嘱託を受けた者（鑑定受託者）は、鑑定のために必要な処分（各種検査等）を行うが、関係者が任意に応じないとき、裁判官の鑑定処分許可状を得て強制的に実施することもできる。捜査段階の勾留は最大20日であること、留置施設（警察の留置場）、拘置施設（拘置所）は鑑定のための設備が十分ではないことから、必要があれば、裁判所の決定によって、勾留とは別の一定期間、被疑者を病院等に収容（鑑定留置）して、必要な検査等を行うこともでき

るが，この鑑定には弁護人等の立会は認められていない。鑑定結果の報告は書面（鑑定書）によるのが通例である。鑑定書は，専門家による判断であるため，伝聞法則の例外として，きちんと鑑定が実施されたことを鑑定受託者が証言すれば採用することができる。

2　公判段階

　事件が起訴されると，裁判所が公判期日を指定して，被告人を呼び出し，弁護人・検察官が立ち会って，裁判所主宰の下，法定の順序・要式に則って公判手続きが進められ検察官・弁護人の主張・立証等が行われる。裁判員事件および複雑な事件で必要がある場合には公判前整理手続きに付されて，争点が絞られ，検察官・弁護人の主張・立証予定，審理日程等があらかじめ定められたうえで公判が開始される。

　鑑定は，公判段階では裁判所によって命じられる。検察官，弁護人の請求，または，裁判所の職権によって鑑定の採否が決定され，この鑑定を行う者を「鑑定人」と呼ぶ。裁判所は，鑑定人を選任して宣誓させたうえ，鑑定事項を定め，鑑定を命じる。鑑定人の処分等の権限は鑑定受託者と同様であり，必要に応じて鑑定留置も可能である。裁判所による鑑定には検察官，弁護人が立ち会うことができる。鑑定結果の報告は，書面（鑑定書）による場合が多いが，裁判所に口頭で報告することもでき，実務上は鑑定書と尋問が併用される場合が多い。

3　少年事件の特則[7]

①少年審判の対象

　犯罪を犯した「犯罪少年」（14歳〜19歳）のほか，行為時14歳未満で犯罪に当たる行為をした「触法少年」，法定の問題行状があり犯罪・触法に至る危険性が高い「虞犯少年」も，少年審判の対象となる。このため，審判の対象となる少年は「非行のある少年」，対象事実は「非行事実」と

呼ばれる。少年の教育・更生が目指されるので，非行事実と並んで少年の素質・環境等の問題性（要保護性）が審判の対象とされている。

②犯罪少年に対する手続

捜査手続き，公判手続きについては，刑事手続きと大きな差異はないが，以下の特則がある。

（ア）全件送致主義（家裁先議主義）──警察官，検察官は，捜査の結果，少年に嫌疑が認められた事件は全件を家庭裁判所に送致しなければならず，検察官が起訴・不起訴の決定をすることはできない。後述の家庭裁判所の専門的な判断を尊重する趣旨である。

（イ）科学調査主義──事件を受理した家庭裁判所は，家庭裁判所調査官（以下，「調査官」と略す）に調査（社会調査）を命じ，審判のために必要があれば，少年を観護措置決定によって少年鑑別所に収容して調査・審判を進める。少年鑑別所収容中，少年に対し法務教官による行動観察，鑑別技官による知能検査，性格検査，心理テスト等が行われ，その結果に基づく少年の素質・環境上の問題点，処遇意見を記した鑑別結果通知書が作成され，家庭裁判所に送付される。調査官は，心理学，教育学等の専門性を生かして科学調査を行い，上記，鑑別結果通知書も参考として，少年の非行原因，資質・環境上の問題点の分析，処遇意見も記した調査報告書を裁判官に提出し，これが裁判官の処遇選択の重要な資料とされる。

③虞犯少年・触法少年の手続

いずれも犯罪ではないので，警察官は，問題のうかがえる少年を補導してその調査を行う。調査の結果，虞犯少年・触法少年に当たると認めれば，14歳未満の少年は児童相談所に，14歳以上の少年は家庭裁判所に，それぞれ送致する。児童相談所は，これらの少年に審判の必要がある場合には

家庭裁判所に事件を送致するが，2007年の改正により，一定重罪の触法行為についてはこの送致が原則的に義務付けられている。[9]

4　少年審判手続

　裁判官は，非行が軽く少年の問題性が乏しい場合には，審判を開かずに事件を終局できる（審判不開始決定）。少年審判を開始する場合には，審判期日を指定し，家庭裁判所の審判廷に少年，保護者，付添人を呼び出して審判を行うのが原則であるが，家庭裁判所は，一定の事件で非行事実を認定するために必要な場合には，検察官を審判に出席させることができる。[10]審判は非公開が原則であるが，一定の事件では，被害者等からの申出があり相当と認める場合には，家庭裁判所が審判期日の傍聴を許すことができる。[11][12]少年に最適な処遇決定をするため，刑事公判のような厳格な要式は不要とされており，裁判官は，少年の年齢・性格・反省状況等から最も適切と思われる順序，方式で審判を行う。最初に少年の氏名等を確認し，審判についての注意事項を説明し，非行事実の認否を聴き，争いがあれば必要な証拠調べを行う。非行事実が認められれば，少年の内省状況，家庭，環境等の問題点についても，少年や保護者等に確認し，あるいは意見を述べさせ，調査官，付添人の意見を聴いて処分を告知するという流れが一般的である。

5　処分の特則

　少年の改善更生のため，保護観察，児童自立支援施設・児童養護施設送致，少年院送致という保護処分のほか，前述の審判不開始に加え，児童福祉機関送致，不処分（調査・審判の教育効果で十分な場合等），審判途中での試験観察，補導委託が認められ，刑事処分相当な場合には，検察官送致（逆送）が行われる。

　なお，2000年の改正で，行為時16歳以上の少年による故意の犯罪行為

によって被害者を死亡させた罪については逆送が義務付けられている（原則逆送）。

4 鑑定に関する実務上の問題点

1 鑑定の採否，鑑定人の選任

　前述のように，裁判官等は法律の専門家ではあるが，臨床心理や精神医学の専門性はないため，専門的な知識を補い，鑑定人・鑑定受託者（以下，「鑑定人等」という）の専門的知見・技量の助けを得て正確な認定・判断をするために，鑑定が行われる。実務的には，犯行態様に異常性がうかがえる場合，犯行の動機・目的等が理解しがたい場合，精神病のほか知能・心身の障害がうかがえる場合，犯人の挙動・応答等に不可解な点がある場合，薬物・アルコール等の影響がみられる場合などに，鑑定が行われることが多い。鑑定採否の考慮要素としては，犯罪の種類・軽重（殺人・放火・性犯罪等），犯行の動機・態様・結果，犯行前後の行動，生育歴・学歴・職歴，親族も含む病歴，親族・近隣者等も含む知人による本人の行動・性格に対する評価などが検討されることが多い。鑑定資料としては，その事件の証拠書類，証拠物，被告人の質問への回答・応答状況，事情を知る関係者の供述，尋問結果などに加えて，類似した事例に関する裁判例・鑑定例・文献なども活用されている。

　前述のように，公判段階では，ほとんどの場合，検察官または弁護人の請求があるので，鑑定の要否，候補者等についても請求者・相手方の意見を聴いたうえで鑑定の採否を決め，採用する場合には鑑定人人選の参考としている。裁判所が職権で鑑定する場合にも，検察官・弁護人の意見を聴いたうえで決定される。しかし，捜査段階では，警察官，検察官の判断のみによって鑑定が嘱託され，嘱託する人選等もその判断のみによることになる。

2004年の改正前は，公判審理において犯罪事実や被告人の問題点が顕在化したところで，裁判所が鑑定人を選任して鑑定を命じていたため，鑑定人の人選・実施・報告までに相当な期間を要して公判が長期間中断し，裁判官，検察官の交代等とも相まって，鑑定が公判審理遅延の一因となる事例もみられた。前記の公判前整理手続きが導入されてからは，起訴後，その手続き中に裁判所が鑑定を採用し，その鑑定結果を踏まえ，争点整理等に生かして公判審理をより迅速，適正化することもできるようになっており，裁判員事件などでは活用されていると思われる。[14]

2　鑑定事項・鑑定資料

　鑑定事項は，鑑定を採用する場合に定められるが，有用な鑑定のためにはその適切な設定が肝要である。前述のように，鑑定事項は裁判官等が定めるが，鑑定人等は鑑定を実施する専門家として，実践的に適切な鑑定事項の設定について提言ができる場合も多いと思われる。鑑定資料とされるのは，捜査機関の証拠，裁判所に提出されている証拠が多い。しかし，公判段階で裁判所の保管している証拠は，厳格な証拠能力の規制によって限定されていることに留意すべきである。鑑定資料は，鑑定人等が自ら収集・調査したものも活用できる。しかし，例えば，飲酒量，使用薬物の種類・数量等など，鑑定判断の前提となる事実に争いがある場合，最終的な裁判所の認定と鑑定の前提事実が異なってしまうと鑑定判断の有効性が減殺される場合も生じる。鑑定事項・鑑定資料について，鑑定人等は，独自の調査や資料収集を行い，あるいは，事件記録以外のものを鑑定資料とする場合には，その出典明記・資料保管のほか，このような前提事実のずれにも十分留意すべきである。

3　鑑定の手法等

　鑑定の手法が確立され，定説に従って，法則を紹介し，当てはめた結果

を報告する場合には、当てはめの正確性等の検証・確認ができるように、資料・データの明示・保管、説明等が必要となる。定説のない分野、先端的な研究等を活用する場合には、上記に加えて、依拠する学説・法則・研究成果、分析・判断・評価の手法などの通用性等についての十分な説明も必要となる。

4 鑑定結果の報告

　鑑定結果の報告は、鑑定書による場合が多い。前述のように、公判において鑑定書を証拠として採用するには、請求された相手方が証拠とすることに同意しない場合は、鑑定人等に対して証人尋問を行い、鑑定の経過・結果について、専門家として適正に鑑定を実施し、その経過・結果等を鑑定書を正確に記載したことが確認される必要がある。このため、鑑定人等は公判で証人尋問を受ける場合がある。また、鑑定書は証拠とするが、鑑定人等の証人尋問を併せて実施する場合も多い。この場合には鑑定人等による口頭での鑑定内容の説明・補足、鑑定結果の妥当する範囲の確認等が行われる。さらに、鑑定人の口頭での説明・報告が中心となる場合もある。いずれの場合も、裁判官等は、鑑定書や口頭報告の内容について、前提となる知識の習得も含め、その理解に努めるべきであるが、非専門家としての限界がある。とりわけ裁判員裁判では、一般市民で予備知識習得等を期待し難い裁判員にも、鑑定の結果・内容等について正確に理解してもらう必要がある。このため、鑑定書の記載方法、口頭報告・説明の仕方等には一般市民にもわかりやすくするための工夫・配慮が必要となることに十分留意すべきである。

5 心理鑑定について

　以上の手続き、実務上の問題点等については、心理鑑定においてもほと

んど共通するので，補足すべき点も含めて最後にまとめておくこととする。

1　鑑定の採否・鑑定人等の選任

　捜査段階では，責任能力が問題とされる場合に，警察等の嘱託を受けた精神科医による数時間の面接で簡易鑑定が行われることが多い。その結果，本格的な鑑定が必要とされる場合には，捜査機関からの鑑定嘱託が行われ，精神医学的な診断と併せて心理学的な各種検査や臨床心理学的な分析等が行われる事例もみられる。また，前記のような公判前整理手続き，公判審理の段階において，鑑定の必要が認められて同様な鑑定が行われる場合もある。このような場合には，鑑定書をまとめた代表者への質問等が行われ，心理鑑定部分についても，代表者による説明・回答がなされる場合がある。

　また，犯人の生育歴・性格形成上の問題点，人格的な特異性，その犯行への影響などが，責任能力の程度，量刑要素として検討される場合，犯行の動機・目的，心理的なメカニズムを解明する必要がある場合，被告人に対する有効・適切な処遇判断が検討される場合などに心理鑑定が行われる事例も近時，増加していると思われる。このような場合には，弁護人の依頼による専門的な意見書等の提出が先行する場合，公判廷において専門家の証人として証言し，尋問を受ける事例もみられる。

　いずれの場合も，心理鑑定の意義・有効性等についての理解が十分でない法律家もいるという前提で，根気強く，わかりやすく説明して理解を得ることが肝要と思われる。私の実務経験においても，弁護人・検察官いずれも鑑定申請はしていないが，捜査段階や公判廷で被告人の述べる犯行の動機・目的等が不分明・不自然な事例で，調査官や少年鑑別所の法務技官による心理鑑定を実施したところ，執拗な性的虐待（家庭内の殺人事件），生育歴における大きな問題（幼児の誘拐事件）などの事実が明らかになり，量刑判断にも相応に反映された事例がある。

2 鑑定事項・鑑定資料

　心理鑑定においても，鑑定事項の設定の仕方，前提となる事実の確認，鑑定資料の範囲等の確認などについては，前述したような配慮が必要である。裁判官等との問題点・前提認識の共有が重要である。もちろん双方の努力が必要であるが，専門家としてできる限りの情報伝達，説明，働きかけが有用と思われる。

3 鑑定の手法等

　各種の心理検査やその分析等については，特に少年審判では，前述のように，調査官の報告，少年鑑別所の鑑別結果通知書等によってその意義・有用性等は明らかにされている。しかし，少年事件の実務経験の乏しい裁判官，検察官等も少なからずおり，心理検査・心理分析等についてなじみが薄い法律家も珍しくない現状がある。また，一般市民にとって，臨床心理学的な分析・判断の意義，有効性・信頼性等については，必ずしも正確に理解されていない場合もあると思われる。心理検査等の手法，心理学的な研究成果の水準・動向等も含めて，鑑定手法の正当性・一般性，分析の信頼性などについても一層丁寧な説明が必要であると思われる。

4 鑑定結果の報告

　前述のように，鑑定書を証拠として採用するための証人尋問，鑑定内容の正確な理解のための補足説明等については，その手続きの趣旨・性質を理解して臨機・適切に対応することが肝要である。
　心理鑑定の手法，鑑定の趣旨，有効性・信頼性等について，前提知識等が十分とはいえない者に対しても，正確に理解してもらうための作業であることを踏まえて，有効・適切な表現・伝達の方法等の工夫に努めるべきである。

6 おわりに

　冒頭に触れたように，私は，少年事件の実務経験，それを通じた調査官，鑑別技官等との交流，責任能力が深刻に争われた刑事事件の実務経験，それを通じた精神医学者，臨床心理専門家等との交流も少ないほうではない。精神医学，臨床心理学等についても，それぞれの事件を通じてではあるが，それなりに学んできている。それでも，精神鑑定について，鑑定書の記述を理解するのに苦労したり，複数の鑑定が対立・鼎立し，いずれが信頼できるのか，判断に相当苦慮したような経験は一度ならずある。また，鑑定に限ったことではないが，他の専門家との連携が必須の作業分野において，一方的な批判も耳にする。

　法律実務家が臨床心理学を含む人間行動諸科学の基礎知識を身につけることは，鑑定に限らず，より適正な捜査・公判・審判のために望ましい。法科大学院，司法修習等での学修に加え，実務家に対する各種研修，自己研鑽励行の必要があることに異論はない。しかし，同時に，心理鑑定を含む鑑定を行う専門家においても，事件の手続きの流れや鑑定命令・嘱託の趣旨，鑑定事項，鑑定資料の範囲等を正確に理解したうえ，法律実務家等に専門的な分析の手法，判断内容等を，その前提となる法則・基礎知識等の説明も含めて，わかりやすく，正確に伝えることが，鑑定の適切・有効な活用のために必要であることも明らかといえよう。

　かつて，精神鑑定について，豊富な経験と刑事司法に関する正確な知識が必要であるが，それを備えた有能な鑑定人は絶対数が不足していると指摘したことがある。その後，精神鑑定については，2005年心神喪失者等医療観察法の施行によって，裁判官と精神科医との共同作業が制度化されたこともあって，司法制度について理解があり，適切な司法鑑定を行える精神科医が増加していると思われる。臨床心理の専門家と法律実務家には，従前から少年審判手続きを通じた交流が相応にある。しかし，捜査や刑事公判の分野においては，いまだに接点は少なく，残念ながら，相互理解も

必ずしも十分とはいえないと思われる。今後，双方の一層の努力によって，心理鑑定が，この分野においても，より有効に活用され，犯罪・非行等の原因究明が一段と進むのみならず，最適な処遇への理解が深まり，有効な処遇によって再犯防止が促進されること，さらには，犯罪や非行に対する不正確な理解・偏見に基づく厳罰化論などが抑制されることも期待したいところである。

　この小稿が，読者の刑事司法に対する理解に役立ち，心理鑑定の適切な運用に多少なりとも資するところがあれば幸いである。

註

1——民事訴訟法では，「裁判官の知識・経験を補充するために学識経験のある第三者の意見を求める証拠調べ」と定義されている。刑事訴訟では捜査・公判段階が区分されていることなどによる差異であると思われる。刑事手続きについては，「知っておきたい司法・矯正領域を支える社会の仕組み」(廣瀬，2015b)，『コンパクト刑事訴訟法』(廣瀬，2015a) 参照。

2——精神鑑定については，「精神鑑定」(廣瀬，2002) 参照。

3——刑の減軽により，死刑については無期懲役か懲役・禁錮10年〜30年に，無期懲役については懲役7年〜30年に，有期懲役については法定の刑期の上限・下限の2分の1に，それぞれ刑が引き下げられ，その範囲内で刑が定められることとなる。

4——検察官は，同法によって，放火，強制わいせつ，強姦，殺人，傷害，強盗等の対象行為を行ったことを認めて不起訴とした場合，対象者の対象行為を行った際の精神障害の改善，同様の行為の防止および社会復帰促進のため，対象者に医療を受けさせる必要がある場合，裁判所に入院・通院処分の申立をすることになる。

5——刑の減軽の効果は，註3の通りであるが，死刑相当事件では，必ず無期懲役以下となり，被告人の生死を分けるため，深刻な争いとなる場合も少なくない。

6——法廷外で作成された供述書面の採用を禁止して，供述者を出廷させ，供述内容を反対尋問等によって直接吟味することを要求するのが伝聞法則である。検証や鑑定など正確性が担保される書面については，例外として制限が緩められている。

7——少年事件の手続きについては，『子どもの法律入門 [改訂版]』(廣瀬，2013)，「知っておきたい司法・矯正領域を支える社会の仕組み」(廣瀬，2015b) 参照。

8——任意調査のみで関係者の協力が得られない場合，証拠収集に支障も生じていたため，2007年の改正で触法少年の事件については，警察官の調査権限が明定され，捜索・差押えなどの強制処分は刑事訴訟法の準用によって行うことができるようになった。

9——故意の犯罪行為により被害者を死亡させた罪および，それ以外の死刑・無期・短期2年以上の懲役・禁錮に当たる罪がこれに当たる。

10——検察官の審判出席の対象事件は，2000年の改正で重罪とされたが（註8），2014年の改正で主要事件（死刑・無期・長期3年を超える懲役・禁錮に当たる罪）に広げられている。もっとも，検察官の審判出席は家庭裁判所の裁量判断によるので，出席が認められるのは年20件程度と非常に限定されている。

11——犯罪被害者のほか，その法定代理人，被害者が死亡・心身に重大な故障がある場合における配偶者，直系親族，兄弟姉妹も含まれるので「被害者等」と呼ばれている。

12——審判傍聴は2008年の改正で認められ，その申出の対象は，故意の犯罪行為により被害者を死傷させた罪及び業務上過失致死傷等の罪（「自動車の運転により人を死傷させる行為等の処罰に関する法律」（2013年）新設に対応し改正）の犯罪少年及び触法少年とされている。

13——鑑定には相当な期間・費用を要する場合が多いので，犯罪の重大性との相関的な検討が必要となる場合も多い。

14——「裁判員裁判と鑑定の在り方」（廣瀬，2010）参照。

15——例えば，連続幼女誘拐殺人（宮﨑勤）事件（東京高裁平13年6月28日判決・判例タイムズ1071号108頁）。

16——廣瀬（2002）169頁。

17——同法による手続きには，裁判所の鑑定入院命令に基づく精神保健判定医による鑑定，入院・通院・再入院等の要否を審査する精神保健審判員（医師）と裁判官による合議体での審判など，精神科医と裁判官との共同作業を行う制度が設けられている。

文献

廣瀬健二（2002）精神鑑定．ジュリスト増刊 刑事訴訟法の争点［第3版］；168-169．
廣瀬健二（2010）裁判員裁判と鑑定の在り方．刑事法ジャーナル20；28-34．
廣瀬健二（2013）子どもの法律入門［改訂版］．金剛出版．
廣瀬健二（2015a）コンパクト刑事訴訟法．新世社．
廣瀬健二（2015b）知っておきたい司法・矯正領域を支える社会の仕組み．臨床心理学15；435-443．

第2部
情状鑑定としての心理鑑定

4 少年事件における心理鑑定

村尾泰弘

1　少年事件とは

　罪を犯した少年は，すべて家庭裁判所に送られ，大多数は家庭裁判所によって最終的な判断が下される。しかし，一部の少年は検察官送致の決定をされ，成人と同じように刑事裁判を受ける。
　本書で扱う心理鑑定は，多くがこの検察官送致の段階から関わってくる。これを論ずる前に，家庭裁判所での少年事件の実際を概観したい。

2　家庭裁判所と少年審判

1　少年審判の基本原理

　まず，少年審判とはいかなるものかということから考えていきたい。少年審判の基本原理として，教育主義，個別処遇の原理，職権主義の3つを挙げることができる。
　教育主義とは保護主義とも呼ばれるもので，罪を犯した少年にはできるだけ刑罰ではなく，保護処分その他の教育的手段によって非行性の除去をはかることとし，刑罰は，このような教育的手段によって処遇することが

不可能か，不適当な場合に限って科されることになる。

　個別処遇の原理とは，少年一人ひとりの問題を調べ，その問題の改善に必要な対応をして健全育成をはかることである。

　3つ目の職権主義についてであるが，成人の刑事裁判と少年審判とでは大きく様相が異なっている。成人の刑事裁判では，検察官と弁護人のやりとりを裁判官が第三者的立場でみて判決を下すという構造となっている。これは当事者主義的対審構造と呼ばれるものである。すなわち，検察官が訴追官として裁判所に対し被告人についての刑罰を請求し，これに関して，被告人および弁護人が争い，防御をするという手続き構造になっている。そのうえで裁判所はこれら対立当事者から独立した第三者的立場で公権的な判断を下すという構造である。これに対して，少年審判は，職権主義的審問構造を基本としている。少年審判では家庭裁判所自らが少年について広汎な調査を行い，適切な処遇を考える。これが職権主義的審問構造と呼ばれるものである。この手続きは処遇を決定する手続きであると同時に，教育的あるいは福祉的な性質をもつ。すなわち少年審判の全過程は，司法機能実現のための「司法過程」であると同時に，福祉的機能ないし保護的機能の実現のための「保護過程」であると考えられているのである。

2　家庭裁判所調査官の役割

　前述のように，家庭裁判所の事件処理の手続きは地方裁判所や簡易裁判所の手続きと違っており，そこには教育や福祉の要素が入ってくる。この少年はなぜこのような犯罪を行ったのか，原因や背景は何か，この少年が立ち直るためには何が必要なのか，この少年の家族には何が欠けているのか，学校や地域環境に問題があるとすれば，どこをどのように改善しなくてはならないのか。このような原因や背景，改善策を裁判所自らが考えていくわけである。これは要保護性の調査と呼ばれている。この調査のためには専門的な知識や技能が必要となる。そのために必要なスタッフとして家庭裁判所調査官がいるのである。

家庭裁判所調査官は，裁判官の命令に従って（裁判所法第61条の2第4項），家事審判および調停と少年事件の保護事件の審判に必要な調査などを行う（同条2項）。

　少年事件については，少年・保護者の面接調査をはじめとして，必要に応じて，家庭や学校への訪問調査，各種関係機関その他から情報収集などを行い，裁判官へ調査結果を少年調査票にまとめて提出する。そこには処遇についての意見を盛り込むことになる。さらに，少年審判に出席し，必要な意見などを述べることになる。

3　少年事件の処理プロセス

　少年事件がどのように家庭裁判所に送られて，その後どのようになるのかを大まかに示したものが次ページの図である。少し複雑でわかりにくいかもしれないが，家庭裁判所を中心として，事件が送られてくるプロセスとその後のプロセスについて概観してみたい。

4　家庭裁判所に少年事件が送られてくるまでの流れ

　大半の少年事件は，成人が犯した刑事事件と同様に，事件を捜査した警察から検察庁を通して家庭裁判所に送られる。

　このほか，児童相談所長（または都道府県知事）は児童福祉機関で扱っている少年について家庭裁判所の審判に付することが適当であると認める場合は，家庭裁判所に送致することになる。また，誰でも非行少年を見つけたら通告することが可能である（一般人の通告）。さらには，家庭裁判所調査官が別の事件の調査を行った際に，その調査対象事件とは異なる新たな非行を発見した場合，直ちに家庭裁判所へそのことが報告される（報告）などの事件係属の流れがある。

　なお，警察が14歳未満の非行を扱った場合，手当の必要があるものについては，警察はまず児童相談所へ事件を送る（内容によって通告あるい

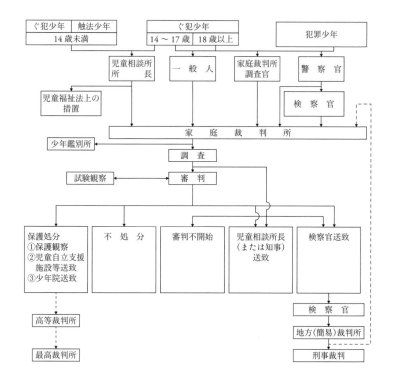

図　少年事件処理のプロセス

は送致)。そのうえで，児童相談所が家庭裁判所に送致することが適当かどうかを判断することになる。

5　全件送致主義

　少年事件は，警察や検察庁において捜査を行った結果，非行事実が存在すると認められる限り，どのような軽微なものであっても必ず家庭裁判所にその事件を送ることになっており，これを全件送致主義という。この目的は，再犯防止の観点から初期の段階で少年や保護者などに対して適切な措置を講じることにある。

6 身柄付送致と在宅送致

　身柄付送致とは，検察官が逮捕中または拘留中の少年について，身柄を拘束したまま家庭裁判所に事件を送致することをいう。この場合，家庭裁判所は身柄拘束を受けた事件を受け取ってから24時間以内に，少年鑑別所に収容するなどの観護措置を取るのか否かを決めなければならない。

　これに対して，在宅事件とは，少年の身柄は拘束されず，少年は父母などの保護者のもとで生活したままの状態（この状態を「在宅」という）で，ただ事件記録だけが家庭裁判所に送られてくる場合をいう。この場合，家庭裁判所が適当な時期に少年とその保護者を家庭裁判所に呼び出して，調査および審判の手続きが行われる。

7 家庭裁判所の処理手続きとその後のプロセス

①家庭裁判所調査官による調査

　家庭裁判所が少年事件を受理すると，その事件について，最初に家庭裁判所調査官が調査を行う。家庭裁判所調査官は，非行を犯した少年はもとより，その保護者または関係人の行状，経歴，素質，環境などについて，医学，心理学，教育学，社会学その他の専門知識を用いて，その調査にあたる。

②家庭裁判所での審判

　調査の次は審判である。少年審判は処分を決定するものであり，職権主義的審問構造を基本としている。これが成人の刑事裁判とは様相を異にしていることはすでに述べた（少年事件の裁判に相当するものを審判という）。審判は裁判官が行うが，その資料となるのが家庭裁判所調査官が作成した少年調査票である。また，少年鑑別所に入っている少年については，少年鑑別所から鑑別結果通知書が提出される。裁判官は，少年が犯した非行事実と少年の問題性や良い面を十分に精査し，その処分をどのようにす

るかを決める。

③家庭裁判所における処分
　審判において，裁判官は少年の問題性やその教育の必要性（これを要保護性という）を判断し，その少年に必要な処分を決める。なお，少年といえども成人と同様に刑事裁判を受けさせるという決定もある。これを検察官送致という。

8　終局処分の種類

①審判不開始
　家庭裁判所調査官の調査の結果，少年の非行がそれほど進んでおらず，少年を取り巻く家庭や学校，職場などの社会環境にも問題が少ないことが判明したとき，裁判官がこれ以上，家庭裁判所としては審判を開いて少年を保護処分にする必要性が小さい（要保護性が小さい）と判断して，審判を開かずに事件を終了させることを審判不開始という。

②不処分
　家庭裁判所調査官の調査を経て審判が開かれ，裁判官が少年や保護者を審判廷で直接審問した結果，注意や助言を与えれば，それ以上保護処分の必要性がないものと判断した場合，保護処分にはしない旨の言い渡しを行う。この決定を不処分という。

③保護観察
　保護観察は，保護観察官と保護司が，家庭や住み込み先から学校に通ったり働いたりしている少年に助言・指導して，非行克服を支援する仕組みである。少年事件の保護観察では，家庭裁判所の保護処分による保護観察（いわゆる1号観察）のほかに，少年院を仮退院した少年の保護観察（いわゆる2号観察）がある。

④児童自立支援施設または児童養護施設送致

　少年の非行の背景や原因の主たるものが福祉上の問題（保護者による少年の遺棄など）であったり，また何らかの理由で少年を保護者と同居させることはできない（保護者が少年を虐待しているなど）と判断した場合，児童自立支援施設や児童養護施設に少年を収容する処分である。

⑤児童相談所長（または都道府県知事）送致

　上記の児童福祉施設に少年を収容する必要性まではないものの，少年の非行が福祉の問題と密接な関係性の上にあるものと家庭裁判所が判断した場合，少年を親元に置いたままで，児童福祉法に基づく適当な教育的な指導を受けさせる目的で，児童相談所長（または各都道府県の首長にあたる知事）に，少年や保護者の指導をさせるためのものである。

⑥少年院送致

　非行が進んでおり，もはや社会内での教育的な指導や関わりではその更生可能性が小さく，一時的にせよ社会から隔絶した形での教育を施したほうが再犯の可能性が小さくなると判断された場合，少年を少年院に送致する処分である。

⑦検察官送致

　少年の犯した非行が，死刑，懲役または禁錮にあたる事件であり，家庭裁判所が行った調査の結果，その罪質および情状に照らし合わせてみて，少年には教育による矯正可能性が乏しい，また保護処分としての教育的な指導よりも刑事処分を科したほうが適当であると家庭裁判所が判断した場合，刑事裁判を受けさせる目的で，検察官に事件を送り返すというものである。逆送とも呼ばれる。

　なお，少年が故意の犯罪行為により被害者を死亡させ，その少年の年齢が満16歳以上の場合は，家庭裁判所調査官の調査の結果，刑事処分以外の措置を適当と認める場合を除いて，原則的に事件を検察官に送り返し，

少年に刑事裁判を受けさせるということになっている。

3　少年被告人裁判における心理鑑定の基本——その特殊性

　冒頭で，本書で扱う少年事件の心理鑑定は，多くがこの検察官送致の段階から関わってくると述べた。検察官送致された事件は，刑事裁判所（大半は地方裁判所）に起訴される。
　では，この段階から関わる場合，心理鑑定を行う者は何をしなければならないのか。また，少年被告人裁判の特殊性はどのようなものなのか。これらの点をまとめておきたい。

1　鑑定事項の確認

　心理鑑定を行う場合，地方裁判所からの依頼による情状鑑定（以下，公的鑑定という）と，弁護士から依頼されるいわゆる私的鑑定に大別される。
　公的鑑定の場合は，裁判所から鑑定事項が明示される。一例を挙げると，①被告人の資質および性格，②犯行に至る心理過程，③再犯防止に必要な方策，④その他処遇上の参考となる事項，などである。ただし，これはあくまで一例である。
　私的鑑定の場合は，担当弁護士と綿密に打ち合わせをして，何を鑑定するのかを大枠として設定して鑑定作業に入ることになる。もちろん鑑定の流れのなかで，適宜，弁護士とカンファレンスを行い，必要な鑑定内容をはっきりさせていくことが大切である。

2　供述調書および少年調査票と鑑別結果通知書を読み込む

　では具体的に，鑑定のためにはどのようなことを行わなければならないかを整理したい。

まず，可能な範囲内で，少年や関係者の供述調書など，いわゆる一件記録のコピーに目を通すことになる。この供述調書等は証拠として扱われているので，この作業は重要である。公的鑑定の場合は，通常，一件記録のコピーが資料として送られてくる。私的鑑定の場合は，供述調書等について，どのくらいの範囲に目を通すかを担当弁護士と相談すべきである。
　一方，検察官送致される少年事件は，ほとんどが重い内容の事件であり，観護措置が執られ少年鑑別所に収容された事件が大半である。その場合，家庭裁判所調査官の調査と併行して，少年鑑別所で鑑別（心身，資質の鑑別）を受けている。そこで，少年調査票と鑑別結果通知書を読み込む作業が重要になる。
　公的鑑定の場合は，鑑定人は家裁で少年調査票と鑑別結果通知書を閲覧できるように，当該地方裁判所書記官と相談することになる。閲覧しながらメモをとることは可能である。
　私的鑑定の場合は，担当弁護士に少年調査票と鑑別結果通知書のメモをとってもらい，それを熟読することになる。

3　面接と心理テスト

　心理鑑定での主要な方法は面接と心理テストである。少年のみならず必要に応じて保護者，関係者にも面接する。
　少年事件の特徴として，心理テストについては困難が伴う。それは，少年鑑別所ですでに心理テストが行われていることが多いからである。知能テスト，ロールシャッハ・テスト，TAT，P-Fスタディなどはすでに施行されている可能性がある。原則として，それらの生データは開示されない。そのため，他の違うテストを行うか，あるいは，あえて同じテストを再度行うかが課題となろう。
　少年とは拘置所で面接することになる。公的鑑定では面接のための部屋を確保してもらえるが，私的鑑定では，通常，拘置所の接見室での面接となる。この場合，面接時間は担当弁護士とよく相談して，ある程度の面接

時間を確保できるように交渉をしてもらうことが重要である。心理テストも接見室で施行することになる。アクリルボード（仕切り）越しにテストを行うので，工夫が必要である。筆者の場合，ロールシャッハ図版などをあらかじめ差し入れておいて，面接時，少年にそれを接見室に持ってきてもらい，こちらから指示を出して図版を見てもらい，テストを施行することが多い。このように接見室での面接には苦労が伴うが，私的鑑定であっても弁護士の交渉次第で面接のための部屋を確保してもらえることもあるようである。

4 量刑の考慮か少年法55条移送か

ここでは，少年被告人裁判の特殊性をまとめておく。

心理鑑定（情状鑑定）は基本的に量刑の判断のために行われるものであるが，少年被告人事件の場合，問題になるのは少年法第55条の移送の扱いである。少年被告人の場合，刑事裁判の結果，保護処分のほうが適当であるとして家庭裁判所に事件を再び移す決定（少年法第55条「移送」決定）を行うことが可能である。少年被告人の場合，弁護士はこの55条移送を考えることが多い。しかし，この家庭裁判所への移送が認められることは非常に少ないのが現状である。

5 少年院と刑務所

事件を家庭裁判所に移送するかどうかを検討する際，収容先を少年院にするほうが良いか，刑務所にするほうが良いかが争点になることがしばしばある。言うまでもなく，少年院と刑務所では大きな違いがある。

少年院では，刑罰ではなく矯正教育が与えられる。少年が成長期に当たることから，長所を伸ばすなどその全面的な成長発達を促すとともに，非行に関わる問題点に焦点を当て，その解決が図られる。あくまで教育なのである。

一方，刑務所は刑罰を与える機関である。有罪が確定した者，つまり受刑者の刑罰を執行している。懲役受刑者には刑務作業が課される。しかし，2006年に監獄法が改正され，新たに施行された「刑事収容施設及び被収容者等の処遇に関する法律」により，社会復帰のための改善指導にも力が注がれるようになった。受刑者の再犯防止の観点から，その犯罪行為に着目し，薬物依存離脱指導，暴力団離脱指導，被害者の視点を取り入れた教育などが実施され，とくに再犯危険性の高い性犯罪受刑者に対しては，再犯防止プログラムが作成され，指導が行われている。

　なお，少年院の収容人員は，最大でも200人程度，多くの施設は100人に満たない規模だが，刑務所は1,000人を超える規模の施設が少なくない。少年院ではきめ細かく少年の教育ができるのと比較し，刑務所では収容人員のほか教育に充てる時間に制約もあり，受刑者に対する改善指導は徹底されるまでには至っていないのが実情といえよう。

　少年刑務所は刑務所のひとつで，少年受刑者および26歳未満の若年受刑者（外国人および暴力団員を除く）を収容している。少年受刑者や若年受刑者は，年長の常習犯罪者や暴力団構成員などとの接触による悪影響を避け，社会復帰のための効果的な働きかけを重視するために，一般の刑務所とは区分している。とくに，少年受刑者については，「少年受刑者処遇要領票」を作成し，個別担当制の実施，グループワークの導入，補習教育，職業訓練など，指導の充実が図られてきている。

　さて，少年が犯した罪が性犯罪の場合，刑務所には性犯罪の改善プログラムを施行するところもあるため，それを論拠に刑務所へ送るべきだと主張する検察官も多いが，筆者は少年の性犯罪の場合，それほど単純な問題ではないと考える。なぜなら，性犯罪を行った少年のなかには，人格の土台の部分に問題を抱えている場合も多く，そのような問題性を有する少年に対して，単に性問題を改善するプログラムだけを施行すれば良いと考えるのは大いに疑問だからである。少年院において，緊密な教官との関わりを通して，人格の土台の部分を修復したり，あるいは成長させていくことこそが必要な少年もいる。鑑定人としてはそこは慎重に検討すべきである。

6 少年院の種類

　少年院の種類は平成27（2015）年6月1日に新しい少年院法が施行され，同法第4条によって，第一種（心身に著しい障害がないおおむね12歳以上23歳未満の者），第二種（心身に著しい障害がない犯罪的傾向が進んだおおむね16歳以上23歳未満の者），第三種（心身に著しい障害があるおおむね12歳以上26歳未満の者），第四種（少年院において刑の執行を受ける者）という4つが定められている。
　収容期間は原則として2年以内だが，標準的な収容期間が4カ月以内のもの，6カ月以内のもの，1年程度のもの，2年を超えるものなど，家庭裁判所の処遇勧告によって，収容期間・処遇課程は多岐にわたる。

7 少年院における処遇

　処遇の詳細は表を参照されたい。
　少年院からの出院は通常は仮退院であり，その後，少年は保護観察（2号観察）を受けて社会内処遇が行われる。保護観察が終わった段階で，本退院となる。

8 原則検察官送致に関わる問題

　ここで少年被告人の心理鑑定を行うに当たって，そもそも家庭裁判所段階で検察官送致の決定がなされる場合は，どのような理由によるものかをまとめておきたい。
　まず，引き起こした事件の内容や結果が非常に重大であり，その処分を保護処分にすることでは，世間も被害者も納得できないというような場合である。また，少年院への入院を二度，三度と繰り返すなど，すでに何度も保護処分を受けている少年の場合にも検察官送致されることがありうる。
　ここで大きな問題になるのは原則検察官送致である。2000年の少年法

表　少年院新入院者の処遇課程（法務省矯正局，2015）

少年院の種類	矯正教育課程	符号	在院者の類型	矯正教育の重点的な内容	標準的な期間
第1種	短期義務教育課程	SE	原則として14歳以上で義務教育を終了しない者のうち、その者の持つ問題性が単純または比較的軽く、早期改善の可能性が大きい者	中学校の学習指導要領に準拠した、短期間の集中した教科指導	6月以内の期間
	義務教育課程I	E1	義務教育を終了しない者のうち、12歳に達する日以後の最初の3月31日までの間にあるもの	小学校の学習指導要領に準拠した教科指導	2年以内の期間
	義務教育課程II	E2	義務教育を終了しない者のうち、12歳に達する日以後の最初の3月31日が終了したもの	中学校の学習指導要領に準拠した教科指導	
	短期社会適応課程	SA	義務教育を終了した者のうち、その者の持つ問題性が単純または比較的軽く、早期改善の可能性が大きいもの	出院後の生活設計を明確化するための、短期間の集中した各種の指導	6月以内の期間
	社会適応課程I	A1	義務教育を終了した者のうち、就労上、修学上、生活環境の調整等、社会適応上の問題がある者であって、他の過程の類型には該当しないもの	社会適応を円滑に進めるための各種の指導	2年以内の期間
	社会適応課程II	A2	義務教育を終了した者のうち、反社会的な価値観・行動傾向、自己統制力の低さ、認知の偏りや、資質上特に問題となる事情を改善する必要があるもの	自己統制力を高め、健全な価値観を養い、堅実に生活する習慣を身に付けるための各種の指導	
	社会適応課程III	A3	外国人等で、日本人と異なる処遇上の配慮を要するもの	日本の文化、生活習慣等の理解を深めるとともに、健全な社会人として必要な意識、態度を養うための各種の指導	
	支援教育課程I	N1	知的障害またはその疑いのある者およびこれに準じた者で処遇上の配慮を要するもの	社会生活に必要となる基本的な生活習慣・生活技術を身に付けるための各種の指導	
	支援教育課程II	N2	情緒障害もしくは発達障害またはこれらの疑いのある者およびこれに準じた者で処遇上の配慮を要するもの	障害等その特性に応じた、社会生活に適応する生活態度・対人関係を身に付けるための各種の指導	
	支援教育課程III	N3	義務教育を終了した者のうち、知的能力の制約、対人関係の持ち方の稚拙さ、非社会的行動傾向等に応じた配慮を要するもの	対人関係技能を養い、適応的に生活する習慣を身に付けるための各種の指導	
第2種	社会適応課程IV	A4	特に再非行防止に焦点を当てた指導および心身の訓練を必要とする者	健全な価値観を養い、堅実に生活する習慣を身に付けるための各種の指導	2年以内の期間
	社会適応課程V	A5	外国人等で、日本人と異なる処遇上の配慮を要する者	日本の文化、生活習慣等の理解を深めるとともに、健全な社会人として必要な意識、態度を養うための各種の指導	
	支援教育課程IV	N4	知的障害またはその疑いのある者およびこれに準じた者で処遇上の配慮を要するもの	社会生活に必要となる基本的な生活習慣・生活技術を身に付けるための各種の指導	
	支援教育課程V	N5	情緒障害もしくは発達障害またはこれらの疑いのある者およびこれに準じた者で処遇上の配慮を要するもの	障害等その特性に応じた、社会生活に適応する生活態度・対人関係を身に付けるための各種の指導	
第3種	医療措置課程	D	身体疾患、身体障害、精神疾患または精神障害を有する者	心身の疾患、障害の状況に応じた各種の指導	
第4種	受刑在院者課程	J	受刑在院者	個別的事情を特に考慮した各種の指導	―

改正によって，少年法では，16歳以上の少年が，殺人，傷害致死など故意の犯罪行為によって被害者を死亡させた場合，原則として検察官送致しなければならないと定められた。これがいわゆる原則検察官送致である。ただし，少年法第20条第2項に「調査の結果，犯行の動機及び態様，犯行後の情況，少年の性格，年齢，行状及び環境その他の事情」を考慮して，刑事処分以外の措置を決定することができると定めている。すなわち，このような事件であっても，保護処分等の選択も可能であるということである。鑑定人としては，このことも十分理解しておく必要があろう。

原則検察官送致事件が刑事裁判になった場合，情状鑑定を行う立場として，何に留意しなくてはならないかについて，まとめておく。

まず理解しておかなければならないことは要保護性という概念である。これは家庭裁判所調査官の少年調査において最も重要なものである。

では要保護性とはどのようなものかというと，簡単に言えば，その非行少年にはどの程度の保護や手当てを必要とするか，また，どのような質の保護や手当てを必要とするか，ということである。

少年の処遇を考えるためには，その少年の非行性がどの程度進んでいるかを理解しなければならない。今，問題になっている非行についての動機，手口，さらに，その少年がどのような生活を送ってきたのか，親はどのように少年に接してきたのか，友人との交友はどのようになされ，現在の交友関係はどのように展開しているのか，こうした少年の生活史，少年の人格や行動傾向，家庭の保護能力，学校や地域環境なども考慮に入れて，少年の非行を理解していく。そして，少年の立ち直りのために何が必要か，どのような処分が適当か，ということなどを調査するのが，要保護性の調査ということになる。

要保護性を考えるうえでは，累非行性（再び非行を犯すおそれのあること），矯正可能性（保護処分を加えることにより非行性が除去できること），保護相当性（保護処分が最も有効適切な手段であること）などが重要な要素となる。家庭裁判所調査官の調査は「社会調査」とも呼ばれるが，この要保護性を解明することがその重要な仕事となるのである。

さて、原則検察官送致事件はどのように考えられるのかというと、仮に矯正可能性があると理解されても、検察官送致になることが多い。それは保護相当性の見地から、保護処分を認めないということになるからである。保護処分が相当ではない、言葉を換えると、保護処分の許容性がないので、検察官送致になるわけである。このようなことから、原則検察官送致事件が、少年法第55条「移送」になるためには（つまり家庭裁判所に戻すことができるためには）、あえて保護処分にするだけの特段の事情の存在が必要になると考えられる。

　そこで、原則検察官送致事件が刑事裁判になった場合、心理鑑定を行う者にとって最も重要になるのが、あえて保護処分にするだけの特段の事情があるかどうかという観点であろう。この点を充分に押さえながら、さらに上記のような要保護性の観点からの鑑定も必要になると筆者は考えている。

9　少年被告人刑事裁判の特徴──不定期刑

　さて、今、詳しく述べたように少年の刑事裁判では、犯罪事実を認定したときは、刑罰を科すべきか、それとも保護処分が適当として事件を家庭裁判所に戻すべきかという判断に進む。そして、刑罰を科すべきだと判断した場合には、量刑、つまり刑罰の種類と量を決めることになる。

　量刑とは、刑法などの各条文に書かれている刑（法定刑）を出発点として、刑を重くしたり軽くしたりする事由のあるときは一定の方式により修正を加えた刑（処断刑）の範囲内で、懲役3年あるいは罰金10万円のような被告人に言い渡す具体的な刑（宣告刑）を決めるプロセスのことである。

　少年法は、少年に懲役や禁錮を科す場合には、原則として不定期刑を科すという方針を採っている。不定期刑とは、刑務所で執行される刑罰（懲役や禁錮の実刑）を言い渡すときには、例えば「長期5年、短期3年の不定期刑に処する」というように、年限を確定的に決めないで上限と下限のみを決めて宣告し、具体的な釈放の時期は、受刑者の改善具合を見て決定

するというものである。日本では，不定期刑は少年に対してのみ採用されている。

　18歳未満の少年には死刑が廃止されているが，犯行時18歳，19歳の少年については，死刑を廃止していない（少年法では，罪を犯したとき18歳に満たない者に対しては，死刑をもって処断すべきときは，無期刑を科する。無期刑をもって処断すべきときであっても，有期の懲役または禁固を科することができるとされている）。

　ちなみに19歳の少年による連続殺人事件である「永山則夫事件」の判決では，「犯行の罪質，動機，態様，ことに殺害の手段方法の執拗性，残虐性，結果の重大性，ことに殺害された被害者の数，遺族の被害感情，社会的影響，犯人の年齢，前科，犯行後の情状などを総合的に考えて，死刑の選択が許される」と死刑適用の基準を示した。

4　少年犯罪のひとつの特徴――凶悪事件の場合

　最後に少年事件の内容の特徴に触れておきたい。
　少年犯罪には，いろいろな特徴があげられるが，特にひとつだけ指摘しておきたいことがある。それは，悪質な犯行のなかには，少年事件特有の展開が認められる場合がしばしばあることである。特に，共犯関係のなかで生じる暴力にそれが目立つ。成人事件ではまず見られないような残虐な行為に展開するのである。この背景には，少年特有の見栄が介在して，犯行がエスカレートしていく場合が多い。後輩に軽く見られたくない，あるいは，先輩に良いところを見せたいなど，さらに，お互いに刺激し合って犯行が思わぬ方向にエスカレートしていくのである。気がつけば，普通では考えられないくらい残虐な行為に至っていたという事件は珍しくない。当該少年一人では，まずそのようなことはできないにもかかわらず，結果として，集団で残虐非道な行為に至ってしまう。これは少年事件の大きな特徴である。心理鑑定においては，個人の内面を掘り下げること，とりわ

け病理的な面に理解を深めようとすることばかりに熱心になるのではなく，共犯者同士の人間関係の動きのなかで犯罪行為を理解していくことも忘れてはいけない。

　また，少年特有の問題として，社会性の未成熟などによるコミュニケーション力の不足がある。非行少年は，自分の心の内で起きていることを的確に表現することが苦手であることが多い。使える言葉の数が極めて少ない場合や，選択する言葉が適切さを欠いている場合もしばしばある。裁判は言葉のやりとりで行われるものであり，コミュニケーション力の不足というハンディキャップは大きな不利益になる。法廷での少年の発言を聴くと，「こんな大きな事件を引き起こしているのに反省の言葉が足りない」「法廷なのに不適切な言葉づかいである」「何を言っているのかわからない」と感じることが少なくない。コミュニケーション力の不足は，ほとんどの場合，そうならざるを得なかった事情がある。知的なハンディキャップによる表現の不足，虐待など家庭環境の不遇，本人や家族に不幸にして生じた成長途上のつまずき，このようなハンディキャップや事情があった結果であることが多いのである。したがって，少年の心理鑑定を行う場合も，このようなコミュニケーション力の不足の実態やその原因，事情などをしっかりと押さえておく必要があろう。

　犯罪行為の背景にも，少年特有の問題が介在することが多い。例えば，その非常に残酷な行為と実際に見る少年の弱々しい姿とのギャップの大きさに驚かされることもしばしばある。この背景には，常識や社会的な知識の乏しさが関わっていることがある。例えば，立っている人間を蹴ったり殴ったりするのと，倒れている人間を踏みつける場合とでは，衝撃力に格段の差がある。このようなことがわからずに大きな被害に至ってしまうことがある。また，恐怖心から残酷な行為に及ぶことも多い。相手に対する恐怖心，あるいはその置かれた状況に対する恐怖心があまりに強いために，必要以上に殴打したり，蹴ったりすることがある。成人でももちろんあり得ることだが，少年の場合は特にこの様相が強いことがある。鑑定ではそれらの点への配慮も重要だろう。

さて,少年事件には特殊性も存在するが,基本的には,一般の成人裁判の鑑定と変わらないところが多い。少年被告人事件であっても,裁判員裁判の条件を満たせば当然裁判員裁判となる。心理鑑定は被告人の情状についての鑑定ともいえる。現在,情状は犯情と一般情状にわけて検討されることが一般的になっている。このような情状の考え方については,他の執筆者の記述に譲ることにする。少年事件の心理鑑定についても,必要に応じて,本書の他の項目を参照されたい。

文献

法務省矯正局(2015)少年矯正 NOW.法務省矯正局.
加藤幸雄・藤原正範(2009)Q & A 少年事件と裁判員裁判.明石書店.
村尾泰弘(2012)非行臨床の理論と実践――被害者意識のパラドックス.金子書房.
澤登俊雄(2001)少年法入門[第 2 版].有斐閣.
澤登俊雄(2008)少年法.中央公論新社.

5
発達障害と心理鑑定
[論考] 人を殺してみたかった

小栗正幸

1 はじめに

　ここで述べることは,「心理鑑定の技術」というより,「心理鑑定の伝え方」である。
　なぜなら,発達障害のある人への心理鑑定において,最も大きな課題にはなるものは,鑑定対象者の独特な思考のスタイルを,法律家や裁判員の人たち,被害者,そして加害者,あるいは当該裁判に関心を持つすべての人たちへ,いかに「誤解が起こらないように伝えるか」ということだからである。換言すれば筆者はその伝達法こそが技術なのだと思う。
　そこで,何を切り口にすべきか少し迷った末,あの「有名な言葉」を取り上げることにした。この論考が難しいものであることは承知の上である。しかし,犯罪領域における発達障害への疑問(謎)は,この一言に集約されていると思う。それに答えること,これは筆者にとっても冒険である。

2 「人を殺してみたかった」という言葉

　忘れもしない,2000年の5月,われわれはあのとんでもない言葉の直撃を受けた。

それは愛知県豊川市で主婦を殺害した17歳の少年が，犯罪動機を問うた捜査官に供述した一言で，「人を殺してみたかった」，正確に記載すれば，「人を殺す経験をしてみたかった」という言葉である（いわゆる豊川事件）。
　おそらく，この言葉が耳に残っている読者は多いに違いない。そしてわれわれは，その後も繰り返し，この無気味な言葉を耳にするようになる。「だれでもよかった」という枕詞を伴って，である。
　この言葉はマスコミ報道によって日本中に知れ渡り，多くの人を震撼させた。そればかりではなく，司法の場で実施された精神鑑定において，この少年には発達障害（アスペルガー症候群，後述する現在の診断基準では自閉症スペクトラム障害）の存在が明らかにされた。そこからこの言葉の一人歩きが始まる。
　「発達障害のある人は，取り返しのつかない犯罪を引き起こしても，自らの行為を振り返って反省できない人たちだ」という「うわさ」として。

3　矯正施設

　ちょうどそのころ，筆者は矯正施設のひとつである少年鑑別所に，法務技官（法務省に所属する心理学の専門家）として勤務していた。矯正施設とは，法務省が所管する国立の施設で，非行少年を処遇対象にする少年鑑別所と少年院，罪を犯した成人を処遇対象にする拘置所と刑務所の総称である。
　当時のことを思い返してみると，神戸市で発生した猟奇的な連続児童殺傷事件や，豊川事件の直後に発生した，西鉄バスジャック事件など，少年による重大犯罪が相次ぎ，しかも発達障害を指摘される事例が少なからぬ頻度で重なったため，これは矯正施設にとっても放置できない問題だという認識が高まっていた。
　そうした時代背景もあって，特に非行少年を処遇対象にする少年鑑別所や少年院の幹部職員を召集して法務省で毎年開催される会議では，「発達

障害のある非行少年への少年鑑別所での査定業務（資質鑑別）や，少年院での教育業務（矯正教育）はいかにあるべきか」という協議会が繰り返し行われるようになった。筆者は発達障害を専門領域にしていたこともあって，そうした会議で発言を促される機会が増えていた。

　これはもう，一昔以上前のことなので正直に書かせていただくと，筆者はそうした会議のたびに，少々食傷気味になりながら「あの人たちは反省できない人ではない。ただし反省の仕組みが私たちと異なる。だから彼ら（あるいは彼女ら）に接する人はその点を理解しておく必要がある」といった意見を述べたものである。

　残念なことに，当時の筆者の意見は協議会の参加者に十分理解していただけなかったように思う。おそらく，筆者の説明が不十分だったのだろう。それはともかくとして，この拙論は「今ならそうした会議の席上でこう話す」という論旨で組み立てられている。私事になって真に恐縮だが，これは10年以上前の自分への再挑戦である。

4　背景となる事情

　まず，言葉の整理をしておきたい。「人を殺してみたかった」というあの言葉，これは供述調書を作る場面で当事者が語った一言である。犯罪捜査，なかんずく供述調書の作成においては，こうした供述に対し，係官からの限度を超えた個人的推測にもとづく介入は許されない。

　せいぜい「それはどういうことですか？」とか「その点をもう少し詳しく話してくれませんか？」といった問い掛けが介入の限度だと思う。早い話が「そんなことを言っていると君のためにはならないぞ！」とか，「悪いことをしたと思わないのか！」といった，テレビや映画の「刑事ドラマ」に出てくるような追及は許されないのだ。だから，この言葉は記者会見でそのまま公表されたのである。

　しかし，これが犯罪捜査の供述を得る場面ではなく，支援や指導を行

う現場での発言だったらどうだろう。支援者や指導者であるわれわれには、逆にこの発言への個人的（恣意的）介入を避けることは許されないはずだ。

なぜなら、この発言は明らかに常軌を逸したものであり、特に被害者遺族のことを思えば、断じて許されない一言だからである。仮に当事者が本気でそんなことを考えているとしたら、その誤った観念の修正を試みることこそがわれわれの仕事になるだろう。

とはいえ、ここでわれわれが「君、その言い方はないだろう」と指導して、対象者が「ごめんなさい、つい混乱して間違ったことを口走ってしまいました」とわかってくれるのなら、われわれの仕事は日々平穏である。

残念なことに、実際の場面ではそれほどうまく事は運ばない。「ごめんなさい」どころか、指導対象者は「これはずっと思い続けてきたことだ」と言い張るかもしれない。さあ、あなたならどうされるだろう。

間違っても「何をバカなことを言っているのだ」という反論は慎むべきだ。そんなことをすれば、おそらく対象者との対話は平行線、に終わればまだよい。それどころか「あなたはわたしのことをわかってくれない」と、対象者があなたとの関係を拒絶する、悪くすれば「だから人を殺してみたかったと言っているじゃないか！」と声を荒げて反抗するかもしれないのだ。

一方、「そうか、君はそこまで思い詰めていたのだね」という受容も避けるべきだろう。たしかに受容的なフィードバックは、先の反論に比べると、あなたと指導対象者との関係を崩壊させる危険性は低いと思う。しかし、自分の苦しさ（たとえ本当に苦しかったとしても、そうではなかったとしても）を受容してもらうことで気持ちの整理ができるような人であれば、おそらく最初から「人を殺してみたかった」などというとんでもないことは言わない。

受容されることで、自分の感情を整理でき、自分の誤りに気付ける人、気付けないまでも不適切な発言を減らすことのできる人が相手なら、これまたわれわれの仕事は日々安泰なのである。しかし実際はなかなかそうもいかない。

そこでまとめておきたい。だからこそ，われわれの仕事には，支援や指導が困難な人に対処するための技量が求められる。その技量を発揮するためには，どうしてこんな言葉が出てくるのか，そのメカニズムを知っておく必要がある。

5　二転三転する論議

　まずもってはっきりさせたい。
　そんな物騒なことを言う人は，朝から晩まで「人を殺してみたい」と思っているわけではないのかもしれない。
　もしかするとこの言葉は，犯罪捜査官，あるいは指導者，あるいは保護者，あるいはあなたが，「どうしてそんなことをしたのか」とか，「何を考えているのか話してごらん」と尋問したときに出てくる（出やすくなる）言葉ではないのか。そう考えてみると，こうした「とんでもない言葉」の表出には，あなたが誘い水を出してしまう，あるいはあなたが一役買ってしまうこともあるのではないだろうか。
　もちろん，朝から晩まで「人を殺してみたい」と思い続けている人だっているかもしれない。しかし，そういう人であっても，その人が内心の秘密を漏らすときには，だれかとの間で，前述したようなやり取りがあったのかもしれない。ときには，だれかが特定の雰囲気を作ってしまい，それに反応するような形で，物騒な人は「とんでもない」内心の秘密を暴露したのかもしれない。
　だとしたら，「そんなことを聞かなければよい」，あるいは「そんな雰囲気を作らないよう細心の注意を払えばよい」と主張する人が出てきても，それはそれとして間違った考え方ではないと思う。
　とはいえ，あなた，あるいは犯罪捜査官は，必要があるからそうした尋問をするのだ。また，だれかが知らず知らずのうちに特定の雰囲気を作ってしまい，それに物騒な人が反応したとしても，それは非難に値すること

なのだろうか。

　なぜなら，この尋問，あるいは特定の働き掛けによって，期せずして物騒な人の「心の闇」に一条の光が差したのかもしれない。言うまでもないことだが，この事態への論考は複雑かつ深遠なのだ。

　例えば，だれも，なにも，しなかった。しかし，偶然「なにもすることのない暇（無為）な時間」が物騒な人のところに訪れることだってある。そうしたときに，物騒な人は，つねづね思っていた考えを再燃させるのかもしれない。もっと言うなら，今まで考えもしなかったことを思い付くことだってありうるのだ。これは神様の悪戯か。

　さてさて，そこまで話を広げると，「ちょっと待ってくれ」と言いたくなる人も出てくる。それはわれわれとは無関係なところで起こった出来事，というより，その言葉自体がひとつの「事件」である。いくらわれわれでも，そこまで面倒は見切れない。それは，とんでもない人の一言として割り切ったほうがよい。これも立派な言い分だと思う。

　そう言いながら，ここでまた別の考え方が登場する。物騒な人がそんな「とんでもない」考えに凝り固まってしまうこと，それは一種の悪癖ではないのか。仮にそうだとすれば，そうした悪癖形成の予防は可能なのか。可能だとすれば，それはだれがするのか。

　さて，ここまでお読みになって，少々混乱されただろうか。そうだとしたら申し訳ない限りだ。しかしそれは，次のようなことをおわかりいただきたいからである。

　生まれたときから物騒な人などいないと思う。しかし，まかり間違うと物騒な人になってしまうリスクを抱えた人はいるのかもしれない。もしかすると，この論考の主人公たちは，その代表者なのかもしれない。いずれにしても，そうした人にとって，ここで指摘した状況はすべて鬼門だと思う。特に，いろいろな理由で歪んでいる人や，もともと持っていたリスクに周囲が気付かず，支援や教育の機会を逸してきた人は危ない。だいたいにおいて，われわれが出会うのは，「そういう人のどちらか」なのだから。

6 メタ認知の不備

　先に答えを書いてしまおう。筆者は，「人を殺してみたかった」という言葉の背景にあるもの，それはコミュニケーションの不調，さらに言うならメタ認知の不備が引き起こす困った現象だと考えてきた。

　メタ認知とは，自分の姿を第三者の目線で客観的に見つめるような，成熟した認知のスタイルである。この認知のスタイルを，子どもたちは幼児期から少しずつ獲得していく。まだ確定的な知見は得られていないものの，筆者は9歳の壁とか10歳の壁と呼ばれる現象のなかに，メタ認知獲得のジャンプが一役買っているように思ってきた。

　これは，経験的にだれでも知っていることだが，子どもは小学校3年生から5年生にかけて大きく成長する。その中心にあるものは，おそらく大人になっていくための社会性の開花だと思う。その背景に，メタ認知の獲得が絡んでいるのではないか。そう考えるといろいろなものが見えてくる。

　それによってなにが変わるのか。すでに述べたとおり，自分を客観的に見つめる目が育つということである。その結果なにが起こるのか。言わずと知れたこと，自分と他人との違いが見えてくる。

　「わたしはバナナが好きだ」「多くの友達もバナナが好きだ」「しかし，なかにはバナナの嫌いな子もいる」ということが見えてくる。

　あるいは，「わたしは，今この遊びがしたい」「でも，友達のAさんは，今この遊びはしたくないのかもしれない」ということもわかるようになる。

　これによって，子どもは複雑な対人関係を処理できるようになっていく。それは社会性の発達を加速度的に促していく，というわけだ。ところが，いろいろな理由でメタ認知の獲得に困難をかかえる子どもがいる。例えば発達障害（特に自閉症スペクトラム障害）のある子どもは，だいたいにおいてこの部分に不備がある。

　なぜなら，彼らや彼女らは，相手のことを想像する力が元々弱く，こだわりが強くて視点の転換ができにくく，反対に気が散りやすく，イライラ

しやすく，思い付きで行動しやすい。それらが寄り集まってメタ認知の獲得を制約する。そしてメタ認知の不具合はコミュニケーションの不調として表面化する。

7 コミュニケーションの不調

　コミュニケーションとは,「相手の立場や相手の思い」を想像する力そのものである。この力が不足すれば，そもそもまともな「やり取り」など成立するはずがない。例えばコミュニケーション言語で説明してみよう。
　われわれは乳幼児期から言葉の学習に精を出してきた。その言葉はコミュニケーションの道具なのだ。ところが，本稿での主人公のなかには，コミュニケーションの力は弱いのに，言葉だけ溜め込んできたような人もいる。そうするとなにが起こるのか。
　せっかく身に付けた言葉は，コミュニケーションの道具どころか，相手を傷付ける道具になってしまう。例えば，あなたが女性であれば，初対面の人から，「あなたの歳はいくつ？　あなたの体重は何キロ？」と唐突に質問され，嫌な思いをされた方がいるに違いない。そこであなたがムッとしたとする。しかし，そんなことを聞く人には，あなたがなぜムッとしたのかわからないことがある。だからその人は，逆にあなたのことを「人が親切に聞いてあげたのに失礼な女だ」と思うかもしれない。この状況が行きつくところまで行ってしまうと，「人を殺してみたかった」という言葉が待っている。
　だいぶ核心に近づいてきた。言ってはいけないことを言ってしまう。それは「そんなことを言われたら相手はどう思うのか」ということを想像できないこと，要するにコミュニケーションの不調から起こる。
　そこで,「人を殺してみたかった」であるが，こんな言葉が出てきたのは，おそらくすでに述べたように,「どうしてそんなことをしたのか」と尋ねられたからである。尋ねられたからその人は素直に思い付いたこと，ある

いは以前から思っていたことを正直に答えた。それがどんな波紋を引き起こす言葉なのかを想像できないままに。

　さて，これで疑問（謎）にはかなり答えた。しかし，まだ核心部分が残っている。一部の人だけが，どうしてそんなことを思い続けるのか。そして究極の謎，もし自分の犯した犯罪について反省できればこんなことは言わないはずだ。ここでの主人公たちにとって，反省するとはどういうことか。

8　無気味なものへの関心

　考えてみれば，人の身体の中（内臓）はどうなっているのか。人が死ぬときにどういう経過をたどるのか。ギロチンで切断された首は，短時間ならものが見え音は聞こえるのか。死後の腐敗はどう進むのか。こうしたことは，そもそも人間の根源的な興味を刺激する。早い話が，解剖学などは，そうした疑問の答えを求めた学問的な熱情から発展した。それにしても，人間はどうしてそんなことに興味を持つのだろうか。

　その答えは「無気味」だからである。無気味なものは万人の興味を引く。フロイトも「無気味なもの」（1919）という論文を書いている。要するに人間はホラー映画が好きなのだ。そこで大切なことは，「無気味さ」とは感覚的なものだというところだと思う。要するに，ホラー映画が好きだとか嫌いだとかいうのは，理屈の問題ではないということ。だからわれわれは，無気味な感覚による自己刺激を求めて，映画館の暗がりへと足を運ぶのである。

9　作動しない嫌悪感

　ただし，自分の胸に手を当てて考えてほしい。ホラー好きにも限度がある。化け猫程度のホラーであれば，怖いもの見たさ，筆者だって観たい。

ところが度を超してくると,「これにはついていけない」と観る気がなくなる。セックスもよく似ている。ある程度までは興味津々だ。しかし糞尿愛好者のスカトロジーが出てくると「もうけっこう」である。これも理屈ではなく感覚（嫌悪感）の問題だ。

言いたいことはここにある。感覚というものは,ある程度のところで飽和（満腹）に達する。ところが,この満腹中枢に不具合のある人がいる。それがここでの主人公である。

繰り返しになるが,度を超して無気味なもの,血なまぐさいもの,凄惨なもの,これは感覚的な嫌悪感を刺激する。だから私たちは,限度を超えたグロテスクなものを好まない。

ところがブレーキの利かない人がいる。感覚による抑制（気持ち悪い）に頼れない人たちだ。そういう人に対しても,グロテスクなものは,人間の根源的な興味を刺激し続ける。そこまでは百歩譲ってもよい。しかしその後,嫌悪感が作動しなくなる。そうするとグロテスク思考の暴走が開始される。

10　少数派

発達障害のある人はみんなそうだと短絡的に考えてはいけない。まず注意欠如・多動性障害（ADHD）の人たちは,なにか失敗をしてしまったとき,基本的に「しまった」という感覚がわかる。感覚や感情が大きく歪んでいなければ,その場では反省もできる。しかし,また同じ失敗を繰り返しやすいところが問題になる。実は非行少年にはそういうタイプが多い。

筆者は,少年鑑別所に入ってきたADHD系の非行少年に,「人を殺してみたかった」と言うような人についての感想をよく聞いた。そうすると,彼らあるいは彼女らは異口同音に,「あれはぼくたちの仲間ではない。きっと病気だよ」と答えるのだ。この部分に関して多くの非行少年の感覚は正しい。

それでは，かつてのアスペルガー症候群を含む自閉症スペクトラム障害の人はどうか。ここでも「人を殺してみたかった」と言うような人は少数派である。そもそも自閉症スペクトラム障害の人には，道徳教育の鑑のような人が多い。例えば高校生くらいで，友達グループが「今夜はカラオケへ行こう」と盛り上がっている。そんななかでただ一人，「そういうことはお母さんに聞いてからでないとわからない」と言い出して，「お前，気はたしかか？」と場を白けさせてしまう人のほうが多いのだ。それではグロテスクな刺激に埋没してしまうような人はどういう人なのか。埋没しない人とどこが違うのか。

11　道徳感覚の挿話

　この挿話の主要な部分は，あくまで筆者の個人的見解であることをお断りしておく。
　道徳的な感覚の育成には，乳幼児期の体験が大きな意味をなす。早い話が，三つ子の魂百までというあれである。つまり，2～4歳頃，脳の臨界期と呼ばれるような時期に，周囲の大人がいかに道徳的に振る舞っているかということ，これが大きな決め手になる。
　例えば，幼児期の子どもと一緒に公園を散歩中の保護者が，煙草の吸殻やジュースの空き缶を平然と道に捨てる。そうした様子を日々目のあたりにしている子どもに，望ましい道徳的な感覚など育つだろうか。
　逆の発想で書けばこうなる。幼児期の子どもに，童話を読み聞かせる。これは道徳感覚の育成に決して悪いことではない。洋の東西を問わず，だいたいにおいて童話というものは，悪いことをした人や動物に罰が当たる話だと相場が決まっているのだから。そこで子どもに刷り込まれる感覚，それが道徳的な判断の基盤になっていく。
　この道徳感覚は，極めて強力で安定した認知を形成する。どの程度強力かというと，道徳感覚を獲得している子どもは，友達がいいものを持って

いたとき,「自分も欲しいな」と思うことはあっても,「盗ってやろう」などとは思わない。たとえ盗ってやりたいと思ったとしても,まず実行には移さない。つまり盗むという認知や行動が成立しないほど,強固で安定した感覚,それが道徳感覚なのである。

さて,乳幼児期に児童虐待のような厳しい養育体験を持った子どもには,ときとして盗癖の発現することが知られている。これは障害の有無にはあまり関係のない現象である。

ところが,当該行動の修正を目的に,道徳的感覚を育てようとしても,子どもがすでに小学生の年齢に達していると,その指導はいかに難しくなることか。まして中学生であればなおさらである。そんなことは,非行のある子どもを扱った経験のある人ならみんな知っていることだと思う。その理由は,道徳的感覚が最も育ちやすい幼児期をすでに通り過ぎているからである。それでは手遅れだろうか。

決して手遅れではない。道徳感覚以外の感覚を活用する方法を筆者は用いてきた。それは「人を殺してみたかった」などと言っている人にも使える。そのやり方は最後に述べる。

ところで,ここで述べていることは,学校での道徳教育を否定するものではない。ここで取り上げているのは「感覚」への働きかけである。それに対して道徳教育は「理性」に働きかけるものである。感覚的な弱さに対して理性によるバイパスを作る。だからこそ道徳教育の意味は大きいと思う。

12 支援の重要性

自閉症スペクトラム障害を持っていても,みんながみんな,「人を殺してみたい」という状態に陥るわけではない。筆者は,各地の発達障害の親の会への支援を30年以上続けてきたが,そこでの経験にもとづいて,とんでもないことを言っている人と,そうでない人の違いを説明できる。

穏やかな家庭環境，相談し合える保護者同士の人間関係，専門家とのネットワーク，教師との意思疎通と十分な連携，こうした養育環境の有無が天国と地獄の分かれ道になる。
　発達障害があるからこそ，養育環境は非常に大切なものとなる。十分支援された子どもは，少々頼りない側面は残すかもしれないが，死体に興味を持つような人はほとんど出てこない。仮にそうした人が出てきたとしても，支援の背景がしっかりしていれば，余裕のある対応が可能である。
　逆にそうした養育環境がないと，対象者は無防備なまま，人間の根源的な興味に引きずられ，凄惨な幻想に支配されることになりかねない。しかも，人の死に伴う周りの人の気持ちを想像する力が弱い。その結果がどうなるかは既述のとおりである。
　そこで，今まで述べていないことに一言だけ触れる。凄惨な事象への没入が起こると，対象者の死へのハードルは否応なしに低くなる。それは，死への「ためらい」をも低下させることがある。発達障害のある人の一部には，うつ病のような病態がなくても，自殺予防への配慮が必要になる場合がある。筆者は，動機の不明確な自殺と聞くとまずこれ（未支援状態での死へのハードルの低さや，人命軽視につながる観念の暴走）を疑う。

13　言語的媒介の活用

　以上，発達障害のある人の独特な思考のスタイルについて，心理鑑定担当者が知っておくべきポイントを整理した。これで，筆者の役目はほぼ終わったと思う。そこで最後に，今回話題にしたような「不適切な言葉」の直撃を受けたとき，支援者あるいは指導者は，その言葉に対してどのような介入を行うべきかを述べておきたい。
　まず，「人を殺してみたかった」というような言葉の直撃を受けたときは，「本気で言っているのですか」などの問い詰めは行わない。その代わり，「そこまで困っていたのですね」と的を外す。この応答がどうして的外し

かというと，対象者は一言も「困っていた」と訴えていないからだ。的を外さないフィードバックを試みるなら，「そこまで思い詰めていたのですね」のほうが近いと思う。そこで双方の言葉のニュアンスの違いに注意してほしい。「思い詰めていた」より「困っていた」のほうが生臭くない表現だと思うがいかがであろう。

　重要なところなので，もう少し説明しておきたい。「人を殺してみたかった」の対極にある言葉は「死にたい」だと思う。この場合でも筆者は，「死にたくなるほど苦しかったのですね」ではなく，「そんなに困っていたことを私に伝えてくれて嬉しかった」という肯定的フィードバックを用いる。「死にたい」に言及するやり取りより，「困っていた」というやり取りのほうが生臭さは少ないからである。こうしたときには，対象者が困っていなくても一向にかまわない。この後の展開を考えると，生臭さを弱めるやり取りのほうが，お互いにリラックスでき，指導場面の安全性が高まる。障害の有無に関係なく，指導場面の硬直感を緩和する言葉のやり取り（言語的媒介）に精通しておくことは非行指導の基本である。

　なお，ここで取り上げた言語的媒介の詳細は末尾にある文献中の小栗（2015）を参照願いたい。

14　損得感覚の獲得

　今回の主人公に求められる次の展開は社会性を育てる支援だと思うが，特に支援の導入部において，「損得感覚」へのパラダイム・シフトを図りたい。そうすると興味深い現象が起こる。「道徳感覚」にあれほど無反応だった対象者が，「損得感覚」には意外なほど素直に反応する。しかも，既述のように，「道徳感覚」の「獲得」は，おそらく幼児期が大きな比重を占めると思われるのに対し，損得感覚の獲得（というより経験学習）は，人生の終末期に至るまでおそらく持続する。

　もちろん，損得判断では打算に過ぎると思う人もいるであろう。しかし，

ここで提示したようなやり方が対象者たちの反省指導へとつながっていく。このような支援の機会を逸してきた人に，最初から道徳感覚に基づく反省を求めるのは，はっきり言って酷だと思う。

　発達障害のある人は，指導者との間で利害の一致が起こると物分りがよくなる。これはおそらく障害の有無には関係のない現象だろう。そして，損得判断は道徳判断に比べ指導者と指導対象者との間に利害一致を作りやすい。そうすると彼ら，あるいは彼女らは動きやすくなる。そうした状況を作る言葉でのやり取り（言語的媒介），これは立派な支援の手続きだと思う。なぜなら，そもそも指導者と指導対象者との利害を一致させる手続き自体が，最も重要な支援方略のひとつだからである。

補記

　障害名の日本語表記は，米国精神医学会が定期的に改訂している『精神疾患の分類と診断の手引 第5版』（American Psychiatric Association, 2013）にもとづいて変更されている。そのなかで発達障害は，神経発達症群／神経発達障害群（Neurodevelopmental Disorders）と表記されることになった。ただし，神経発達障害群は従来の発達障害とは異なり，知的障害を含めた大カテゴリーを形成しているため，ここでは混乱を避ける意味で，従来の「発達障害」という表記を用いることにした。ちなみに，従来の知的障害は，知的能力障害／知的発達障害（Intellectual Disability / Intellectual Developmental Disorder）という表記になった。アスペルガー症候群や広汎性発達障害という表記は廃止され，自閉症スペクトラム障害（Autism Spectrum Disorder）に変更された。注意欠如・多動性障害（Attention-Deficit / Hyperactivity Disorder）は，従来破壊的行動障害の下位カテゴリーであったが，今回の改訂で神経発達障害群の下位カテゴリーに位置づけられた。

文献

American Psychiatric Association（2013）Diagnostic and Statistical Manual of Mental Disorders 5th Ed : DSM-5. American Psychiatric Association.（高橋三郎・大野 裕＝監訳（2014）DSM-5 精神疾患の分類と診断の手引．医学書院）

Freud, S.（1919）Das Unheimliche. In : Gesammelte Werke 12. Frankfurt am Main : S. Fischer Verlag, pp.227-268.（高橋義孝ほか＝訳（1969）無気味なもの．In：フロイト著作集3――文化芸術論．人文書院，pp.327-357）

日本精神神経学会精神科病名検討委員会（2014）DSM-5 病名・用語翻訳ガイドライン（初版）．精神神経学雑誌 116-6 ; 429-457.

小栗正幸（2015）ファンタジーマネジメント――"生きづらさ"を和らげる対話術．ぎょうせい．

6 虐待事件における心理鑑定

西澤 哲

1 はじめに

　本稿の目的は，虐待やネグレクトなどの不適切な養育が子どもの死亡という重大な結果をもたらしたことによって，刑事裁判に付された親などの保護者に関する心理鑑定のあり方を検討することにある。編者が本稿の執筆を筆者に依頼したのは，編者の言葉によると，筆者が「おそらく最も多くの虐待死亡事件の心理鑑定を経験している」ためであるという。筆者には，この編者の言葉の真偽は不明であるものの，虐待死亡事件の心理鑑定（正式には情状鑑定というが，本稿では，以下に述べる理由で心理鑑定という表現を採用する）を複数経験していることは事実である。しかし，筆者に本稿を執筆するだけの能力または知見があるかについては，いささか疑問な点がある。それは，筆者がこうした心理鑑定に携わるようになった経緯に関連したものである。そこで本稿では，まず，この経緯とそれに関連した事項を述べたうえで，虐待死亡事例の心理鑑定のあり方を，あくまでも筆者の経験に基づき概観することとする。

2　虐待臨床と心理鑑定

　筆者は臨床心理学および臨床福祉学をバックグラウンドとして，これまで30数年にわたり，虐待を受けた子どもや虐待傾向を呈する親などの臨床に携わってきた。こうした臨床実践の傍で，大学に所属する，研究者の末席に名を連ねるものの責務として，虐待やネグレクトといった不適切な養育が子どもに与える心理的，精神的な影響に関する調査研究や，虐待傾向を呈する親等の心理的特徴に関する調査研究を細々ながら続けてきた。これらの調査研究は，主として，虐待などの不適切な養育に起因する子どもの病理的な精神力動がどのように理解されるのか，あるいは，子どもを虐待したりネグレクトしたりする親の行為の背景には，いかなる心理的過程が存在するのかという点に焦点を当てたものである。こうした調査研究のささやかな積み上げの結果，自分なりには納得のいく幾つかの点を明らかにすることができたように思う。しかし一方では，新たに数々の疑問が湧き上がってくることとなった。正直に言えば，明らかにできたと思えることよりも，むしろ新たに生じた疑問のほうが多いのではないかと思う。

　こうした疑問のひとつが，本稿のテーマである虐待死亡事例の親の心理である。虐待やネグレクトなどの不適切な養育によって自分の子どもを死亡させてしまう親の行為は，自己の遺伝子をより多く次の世代に残すという生殖活動の生物学的な意味からすれば，きわめて非適応的なものであると言える[1]。であるとすれば，虐待死を生じる親の心理には，生物学的な種の保存則を覆してしまう何某かがあることになる。生物学的な原則に逆らってまで子どもを死亡させてしまう親の心理とは，一体のどのようなものなのだろうか。また，この疑問の背景には，子どもを虐待死させる親と，深刻な虐待を行なうものの死亡させるには至らなかった親の心理の「連続性」に関する，さらなる疑問が横たわる。例えば，虐待死亡事例の分析を行なった Reader & Duncan（1999）は，子どもを虐待で死亡させた親と，死亡に至らない虐待を行なった親との心理状態には多くの共通性が認めら

れるとして，両者を分けたのは子どもの「運のみであった」としている。しかし一方では，虐待死を招いた親には，死亡を伴わない虐待行為を呈する親に比べて，子どもと生物学的な関係がない継父や継母などが多いことに着目し，両者の間には質的な違いがあるという見方も存在する（Gelles & Lancaster, 1987）。両者の質的な相違点あるいは共通性を明確にするには，虐待死を生じた親の心理を分析する必要がある。

　虐待死亡事例の親の心理を分析するため，筆者は 2003 年から 2006 年までの間，厚生労働省社会保障審議会に設置された，虐待死亡事例を含む重大事例の検証委員会に参加し，厚生労働省が虐待死亡事例であると認知した事例の親および家族の心理学的特徴の分析を担当した。さらに，わが国への CDR（Child Death Review：子どもの死亡検証制度）の導入を目的とした，厚生労働省科学研究費補助金事業の研究班において，虐待死亡事件をめぐる刑事裁判の判決文の分析によって，虐待やネグレクトで子どもを死に至らしめた加害者である親や家族の心理的特徴を検討した。

　しかし，こうした研究調査によって，親や家族の心理社会的な特徴の一部を抽出することはできたものの，親の心理状態や家族力動の詳細な分析を可能にするようなデータを得ることは，残念ながらできなかった。詳細な分析を行なうためには，子どもを死に至らしめた親自身に直接面接を実施するしかないと，筆者は考えるようになった。それを可能にする方法として，刑事事件として公判に付される加害者である親の情状鑑定があった。こうした経緯で，筆者は，情状鑑定に関する訓練や指導を経験しないままに，虐待やネグレクトによって子どもを死亡させるに至った親など保護者の情状鑑定に携わるようになったのである。

　ところで，情状鑑定とは，加害行為をなした刑事事件の被告人に，何らかの汲むべき情状があるのかを，被告人の生い立ちや，知的能力，性格傾向など心理学的観点から検討するものである。こうした情状鑑定を筆者に依頼してくるのは，裁判官や検察官であることも時にはあるが，多くの場合，被告人の弁護人である。弁護人が情状鑑定を求めてくる理由の大半は，情状酌量を求めることにある。しかし，筆者が鑑定を担当するのは，必ず

しも情状酌量を求めてのことではなく，先述したように，虐待やネグレクトで子どもを死亡させるという，見方によっては生物学的な原則に反するような行為が，親や家族のどのような心理的，社会的要因によって生じるのかを理解するためである。あるいは，これは鑑定業務に従事するようになって初めて認識するに至ったことであるが，事件の責任を親である被告人のみに帰していいのか，との疑念がある。被告人が子どもを死亡させるに至った背景には，子どもを守るべき児童相談所を中心としたわが国の子ども家庭福祉のシステムが何らかの理由で適切に作動しなかったという，社会側の要因が存在することが少なくない。あるいは，いわゆる「虐待の世代間伝達」[4]として認識されている現象が，虐待死亡事例の加害者にはほぼ例外なく認められるが，こうした事例の親がその成長過程で，社会による適切な保護や支援を受けていれば，子どもを虐待で死亡させる親にはなっていなかったのではないか，との思いもある。この場合，親がその行為に応じた刑罰を受けるにしても，社会にも一定の責任が問われなければならないことになる。この責任を果たすためには，社会が，その虐待死亡事例から学び，同じような経過で親が子どもを死亡に至らせることがないよう，虐待事例に適切な保護や支援を提供する必要があると言える。筆者にとっては，こうした目的のために鑑定を実施するのであり，したがって本稿では，情状鑑定ではなく，心理鑑定という用語を用いることとする。

以下に，虐待死亡事例の親および家族の心理社会的特徴について述べていく。なお，その記述に際しては，筆者が行なった虐待死亡事件の刑事事件の判決文の分析（以下，判決文分析とする）の結果（西澤，2013）に，筆者自身が心理鑑定を担当した事件に関する記述を入れ込む形で述べることで，事件の被告人である親のプライヴァシーを保護することとする[5]。なお，西澤（2013）は，判例データベース「Westlaw JAPAN」を用い，検索ワードを「児童，虐待，死亡」として過去10年間の子ども虐待の死亡事件の判例を検索し，19事件（死亡した子どもの数は23人）を抽出，分析したものである。

3　身体的虐待による死亡について

　判決文分析では，身体的虐待で死亡した15事例中，加害者が父親（本稿では，特に断りがない限り，継父や母親の内縁関係の男性等を「父親」と表記する）であったものが11事例（73.3％）であり，母親（同様に「母親」には継母や父親の内縁関係の女性等を含むものとする）が加害者となった4事例（26.7％）を大きく上回った。厚生労働省の福祉行政報告例によれば，2014年度の児童相談所の虐待相談対応件数88,931件のうち，主たる加害者が父親（実父以外を含む）であったのは36,219件（40.7％）であり，主たる加害者が母親（実母以外を含む）であったのは47,298件（53.2％）となっている。つまり，死亡事例に限らない虐待一般では父親が加害者になることが半数以下であるのに対して，虐待死亡事例では大半の加害者が父親であることになる。これは，父親の身体的な力が行使された場合に，子どもが死亡に至る可能性が高くなることを意味していると言えよう。

　母親が加害者となった身体的虐待による死亡事例4例では，実母が加害者となったものが3件（75.0％）であったのに対し（2014年の福祉行政報告例によると，虐待一般では，母親に占める実母の割合は98.6％），父親が加害者となった11事例では，7事例（63.6％）が継父や母親の内縁関係の男性等となっている（2014年の福祉行政報告例では，虐待一般で「実父以外」が加害者となったものが15.4％）。つまり，死亡事例に限らない虐待事例と比較して，虐待死亡事例では，実母のパートナーなど「継関係」にある父親（継父）が加害者になることが非常に多いと言える。

　虐待死亡事例において継父が加害者となる事例が多いのは，Gelles & Lancaster（1987）が指摘するような生物学的な要因による可能性は否定できないものの，判決文分析や心理鑑定の結果からは，次のような心理社会的要因の存在が示唆される。

　継父の身体的虐待による7件の死亡事例のなかで，継父の体罰等の身体的虐待が「しつけ」という名目で開始され，それに対する子どもの反応（な

つかない，いいつけを守らない，反抗的な態度をとる，遺尿や盗食，万引きなどの問題行動を示す）によって，継父の行為が次第に激しい暴力へとエスカレートするという経過をたどったものが4事例見られた。こうした事例では，継父が母親のしつけのあり方を否定し，子どものしつけの「主導権」を握ることで，家族における立場を確立しようとする心理がうかがわれた。しかし，こうした継父のしつけに対する子どもの反応は，上記のように否定的なものとなることが多く，その結果，継父の「面子」が潰されることになり，継父の子どもに対する怒りの激化につながったと推測される。このように，継父による虐待死亡事例では，既存の母子関係に介入し，その地位を確立しようとする継父の心理状態や家族力動が重要な意味をもつ可能性がある。ある事例では，継父は，「子どもに自分の言うことを聞かせることができないと，自分に対する母親の『敬意』が失なわれると感じて怖くなった」と述べている。心理鑑定においては，激しい暴力をエスカレートさせていく継父のこうした心理状態を検討する必要があろう。

4 暴力を生じる父親の心理について

　判決文分析における父親の暴力による死亡事例8事例のうち，失職や無職，多額の借金，経済的な見通しのなさなど，父親が社会生活において無力感や無能感を抱えていると推定されたものが5事例あった。また，こうした無力感をもっていると推測された5事例のうち，3事例には，判決文中に，母親や子どもに対する父親の支配性が推測される記述が認められた。こうしたことから，子どもを死に至らしめるような激しい暴力の背景には，子どもや妻などの家族構成員を支配することによって，社会生活等における無力感や無能感を購おうとする父親の心理が存在する可能性があると言えよう。

　ある事例では，父親は「だらしない生活や，何をやっても上手くいかない自分のふがいなさに苛立っていた。仕事がない日には，朝からアパート

で酒を飲んで，嫌気を紛らわしていた。些細なことで腹が立って妻と口喧嘩になり，そのために泣き出した子どもに無性に腹が立った」「仕事を無断欠席して，経済的に大変な生活に自己嫌悪と苛立ちを感じながら，朝から自宅で酒を飲んでいた。そのうち，子ども（1歳3カ月の女児）がぐずり泣きを始め，どうしようもない，情けない気持ちになった」と述べており，その後，子どもを死亡させる激しい暴力が生じている。こうした供述から，父親が日常的に無力感や無能感を抱いており，それが子どもへの怒りや攻撃性につながっていたことが示唆される。また，別の事例では，父親にはギャンブルによる多額の借金があり，そのために「夜逃げ」の形で遠方に転居しているが，その直後に子どもに対する暴力が激化している。その後，医療機関からの通告によって児童相談所が介入を試みた直後に再び転居し，この転居の直後にも暴力が激化し，尋常ではない暴力行為に至っている。父親は，「借金の返済が大変で，もうどうにもならなくなった。逃げるように家を出た。お先真っ暗な状態だった。そんなときに，子どもが愚図ったり言うことを聞かないと，『お前まで俺を困らせるのか』と思って暴力を振るってしまった。それで，児童相談所に目をつけられて，これからどうなってしまうのかと考えて辛くなって，怖くなった」と述べている。外見上は圧倒的な力をもつ父親が，弱者である子どもに対して非道とも言える残虐な暴力を振るって死亡させたという事件である。しかし，その父親は，夜逃げや児童相談所の介入を回避するための転居といった出来事によって無能感や無力感を味わい，恐れおののきながら，子どもに暴力を振るっていたわけである。

　こうした父親の無力感に由来する家族構成員への支配性は，パートナー間暴力（いわゆるDV）の心理的特徴だとされているが，判決文分析では5事例にDVの存在が確認されており，また，心理鑑定の事例でも，DVがあわせて確認されることが少なくなかった。父親による虐待死亡事例では，DVとの関連を含め，父親の無力感とそれに由来する支配性と，子どもへの暴力との関連性を十分に検討する必要があると言える。

5　ネグレクトによる死亡と母親の心理について

　判決文分析の対象事例では，死亡した子ども 23 人のうち，ネグレクトによるものが 8 人（34.8％）であり，うち 7 人が衰弱死であった。また，直接の死因は暴行等による身体的外傷であったものの，事例の経過中にネグレクトとそれにともなう子どもの衰弱が認められたものが 2 人であった。この 2 人を加えると，ネグレクトを受けていたのは，23 人の 43.5％にあたる 10 人となる。また，心理鑑定事例でも，ネグレクトによる衰弱死の事例が複数あった。これらの結果から，子どもの死亡事例においては，ネグレクトによるものが少なくないと言える。一般的に，ネグレクトは子どもの死亡にはつながらないと認識されがちであるが，実際にはネグレクトによって死亡する子ども，あるいはネグレクトによって衰弱していく経過において激しい暴力によって死亡する子どもは決して少なくないと言える。

　ネグレクトによる死亡の多くは，母親が主たる加害者であった。こうした母親に共通して見られる心理的特徴に，依存をめぐる問題があった。

　判決文分析では，依存の問題は母親のみではなく，19 事例中 4 人の父親にも認められた。アルコール依存が疑われる父親が 1 人，パチンコ等のギャンブル依存（病的賭博）が推定される父親が 3 人（うち 1 人は覚醒剤依存を合併）であった。

　それに対して，依存の問題を抱えていると思われる母親は 7 人であり，父親よりも多いことが示された。特に，ネグレクトによって子どもを死に至らしめる母親のほとんどが依存をめぐる問題を抱えていると考えられた。この 7 人の母親のうち，男性依存もしくはセックス依存が疑われる母親が 6 人であった。こうした母親には，子どもに対する母親としての立場と，男性に対する女性としての立場が葛藤を起こし，結果的に女性としての立場を優先することで子どもに対する母親性の放棄につながるという，いわば「母親－女性葛藤」といった心理状態の存在がうかがわれた。

　このように，判決文分析では，依存をめぐる問題は父母ともに認められ

るものの，父親よりも母親に優勢であることが示唆された。また，父親がアルコールや覚醒剤などの物質依存，あるいはギャンブル依存であるのに対して，母親の多くは男性依存という対人依存の態様をとることが示された。

　薬物依存や対人依存といった依存をめぐる問題の多くは，本来は乳児期から子ども期にかけて適切な養育によって充足されるべき依存・愛情欲求の未充足に由来すると考えられる。そして，子どもは，とりわけ乳幼児期には，親に対して絶対的な依存状態にあり，その時期の子どもの養育は子どもの依存を満たすことが中心的な要素となる。しかし，自分自身が依存欲求の問題を抱えている親にとっては，子どもの依存性に適切に応えることが非常に困難となると考えられる。そのため，子どもの依存欲求に適切に応答できずネグレクトに至ったり，あるいは子どもの欲求が親にとっては「やっかい」なものとなり，子どもへの攻撃が生じる可能性があると言える。

　子どもが家庭内で衰弱死した事例の心理鑑定では，母親に，子どもに対する強い同一視が生じていたと推測される事例があった。この母親は，自身が乳幼児期に得ることができなかった「丁寧なケア」による依存欲求の満足を，自分の子どもに対して提供することによって，いわば代償的に得ていたかのようであり，(7)この時期の母親の養育は非常に健康的なものであったと考えられた。しかし，母親に男性依存的な行動が見られるようになった途端に，子どもへのネグレクトが生じ，以降，子どもが衰弱死するまでネグレクト状態が継続している。この事例では，子どもを養育することによって間接的に得られていた母親の依存欲求の満足が，男性との関係で満たされるようになり，その結果，子どものネグレクト死が生じたと言える。

　また，別の事例の加害者である女性は，成育歴に由来する依存欲求の未充足が男性への過度の依存を生じ，それが10代後半での婚姻，若年妊娠および出産につながったと考えられた。母親は，結婚，出産後も依存の問題を抱えつづけ，子どもの実父である夫に対して支配関係を形成するようになった。こうした夫婦関係において，母親は，夫が子どもに対して関心

を示すことに嫌悪感をもつようになり，子どもとは，夫の「愛情」をめぐる，いわばライバル的な関係に陥ってしまった。こうして，母親が自身の依存欲求の満足に固執することで，子どもが家庭内で衰弱死するという結果に至ったわけである。

このように，心理鑑定においては，母親の成育歴に由来する依存欲求の未充足の問題が，子どもとの関係や，夫や男性との関係にどのような影響を与えたかを分析する必要がある。特に，ネグレクト死事例では，母親の依存をめぐる病理が重要な意味をもつことが少なくないと言える。

6　食をめぐる問題について

上記のようなネグレクトによる子どもの衰弱死事例の多くに，食事やミルクを与えないという食に関する問題が認められた。判決文分析では，23人の死亡のうち，10人の子どもに食をめぐる問題が認められた。この10人の死亡事例のうち，幼児に対してミルクのみを与えていた1事例を含む9事例で食の制限が認められ，このうち1事例には食事の強要があった。

こうした事例では，親が子どもに食べさせない，あるいは子どもが食べないことに親が激しい怒りを覚え，その結果，死亡に至るといった経過が認められる。食，あるいは食べ物は，心理学的に言えば，愛情やケアと深く結びついている。親が作ったものを子どもが「食べない」ことで，親は自分が提供する「愛情」を子どもに拒否されたと感じ，子どもに対する怒りが生じ，「もう食べなくていい」という態度をとる可能性がある。ある事例では，食事が遅い幼児に対して父親が立腹し，「食わん奴には，もう飯を食わすな！」と命令して，結果的に子どもを餓死させている。

一方で，子どもにとっても，親の提供するものを「食べない」という行為には，何らかの心理的な意味が存在する可能性がある。食の拒否は，子どもが行ない得る一種の自殺的な行為としての意味合いをもつ可能性がある。さらには，子どもは「食べない」ことで母親が困るということを知っ

ており，食べないことによって何らかの意思表示をしている可能性もある。

　ある事例では，母親が4歳の幼児を真冬の屋外に長時間放置するなどのネグレクト行為を繰り返していたが，最終的には幼児の口中に唐辛子を詰め込んで窒息死させている。これは，食そのものの問題ではないものの，子どもにとっては依存性の象徴とも言いうる口唇に対する攻撃との解釈が可能である。

　このように，ネグレクト死事例で食にまつわる問題が関与する傾向があるのは，食や食事が愛情や依存の象徴であり，食の提供は愛情の提供を，そして子どもの不食が愛情の拒否として認識されるためであると推論できる。

　さらに，ネグレクト死に至る事例では，罰として食事を抜くという特徴が認められるものもある。ある事例では，3歳の幼児のトイレットトレーニングの手段として食事を抜いた結果，子どもが衰弱死するまでに至っている。「罰として食事をさせない」といった行為は，死亡には至らない虐待事例においても少なくない。また，食事やおやつを抜くといった行為が，しつけの方法として一般的に行なわれている可能性もある。しかし一方で，こうした行為の結果，子どもが衰弱死するという深刻な事例が存在することも事実である。そこには，子どもが食べないことへの心理的な意味づけ，あるいは食事を抜くという罰の背後にある親の心理が重要な意味をもつ可能性がある。

　罰として食事を抜いた結果，子どもがいわゆる「盗み食い」をし，それが親の激しい怒りにつながって爆発的な暴力となり，子どもが死亡した事例があった。また，ある事例では，食を制限されていた子どもが，親の不在中に冷蔵庫を開けてマヨネーズを食べたり部屋に散らかしたりしたことに母親が激怒し，以降，親が外出する際には子どもをトイレ内に閉じ込めるようになったとの経過が認められている。このように，罰として食事を抜くという親の行為に対する子どもの反応が，「盗み食い」や冷蔵庫を探るなどといった，食べ物に関するものであった場合に，たとえば親が提供を拒否した愛情を子どもが「盗み取った」など，子どもの行為に対する親

の認知が重要な意味をもっている可能性がある。

　英国の虐待死亡事例を分析した Reder & Duncan（1999）は，親の心理的特徴のひとつに「ケア葛藤」があることを指摘している。ケア葛藤とは，自身が幼少期に親等から適切なケアを受けずに成長した人が親になった際に，自分の子どもがケアを必要としていることを認識しながらも，自身が受けなかったケアを提供することに深刻な心理的困難を覚えることを意味する。食をめぐる問題や，先述した依存欲求の問題は，このケア葛藤と関係していると考えられ，心理鑑定において慎重に検討すべき重要な心理的特徴だと言えよう。

7　子どもに対する特殊な扱い

　判決文分析により，死亡した子どもに対する家庭・家族内における特殊な扱いとして，「家庭内隔離」「家族内疎外」「社会的隔離」，および「子どもからの離脱」が抽出された。

　「家庭内隔離」とは，家庭内において子どもを一室に閉じ込めるなど，他の家族構成員との接触を遮断することを意味し，具体的には子どもを小部屋や風呂場に隔離したり，段ボールの中に閉じ込めたり，あるいはベランダで生活させるなどがあった。判決文分析の対象となった23人中，家庭内隔離の状態に置かれた子どもは7人（30.4％）であった。事例の経過の分析から，家庭内隔離は，ネグレクトによって死に向かって衰弱していく子ども，あるいは親の暴力によって傷ついた子どもの姿を親が見ないという機能があると推論された。ネグレクトによって衰弱死したある幼児は，父母によって生活空間をロフトに限定されていたが，父親は，心理鑑定において「ロフトの上で過ごさせていたので，子どもの姿を見ないですんで，気が楽だった。子どもが動く音が聞こえると，『子どもは元気だ』と思えた」と述べている。

　「家族内疎外」とは，外食などで家族が外出する際に被害を受けた子ど

ものみを家に残し，その子どもがまるで存在していないかのように，家族が日常生活を送ることを指す。判決文分析では，家族内疎外を経験していた子どもは23人中5人（21.7%）であった。こうした事例では，すべて，被害を受けた子ども以外の子どもは父親や母親と行動をともにしており，こうした行為には，一人の子どもをいわゆるスケープ・ゴートにするといった，心理的虐待の要素が含まれている可能性が推測された。ある事例では，被害を受けた子どもを除く家族全員でテーマパークに出かけたり，その子どもを除いた家族写真を近隣の写真館で撮影しており，周囲からは，仲の良い家族と評価されていた。このように，家族内疎外には，被害を受けている子どもがまるで存在しないかのように振る舞うという側面があることから，虐待の事実や，被害を受けている子どもの存在を否認し，「仲の良い家族」という「幻想」に逃避する心理的防衛としての意味があるように推測される。

「社会的隔離」とは，子どもを家庭外に外出させないで社会との関係を断たせることを指す。判決文分析では，23人中8人（34.8%）がこうした社会的隔離を経験していた。また，この8人中6人がネグレクトを経験しており，社会的隔離は，ネグレクトとの関連が強いことが示唆された。心理鑑定において，複数の親が「衰弱した子どもの姿を近所の人に見られたくなかった」「こんな子どもの状態を見られたら，私が虐待していることがばれると思い，怖かった」と述べており，社会的隔離を行なう親には，ネグレクトで衰弱していく子どもの存在を知られないようにするといった心理が働いていると言える。また，「こうなってしまった以上は，病院に連れていくことができず，もう死んでもらうしかなかった」と，いわゆる未必の故意といった心理状態に至ったと説明した親もいた。

「子どもからの離脱」とは，子どもを自宅に残して親が長期間外出・外泊することを意味する。判決文分析では，こうした特徴が見られたのは23人中2人（8.7%）であった。また，筆者が心理鑑定を担当した事例でも，子どもからの離脱が生じた事例が複数あった。こうした親の行為には，家庭内隔離同様，衰弱していく子どもの姿を見ないという機能があると推測

された。また，長期間家に戻らず子どもが餓死した事例で，外泊中に複数の男性と過ごして性的関係をもっていた母親や，長期間の外泊を繰り返している間に子どもが死亡した事例で，子どもの遺体の発見後の数日間，男性との外泊を継続した母親は，男性との関係や性的行為に没頭することで，子どもが死に向かっているという現実に対する認識や，子どもが死んでしまったという事実から心理的に逃避していたことがうかがわれた。また，ある母親は，家に戻らなかった期間を事実よりもかなり短かったと記憶していたり，子どものことが意識に上った際には「意識を飛ばすと，子どものことが心から消えていった」と述べており，解離的な心理状態にあった可能性が示唆される。

こうした特徴は父親にも認められている。ネグレクト状態に置かれた子どもが死亡したことを認識したある父親は，「子どもが死んだという事実を意識することが怖かった」として家を出て，その後長期間，家に戻らないまま新たなパートナーと生活している。

子どもがネグレクト状態に置かれ衰弱死した事例や，慢性的もしくは反復的な暴力の結果子どもが死亡した事例の心理鑑定では，親や家族と子どもの関係に，本項で述べたような特殊な状態が生じていなかったかを慎重に検討する必要があろう。

8 両親間の相互関係の特性

判決文分析と心理鑑定の対象事例には，父親と母親が子どもとともに生活しているなかで，子どもが衰弱死したものが3事例あった。こうした事例では，両親が，子どもが衰弱していく様子を，相互に確認し合っているという経過が認められた。そして，こうした両親間のやりとりが，子どもが衰弱していくという危機状況に対する認識やそれに伴う罪悪感を減弱させた，あるいはその責任を分散させた可能性があることが示唆された。

ある母親は，子どもに対する自らの養育行為を「これって虐待やなあ」

と夫に対して述べているが，夫である父親は，妻の感情状態に過敏になってその安定を優先させ，母親をかばうかのように「あなたはちゃんとやってるよ。虐待なんかじゃないよ」と反応し，母親の認識や罪悪感を否定している。また，別の事例では，子どもが衰弱していく様子を，父親が「あのバカ，昼休みに見たら，生きてはった（笑）。爆睡中やって」という冗談めかした調子のメールを母親に送信しており，母親もまた，「バカはホンマにバカや。寝るとは思ってたけど，あきれる」と返信している。こうした，状況を茶化すようなやりとりによって，父親と母親は，事態の深刻さに対する直面化を回避していたと考えられる。

このように，父母等複数の養育者が存在する場合には，相互のやりとりなどで事態の深刻さを過小評価し，罪悪感を希釈させ，あるいは事態への直面を回避する傾向が存在するように思われる。心理鑑定においては，親という個人の心理的特徴のみではなく，父母間の相互関係の特性がそれぞれの心理状態に与えた影響を評価する必要があろう。

9 おわりに

本稿では，西澤（2013）の判決文分析と，筆者が担当した心理鑑定の分析によって，子どもを死に至らしめる親の心理的特徴として，父親の無力感・無能感と，それに起因する支配性，母親の依存をめぐる心理，とりわけ男性依存やセックス依存といった心理状態を指摘した。こうした心理的問題は，おそらく，親自身の成育歴上の問題と関連していると推測される。判決文分析では，中学生の頃の父親との死別体験や母親の難病のために高校中退を余儀なくされた父親や，幼少期に身体的虐待を受けて児童養護施設で養育された母親など，成育歴上の問題が明らかになっているものが含まれていたものの，大半の判決文には，こうした親の成育歴への言及はなかった。親の成育歴と心理的特徴との関係を明らかにするには，心理鑑定において詳細に検討する必要があろう。

しかしながら，判決文分析において精神鑑定もしくは心理鑑定が実施されたと推測されたものはほとんどなかった。虐待事件に詳しい弁護士の岩佐嘉彦は，心理鑑定が実施されない理由のひとつとして，心理鑑定によって「どんな事情で事件が起きたかは明らかになるかもしれない。しかし，それによって刑を重くするか，あるいは軽くするのかが分からない」という裁判官の言葉を引用し，裁判の手続きにおける心理鑑定の位置づけが不明瞭である点を指摘している（西澤，2012）。

　筆者は，先述したように，社会には虐待死亡事件から学ぶ責任があり，そのためには心理鑑定によって事件の発生に至る親の心理力動や家族力動を明らかにする必要があると考えている。しかし，岩佐が指摘するように，現在の刑事裁判における心理鑑定の位置付けは，必ずしも筆者の立場を支持するものではないようである。今後，心理鑑定の実施によって明らかとなる虐待死亡事件の心理的構成要素と裁判のあり方，とりわけ量刑との関係を検討する必要があろう。

註

1── ただし，事態はそう簡単なものではない。例えば長谷川（2015）は，進化生物学の観点から，霊長類の子殺しには一定の適応価があるのではないかと推測している。

2── わが国には虐待やネグレクトによって子どもが死亡した事例を「検出」するための制度が不在であるため，本検証委員会が分析の対象とした事例は，厚生労働省や都道府県がマスメディア等の情報によって虐待死亡であると認定したものに限られた。そのため，本検証委員会の報告が，わが国の虐待死亡事例の特徴を的確に捉えたものであるかどうかは不明である。

3── 弁護人による情状鑑定の請求が裁判官によって認められた場合には，裁判所の依頼による鑑定となるが，請求が却下された場合には，弁護人の依頼に基づく私的鑑定として実施されることになる。

4── 世代間伝達とは，虐待やネグレクトを受けて成長した者が，子どもをもつと，今度はわが子に不適切な養育を行なうようになることを意味するが，そうした状態に至る割合はむしろ少なく，声高に言うべきではないとの指摘もある。しかし，これはあくまでも臨床的な印象の域を出ないことではあるが，死亡事例を含む重症事例では，ほぼ例外なくこうした傾向が認められるように思われる。

5——心理鑑定の結果は，通常，刑事事件の公判廷において提示されるため，その内容はすでに公開されたものであると考えられる。しかし，心理鑑定において鑑定人が知り得た情報は，あくまでも被告人が自らの「情状酌量」のために提供したものであり，それを論文等で執筆することは，情報の目的外使用に当たる可能性があると考えられる。そのため，本稿では，筆者が担当した心理鑑定の内容の全体像を示すことはせず，すでに公判廷で明らかになっている内容の部分的な引用に止める。またこうした論述方法は，被告人のプライヴァシーの保護のためでもある。

6——Gelles & Lancaster（1987）は，継父や継母による虐待死亡事例が多く見られるのは，加害者と子どもの間に生物学的，遺伝的なつながりがないからであり，その点で，死亡事例は，死亡に至らない虐待事例とは質的に異なるのではないかと推測している。

7——この母親は，乳幼児期から思春期にかけて，母親による深刻なネグレクトを含む不適切な養育を経験していた。

文献

Gelles, R.J. & Lancaster, J.B.（1987）Child Abuse and Neglect : Biosocial Dimension. De Gruyter.

長谷川眞理子（2015）親の配偶戦略と子どもの虐待．日本子ども虐待防止学会第21回学術集会にいがた大会 特別講演．

西澤 哲（2012）虐待死亡事例における保護者の心理社会的特徴の分析——その2 刑事裁判の判決文の分析を通して その1．厚生労働科学研究費補助金事業（政策科学総合研究事業）我が国におけるチャイルド・デス・レビューに関する研究．平成24年度総括・分担研究報告書（研究代表者：小林美智子）．

西澤 哲（2013）虐待死亡事例における保護者の心理社会的特徴の分析——その3 刑事裁判の判決文の分析を通して その2．厚生労働科学研究費補助金事業（政策科学総合研究事業）我が国におけるチャイルド・デス・レビューに関する研究．平成24年度総括・分担研究報告書（研究代表者：小林美智子）．

Reder, P. & Duncan, S.（1999）Lost Innocents : A Follow-Up Study of Fatal Child Abuse. New York : Routledge.（小林美智子・西澤 哲＝監訳（2005）子どもが虐待で死ぬとき——虐待死亡事例の分析．明石書店）

第3部
心理鑑定の臨床的意義

7

心理鑑定における臨床面接の意義

須藤 明

I 心理鑑定と情状鑑定

　情状鑑定は，あまり馴染みのない言葉かもしれない。むしろ，本書のタイトルにある「心理鑑定」のほうが「心理学的に事件を解明する」などの想像はしていただけると思う。したがって，情状鑑定の説明をする場合も心理鑑定という言葉のほうが伝わりやすいので，この両者をほぼ同義に使うこともあるが，「情状」は法律用語であり，厳密には区別して用いるべきである。情状鑑定の定義は後述するが，白取（2013）は，刑事事件において，心理鑑定を情状鑑定に限定せず，人的証拠に関する適正な証拠評価のために心理学の知見を活用するべきと主張しており，供述の信用性，虚偽自白の可能性など，裁判官の事実認定にかかわる領域まで含めた心理鑑定を想定している。したがって，情状鑑定は心理鑑定の一領域と位置付けることができる。

　私は，これまで情状鑑定の経験しかないため，本稿のタイトルは「情状鑑定における臨床的面接の意義」としたほうが正確な表現になる。この情状鑑定は，裁判所が量刑判断にあたって考慮する諸事情，すなわち情状を鑑定の対象とするものである。上野（2006）は，情状を犯情と狭義の情状に分けている。犯情とは，直接または間接に犯罪事実の内容に属する犯情，

例えば，犯行の動機・目的，手段方法，計画性の有無などである。他方，狭義の情状とは，被告人の家庭環境，生活歴，性格・行動傾向などを指す。前者が犯罪の評価にかかわるものであり，「責任非難の程度」に関する情状事実となる。例えば，「犯行態様に見られる攻撃性は，過酷な生育歴に伴う被害的な認知の影響を大きく受けている」といったものが犯情にかかわる情状事実である。つまり，犯行責任を被告にすべて負わせるべきなのか，それとも生育環境その他の要因も考慮すべきなのかという判断のための情報を提供する。一方，後者は一般情状とも言われ，被告人の反省程度，更生可能性，処遇上の留意点なども加わってくる。情状鑑定は，精神鑑定とは異なり，責任能力に関する争いがないことを前提にしてなされ，鑑定人は心理学・精神医学などの専門知識に基づいて，これら情状を明らかにするため被告人や家族への面接を行う。

　それでは，情状鑑定の結果はどのように反映されうるのか。成人の刑事事件では，行為責任主義による応報刑を基本としているため，情状鑑定は，被告人の情状面に照らして刑の減軽がなされるべきか否かを考えるうえでの情報を提供するものであり，減軽理由を巡って証拠採用されるか否かというのが，刑事司法の枠組みからみた情状鑑定である。米国では，Probation Officer による判決前調査制度があり，また，公設弁護人事務所に所属する Mitigation Specialist という司法ソーシャルワーカーが被告人の減軽のために社会調査を行っている。Mitigation Specialist は，減軽を意味する Mitigation という名前が示すように，「減軽の専門家」として，被告人の利益に資する活動を行うのである。一方，わが国において，情状鑑定を担う鑑定人は，Mitigation Specialist のような徹底した立場をとって活動することはほとんどない。情状鑑定は，裁判所から依頼される公的鑑定と弁護人から依頼される私的鑑定に大別されるが，いずれにおいても鑑定を担う専門家は，各自の良心と専門性に則って鑑定業務を行っている。ただし，公的鑑定の場合には，より中立な立場での鑑定が要請されるため，Mitigation Specialist のような目的性を持った活動ではない。私的鑑定の場合は，その鑑定結果が弁護人の主張する減軽要素となりうる場合に専門家

としての証言を求められるため，鑑定人が被告人の減軽を目指した鑑定業務を行わないとしても，裁判の傍聴者から見れば，弁護人側スタッフのMitigation Specialistに近い動きとして映るであろう。

なお，私的鑑定は公的鑑定に比して，面接場所，時間その他でさまざまな制限を受けることが多く，今後解決すべき課題のひとつであるが，ここでは問題点の指摘にとどめておきたい。

2　情状鑑定の臨床的な側面

このように情状鑑定が明らかにする情状事実は，鑑定人が各自の専門性に照らして生物－心理－社会の次元に基づくアセスメントをすることにほかならない。そのため，被告人への治療的・教育的な働きかけや家族関係の調整というものは，第一義的には求められていない。ただし，そのような要素を排除するものではなく，むしろ，以下のような臨床的な要素が付随的に包含されていくのである。

1　情緒的交流の場としての面接

鑑定人と被告人という立場の違いはあるにしても，人と人が対峙するのであり，そこにはさまざまな情緒的な交流が生まれる。通常，被告人との面接は2～3カ月程度の期間，相当な回数を重ねていくので，両者の関係性も変化していく。

私は，司法領域における少年事件の調査面接や情状鑑定の面接は，他領域の臨床面接とは異なり，面接者と被面接者の非対称性から出発し，その関係性の変容というところに特徴があると考えている（須藤，2012）。

少年事件を例にとると，少年への面接は，少年が望むと望まないとにかかわらず，半ば強制的に始まる"動機付けの乏しさ"が特徴のひとつである。このため，必然的に双方の意識にズレが生じ，例えば，面接者が

いかに目の前にいる少年の更生を図るためにできうる限りの援助をしたいと"誠実"に考え，態度で示しても，それが当該少年に届くとは限らない。一見そのような合意形成がなされたとしても，少年側の迎合，不安の防衛であったりすることもある。一緒に考えるという姿勢は当然必要なのだが，それを口にしても，そのような共同作業がそう簡単には始まらないのである。特に家庭裁判所調査官の場合には，裁判所という裁く側の人間であるとともに，少年や家族の援助者でもあるといった役割葛藤（Double Role）の問題に直面せざるをえない。

一方，情状鑑定の場合には，役割葛藤からは一定の距離を置ける立場にあるが，関係の非対称性という点では同様の課題を抱えることになる。被告人との初回面接では，鑑定の趣旨を説明し，協力を要請するとともに，鑑定結果は公判廷で報告され，被告人もその場で聞くことになると伝える。鑑定に対する被告人の受け止め方は，「決まったことだから仕方がないです」「誰も面会に来ないので気分転換になります」などさまざまだが，経験上，ほとんどの被告人は受身的であり，面接を拒否こそしないものの，聞かれたことにのみ答えるといった程度にとどまる。このため，初回面接では丁寧な説明を心がけているが，この時点では，どのような面接関係が形成されていくのか，見当がつきにくい。その後，何回か面接を重ねていくうちに，被告人の語りやそれに対する鑑定人の応答という交流のなかで，無味乾燥な関係性から情緒的交流が生まれ，被告人の願望，不安，怒りなどが徐々に共通理解されていくといった展開が起こってくる。

2　動的アセスメント

情状鑑定は，得られた各種資料（供述調書その他）や被告人や家族への面接結果に基づいて行われるが，とりわけ，心理テストを含む被告人面接で得られた言動に依拠する。それだけに，被告人の言動がどのような文脈（context）で発せられたのか，つまり，鑑定人と被告人とのやりとりの流れを踏まえておくことが重要になる。アセスメントが中心の面接とはいっ

ても，いわゆる半構造化面接であり，単純な「問いと応答」といったコミュニケーションではない。非行臨床における「問い」そのものには臨床的な工夫が必要であると村松（2001）が指摘しているように，鑑定面接でも問いかけが被告人に事件や人生をふりかえらせる契機となるなど，臨床的な要素を多く含んでいる。

　また，鑑定面接の当初から後半にかけて被告人にどのような変化が生じているのかという経時的な変化を評価する側面もあり，筆者はこれを栄養学のアセスメント用語に倣って「動的アセスメント」と呼んでいる。つまり，情状鑑定のアセスメントは，現時点で把握できる情報をもとにした「静的アセスメント」と，鑑定人とのかかわりを通じて変化したものを評価する「動的アセスメント」があり，この双方から，被告人の再犯リスクや更生可能性を検討するのである。その意味で，いわゆるリスク・アセスメントと重なる面も多いが，北米などで用いられているリスク・アセスメント・ツールを全面的に用いることは少ないと思われる。私の場合は，再犯に至るリスク因子（risk factors）と再犯を押しとどめる保護因子（protective factors）を念頭に置いた面接を行うようにしている。その際，リスク因子には「前歴回数」のように変えようがない固定的リスク（static risk factors）と働きかけで変わりうる可変的リスク（dynamic risk factors）があり，可変的リスク評価については，鑑定人から多少の働きかけをし，それに対する被告人の変化の有無も見ていく。例えば，「犯罪に対する認識の程度」は可変的リスクであるが，通り一遍の「自分の犯した犯罪をどのように思っているか？」という問いかけだけでは，正確なアセスメントにならない。事件を一緒にふりかえる，被害者もしくは遺族に与えた影響を考える，などの作業を通じて被告人の変化を見ていくようにしている。さらには，これらリスク因子がどのように形成されていったのかを明らかにすることで，いわゆる情状事実との関連が見えてくると考えている。

　したがって，アセスメントといっても単に情報を得ていくだけではなく，さまざまな問いの工夫があり，被告人の感情を受け止める，問題に直面化させる，必要な情報を提供する，といったやりとりがなされるのである。

3　被告人にとっての"理解される"という体験

「被告人を理解する」というのは，ややおこがましい表現であるが，重大事件を起こす被告人の多くは，これまでの生活のなかでさまざまな躓きを経験している。犯罪行為をしてしまったことで何も言い訳できないという気持ちを抱える一方で，これまでの苦難についても理解してもらいたいという顕在的・潜在的なニーズをもっているのである。そのため，面接を重ねる過程で，このようなニーズが鑑定人に向けられてくる場合も多く，これらも含めて鑑定面接の終局時期や最終面接の在り方について，つねに頭を巡らせていく必要がある。

特に，鑑定結果は，公判廷にて被告人も一緒に聞くことになるため，その点も念頭に置かねばならない。特に裁判員裁判では，パワーポイントを用いた口頭による説明が多用されており，"見て，聞いて，分かる"鑑定結果の説明が求められている。少年審判の場合には，裁判官が調査官に意見を求める場面があるが，調査結果をそのまま説明することは少なく，少年に補充的質問をしながら，少年の長所や課題について触れることが多く，時間も5〜10分程度である。一方，情状鑑定では30〜40分程度の時間を使いながら，鑑定結果を説明することになり，裁判所（裁判官や裁判員），弁護人，検察官だけでなく，被告人に対しても鑑定結果を余すところなく説明するのである。さらには，弁護人，検察官および裁判所（裁判官や裁判員）からの質問と鑑定人の応答も続き，それらすべてを被告人は聞いていることになる。つまり，被告人は公判のなかで，自分自身の人生を，全人格的なところまで扱われるのである。対審構造の裁判であるから，情状鑑定の結果を巡って，弁護人と検察官との丁々発止のやりとりも時には起こるが，被告人が鑑定結果をよく理解し，今後の更生に向けて参考となるよう鑑定人は心がけなければならない。このように自分の生い立ちや苦しみも含めて審理され，判決を受け止めるといったプロセスこそが重要なのである。

3 事例

1 殺人

　被告人は20代の男性。酒に酩酊したうえで，当時同居していた父親を撲殺した事件である。裁判所からは，被告人にいわゆる反省や悔いが認められないことから，動機，パーソナリティ特性，処遇上の参考意見を求める鑑定が命じられた。

　面接当初，被告人は，面接に協力的で質問にも素直に応答する一方で，人生に絶望していた。経済的な貧困と父親からの激しい暴力などこれまでの不遇な生活を淡々と語るのみで，どこか冷めた調子で犯行の状況を説明する被告人の様子に，鑑定人の私は，今後も被告人が犯罪者としての人生を歩んでいくことに対する危惧と不安を覚え，このように淡々と面接が進むかもしれないという無力感にも似た気持ちに陥っていた。その一方で，私のなかで沸き起こっているさまざまな感情は，被告人の感情が投影された結果，つまり，精神分析でいう投影同一化（projective identification）が起こっている可能性も感じていた。

　面接を重ねるなかで被告人は，「俺みたいなクズは世の中に必要ない。楽に死ねたら，そうなりたい。また，同じような事件を起こしそうだ」としきりに述べ，出所後の不安も口にするようになった。被告人は，亡くなった母親への思慕と父親への強い恨みや憎悪を抱いていたが，成長とともに被告人自身も飲酒による失敗を重ね，父親と同じ道を歩んでしまっていることへの怒りなども口にした。さらには，本当は父親に甘えたかったことや，職人としては一人前の腕をもっていた父への憧れといったアンビバレントな感情も抱いていることがわかってきた。そのような父親から仕事をしないことを強くなじられた言葉が引き金となり，父親を撲殺するに至ったのである。

　父親という愛憎の対象を殺すという行為は，父親への復讐という側面ば

かりではなく，被告人自身のなかにあるネガティブな父親の要素を排斥しようとしたものであった。この被告人に通常なら見られる反省や悔いといったものがないのは，この殺人は長年抱えてきた被告人自身の葛藤からの解放であり，そのためにある種の達成感のようなものが生じていたためであると考えられた。私は，しきりに「俺を一生刑務所に入れてください」と繰り返す被告人に，これまでのもがき苦しんだ人生を受け止め，人生のやり直しを諦めないようにと伝えるのが精一杯だった。

公判において，私と共同鑑定人Aは，パワーポイントを用いながら，過酷な生活歴と家庭環境，亡くなった母親への思慕と父親への恨みの感情，父親へのアンビバレントな感情，それらと本件との関連性について言及した。ひととおり説明した後でふと被告人席を見ると，被告人は顔を下に向け，体を震わせながら号泣していた。予想していなかった展開に驚いたが，その後に続く被告人尋問で，被告人が「自分のことをこんなに考えてくれる人たちを裏切りたくない」と述べるのを聴いて，これまでのかかわりは，被告人の心に届くものがあったと実感した。

被告人が抱える根深い問題は，鑑定人との間で生じたポジティブな体験などで解決できるものではない。しかしながら，鑑定人との面接のなかで，被告人が得られていなかった他者との情緒体験がほんの一瞬ではあったが生み出されたのは間違いないと思われた。ただし，長い歴史のなかで押さえつけられていた情緒が表出されることで，葛藤が高まる，あるいは情緒的に混乱するといったことも生じる。それらは時に本人が扱いきれないこともあるため，鑑定において一律に情緒を引き出せばよいというものではない。

2　強姦致傷・強制わいせつ

被告人は，18歳男子。強姦事件や強制わいせつ事件を繰り返し，逮捕された。被害者をいきなり殴るなどの手口の乱暴さ，反省の態度があまり見られなかったことから，家庭裁判所では保護処分とならず，検察官送致

となった。そのような経緯から，地方裁判所の裁判員裁判では，知能，パーソナリティ，犯行動機，処遇上の参考意見についての情状鑑定を実施することとなった。特に，未成年者ということもあって，刑事処分にするか保護処分にするかという判断が争点のひとつとなっていた。

　被告人は，日常生活において友人関係は幅広く，また，女性の友達も多く，性体験もあった。その一方で，幼少時より母親から受けてきた激しい身体的な虐待経験に起因する女性への潜在的恐怖感があり，そのため，同年代の女性には優しく接しながら，一定の距離を保っていた。被告人に好意を抱いて近づいてくる女性と性関係をもつことはあったものの，そのような近い関係になると「本性は別にあるのではないか」という不安が喚起され，関係は長続きしなかった。

　本件は，自己の性衝動を満たすために惹起されたが，その態様は，被害女性を自己の性的満足を得るための道具として扱い，被害者の痛みや恐怖に対する感情が生じないまま事件を敢行しているところに特徴があった。女性への恐怖が，被害者への暴力的支配という行動として表れ，被害者が抵抗しない，つまり自分に屈服していることがわかると，心に余裕が生じ，「痛くなかった？」などの配慮を見せ，さらには，雑談に応じてくれた被害者の態度から許しが得られたと勘違いしていた。このため逮捕されたときには，被害者から裏切られたような感覚に陥ってしまい，家庭裁判所では自己の行為が犯罪になるという理解まで到達できず，家庭裁判所調査官や鑑別所職員に反発することが多かったようである。少年調査票や鑑別結果通知書で指摘されている被告人の幼稚さ，被虐待体験に基づく認知のゆがみや偏り，女性観のゆがみと潜在的な攻撃感情，被害者への共感性の乏しさなどは，鑑定人との面接や心理テストからも再確認された。

　鑑定のための面接当初，被告人は依然として自分の犯した罪が強姦に当たることに納得できないようであった。被告人は，家庭裁判所で自分の主張が認められなかったことを引きずっており，愛想よく返答はするがわかってもらおうという姿勢は乏しく，身勝手な自己主張に終始した。無理矢理セックスしても，そのあとで仲良くなれれば強姦に当たらないという

のが被告人の主張であり,自分勝手な思い込み,被害女性に対する共感性の欠如,さらには社会的規範意識とのズレなどが顕著であった。このような思い込みや認知の偏りは,今後の更生を考えたときに重要なリスク・ファクターになるため,そのアセスメントにおいては,面接のなかでさまざまな働きかけを行って,その変化の有無を確認する必要があると思われた。その後,被告人との面接では,母親から受けた暴力,それに起因する女性への恐怖,本件との関連性などが話題となり,被告人のなかで起こっているさまざまな感情が整理されていくことで,被害者へ与えたダメージについて少しずつ考えが及ぶようになっていった。さらには,これまでのつまらない人生を少しでも改善したいという前向きな気持ちが生まれてきたのである。

　このような変化が生じたとき,家庭裁判所で検察官送致決定を受けてからすでに数カ月が過ぎていた。今の姿であれば,もしかすると家庭裁判所の判断も保護処分の選択をしたのではないかと想像したが,この被告人のようにある程度時間が必要となる場合もある。もし情状鑑定がなされなかったならば,被告人のなかにある"母親からの被虐待経験"という被害者としての側面が十分に扱われないまま,外形的な犯罪事実を中心に審理が進んでしまった可能性があり,表面上は反省の態度を示せても,内心は被害感情を強めるといったことが起きていたかもしれない。

　刑事司法の応報という枠組みだけでは,犯した罪と向き合えない人たちがおり,そこに犯罪行為の責任を認識させることの難しさがある。

4　考察

1　面接関係の変容

　犯罪・非行臨床の面接は,「鑑定をする」「鑑定を受ける」という非対称の関係性を出発点としながら,より意味ある体験を通して両者の関係性が

変容していく過程である。意味ある体験とは，鑑定面接を通じて改めて自分の人生をふりかえりつつ，新しい人生の物語を紡いでいく過程である。人生の一端を理解してもらえたという自己の体験の基盤があってこそ，被害者に与えた影響の重大さに気づき，後悔などの思いが始まるといってよいだろう。

　事例 1 では，鑑定人や弁護人という新たな他者との出会いを通じて，ポジティブな情緒的体験をするという側面が生じた。事例 2 でも，鑑定人を通じて，事件と向き合い，より前向きな気持ちになるという展開があった。このような情緒の表出は，抑圧していたゆえに安定していた人を，むしろ不安定な状況に追い込む可能性があり，鑑定人は，限られた期間のかかわりであることも含めて十分注意しておかねばならないだろう。鑑定人との面接のなかで生み出された新たな関係性は，まだ単なる"点"でしかないが，これがいつしかいろいろな人との出会いのなかで"線"になっていくことが，被告人の人生にとって必要と思われる。

2　被告人に内在する被害者意識（被害者性）の扱い

　先の事例にもみられたように，生育歴上の虐待などに起因する被害者意識を抱えている被告人は珍しくない。自尊感情や自己効力感が低いだけではなく，自分はこの世に生まれてくるべきではなかったと，自己存在そのものが揺らいでいる場合もある。

　したがって，これらの情状事実が犯情に結びつくか否かの問題とは別に，被告人に内在する被害者性や自己否定といった面と触れ合っていくのが情状鑑定の面接である。これは，被告人に被害者として接することを意味するのではなく，事件の加害者であることを前提にしつつ，被告人のなかにある被害者性も取り扱う作業になるということである。村松（1978）は少年非行に関する論考のなかで，少年の根底に「被害者意識」があると，自己の逸脱行為を認識するよりも，自分が理解されていないなどの被害者意識のほうが優勢となってしまうと指摘している。また，村瀬（2015）

は，司法・矯正領域の心理職について，「その人の心の奥底にある傷，痛み，失望，絶望，苦しみに対して適切な距離を保ちつつ，的確な想像力をもって察することが求められる」，「法に規定される罪を抱えようとも，人として遇されることによって，自覚せずにいた自分自身の課題に引き受け見つめる契機を得ることになる」と述べている。これは，司法・矯正領域の機関に所属する心理職が公権力に依拠しながら個別の対象者に対応するという二律背反，つまりダブル・ロールによる葛藤にどのように対処すべきかについて言及したものだが，非行少年か成人の被告人かを問わず，彼らと接する専門家の本質的な視座を与えてくれる。

3　鑑定面接を支える構造と技法

　これまで述べてきたような関係性の変容は，目の前にいる被告人を私たちと変わらぬ一人の人間（Whole Person）として接し，理解していく姿勢によって引き起こされていくものであり，だからこそ，加害者の被害者性にまで触れていけるのだと思う。そして，それを可能にする面接とは，実のところ，共感や傾聴，面接者の姿勢，誠実さ，持ちこたえる力といった基本的なところに立ち戻っていくのではないだろうか。さらに言えばこの面接は，関係性のなかで両者が動いていく／動かされていくという間主観的な認識論（Stolorow, Brandchaft, & Atwood, 1987）が求められるのである。

①初回面接における構造化と契約

　情状鑑定の初回面接では，面接の目的，おおよその面接回数，結果の開示などについてわかりやすい説明を心がけ，被告人の同意を取り付けるようにする。
　被告人とのかかわりは，彼らの人生におけるほんのひとコマにしかすぎない。多くは，公判を控えさまざまな感情を抱いており，例えば，不安に圧倒されて，事件をしっかりふりかえるという作業ができない人もいる。したがって，被告人から向けられる迎合，拒否，怒りその他の情緒をしっ

かり受け止めていくことが重要である。

　Winnicott（1965）は，環境としての母親と対象としての母親を区別し，環境としての母親がもつ機能であるホールディング（holding）の重要性を明らかにした。現在，治療者のもつ心理的に抱える機能として，成人の臨床において幅広く援用されている概念である。鑑定の初回面接でまず丁寧な説明を心がけることは，鑑定面接を構造化していくという点で重要であり，それが被告人をホールディングしていくことにもなる。

　情状鑑定の面接は，長くても2～3カ月程度であり，限定された期間でのかかわりであるため，被告人が急に放り出されるような感覚にならないよう，最終面接に向けての作業も重要である。このような初回面接から最終面接，さらには公判廷での鑑定結果の説明に至るまで配慮していくことが，被告人をホールディングしていくことに他ならない。

②対象として生き残ること

　面接当初の鑑定人は，被告人にとって単なる他者，もしくは一人の専門家でしかない。しかしながら，鑑定人を通じて事件をふりかえる，自分の弱さにも向き合う，さらには将来の更生に向けての気持ちを新たにするといった過程を経ていくなかで，無機質な鑑定人は意味ある対象者となっていく。Winnicott（1971）は対象の創造と使用について，対象は存在しても，使用できる対象となるためには新たに創造されなければならないと述べているが，まさに，鑑定人も同様の立場にいるといえよう。

　そのためには，鑑定人は被告人との関係で生じるさまざまな感情に持ちこたえることである。なぜならば，鑑定に付される事件の多くは，殺人，強姦，放火などの重大事件であり，当然ながら態様の悪質さに目を奪われやすく，被告人が身勝手な理屈で自己弁護したり，被害者への共感性が乏しかったりすると，鑑定人の側に怒りなどが湧いてくるからである。逆に過酷な生育環境を背負っている被告人に過度な同情心を抱くということもあるだろう。また，どうせ自分のことなど理解できないだろうという姿勢が強い被告人に接すると，無力感などにさいなまれることになる。このよ

うに被告人が向けてくる意識的，無意識的な言動によって，鑑定人は揺さぶられるのであり，それに対して耐えていく力，そして持続的に共感していく力（Stolorow, Brandchaft, & Atwood, 1987）が必要になる。そこを乗り越えて初めて，被告人にとって鑑定人は意味ある対象として生き残るのであり，その結果，関係性の変容が生じていく。

③ New Object と自己対象

　乾（1980）は，思春期・患者の治療について，青年期発達の危機的状況に伴って反復される幼児的葛藤の解消とともに，成長力（progressive force）の活用が重要であり，そのために治療者が父母とは異なった発達促進的な新しい対象（New Object）になっていくことの意義を論じている。乾の理論は非行臨床を念頭に置いたものではないが，その内容は示唆に富んでいる。

　鑑定は治療そのものではないが，新しい対象の創造と関係性の変容が生じるのであり，そのなかで，さまざまな情緒が向けられてくる。人は，身体と同様，心も「認められる」「ほめられる」「慰められる」「励まされる」「理想化対象と出会える」「共にいてもらえる」といった栄養素を得ながら成長していく（須藤，2015）。それは，ミラーリング機能，理想化機能，双子機能といった自己対象（Kohut, 1971）が果たす機能によって提供されるわけだが，犯罪や非行に至る人の多くは，このような心の栄養素が十分得られていない。特に若年の被告人にとっては，事件後に出会うさまざまな人が自己対象となりうるのである。犯罪を行ったことの刑事責任，社会的責任は当然に負うにしても，新たな「自己－自己対象関係」基盤の構築により，次への足がかりを得ていくのであり，鑑定人も被告人にとって自己対象となりうる存在であることを認識しておきたい。

4　刑事司法と治療的なかかわり

　治療的司法（Therapeutic Jurisprudence）の考えを提唱した Winick（2002）

は，刑事司法において，犯罪事実の認定だけでなく，犯罪に至った人の心理的・社会的次元にかかわる多用な問題そのものを解決する必要があると指摘している。米国におけるドラッグ・コートやメンタルヘルス・コートなどの問題解決型裁判所と呼ばれる裁判所はこのような理念に基づいている。判決前調査制度をもたないわが国では，情状鑑定が Winick の指摘にあった被告人が抱える心理的・社会的次元の問題を明らかにする役割を果たしているが，残念ながら，その後の処遇で鑑定結果が参照されるシステムは整備されていない。現状では，被告人に対して以下のような情状鑑定の効果が考えられる。

(1) 気持ちの整理が図られ，冷静に公判に臨むことができる。
(2) 自分の犯した犯罪の意味を理解できるようになる（押しつけの罪悪感ではなく）。また，被害者への配慮や共感性が生じる。
(3) 自分自身の生き方を考える機会になる。
(4) 犯罪は被告人と家族との関係を断絶したり，それを決定的にしてしまう可能性をもちながらも，特に若年の被告人においては，家族関係を再構築する機会にもなる。

5　おわりに

　これからの刑事司法においては，伝統的な応報刑的な枠組みにとどまらず，効果的な再犯防止とそのための治療的・教育的アプローチが必要になってくるだろう。米国のように司法手続きのメインストリームとその手続きから外れる各種ダイバージョンには参考とすべき点が多く，ドラッグ・コート，メンタル・ヘルスコートといった問題解決型裁判所には，被告人の問題（薬物依存，精神疾患など）に応じた治療プログラムがある。また，性犯罪のリスク・アセスメント・ツールの活用が北米を中心になされるようになったのも，犯罪者の処遇に「科学性」の視点を導入する必要性が認識

されたからである。

　一方，わが国においては，情状鑑定が情状事実の有無だけに焦点化されているため，それがもつ臨床的要素というのは，現在の刑事司法システムのなかに必ずしもフィットするものではない。しかしながら，刑事司法に対して法律家以外の心理学者，ソーシャルワーカーなどの専門職がより関与していくことは，世界的な潮流である。2006年の法改正以降，応報刑に教育的働きかけや社会的支援といった視点が導入されてきている状況に鑑みれば，1960年代を中心に検討された成人の刑事事件においても被告人のパーソナリティ，生育歴，家庭環境その他量刑に関する調査を行うという判決前調査制度についても，本格的に議論すべき時期に来ているのではないかと思う。当面は，情状鑑定への委嘱，特に私的鑑定を増やしていくことが現実的な対応と思われ，法の枠組みと情状鑑定による専門家のかかわりによる臨床的な側面を整理しておく必要がある。

　本稿では，情状鑑定に焦点を当てて，その臨床的側面を素描したが，刑事司法の在り方全般については，さらに学際的な議論を重ねていかねばならない。

文献

乾 吉佑（1980）青年期治療における"new object"論と転移の分析．In：小此木啓吾＝編：青年の精神病理 II．弘文堂．
Kohut, H.（1971）The Analysis of the Self : A Systematic Approach to the Psychoanalytic Treatment of Narcissistic Personality Disorders. International Universities Press.（水野信義・笠原 嘉＝監訳（1994）自己の分析．みすず書房）
村松 励（1978）被害者意識について──対象理解の方法概念として．調研紀要 33；45-55．
村松 励（2001）非行臨床における面接技法の工夫──少年の援助のために．ケース研究 3；67-91．
村瀬嘉代子（2015）司法・矯正領域において求められる心理職の活動．臨床心理学 15-4；431-434．
白取祐司（2013）刑事司法における心理鑑定の可能性．In：白取祐司＝編（2013）刑事裁判における心理学・心理鑑定の可能性．日本評論社，pp.7-23．
Stolorow, R.D., Brandchaft, B., & Atwood, G.E.（1987）Psychoanalytic Treatment : An Intersubjective Approach. The Analytic Press.（丸田俊彦＝訳（1996）間主観的アプローチ──コフートの自己

心理学を超えて．岩崎学術出版社）
須藤 明（2012）犯罪・非行領域における臨床的面接の本質．駒沢女子大学研究紀要 19 ; 207-214.
須藤 明（2015）非行臨床から見た子育てのポイント――健康な自己愛をどう育てるか．駒沢学園心理相談センター紀要 22 ; 29-30.
上野正雄（2006）情状鑑定について．法律論叢 78-6 ; 283-288.
Winick, B.J.（2002）Therapeutic jurisprudence and problem solving courts. Fordham Urban Law Journal 30-3 ; 1055-1103.
Winnicott, D.W.（1965）Maturational Processes and the Facilitating Environment. Karnac.（牛島定信＝訳（1977）情緒発達の精神分析．岩崎学術出版社）
Winnicott, D.W.（1971）Playing and Reality. Psychology Press.（橋本雅夫＝訳（1979）遊ぶことと現実．岩崎学術出版社）

8

被告人の変容と更生に資する情状鑑定の意義

山田麻紗子

1 はじめに

　情状鑑定(1)を担当すると，開始する際には予想しなかったにもかかわらず，被鑑定人である被告人あるいは家族と鑑定人との間に，信頼関係ができることはまれではない。個人的経験で狭い範囲になるが，ある被告人や家族が裁判を終えた後，鑑定を担当した筆者に当時の弁護人を通じて相談を求め，訪ねてくる事例が少なくない。ある事例では，社会復帰した元被告人が自身の内面の成長を願って，相談（心理臨床面接）に通ってきた。別の複数事例では，服役した元被告人の代わりに親達が自分を変えたいと，いずれも長期にわたって通ってくれた。また，ある元被告人は服役を終えた後に，筆者のいる相談室に「今後の生き方を考えたい」と言って通ってくれた。それらの事例のうち一人はまだ服役中であるが，社会復帰した残りの人々はいずれも再犯に至っていない。こうした経験から，被告人本人の変容はもとより，親や家族の変容も彼らの服役後の受け皿を整えることにつながり，更生に役立つと手ごたえを感じている。
　論文などに目を向けると，実際に鑑定を手掛けた鑑定人や鑑定を依頼した弁護士らが，「鑑定を行った結果，被告人や受け皿となる家族，受け入

れ先の施設等に変化が見られた」という記述があり，筆者と同じ手ごたえを持つ者の広がりが読み取れる。

　そこで本稿では，情状鑑定が目的とする犯罪の真相解明とは具体的にどういったものなのか，鑑定の調査プロセスを経ることによって，なぜ被告人の更生が促進できたりその後の心理臨床相談にも結び付きやすくなったりするのかについて，鑑定の実際や方法および水野勉の小説となった金閣寺炎上事例の検討から述べてみたい。

2　情状鑑定を巡る我が国の状況

　アメリカやイギリスでは，法律や内務省通達により判決前調査が制度化されている。一方我が国では，全国の裁判所における情状鑑定は，平成16（2004）年には終局総人員中のわずか0.01％に実施されたのみで（上野, 2006），非常に少ない。過去には判決前調査制度の導入を巡って，最高裁判所に設けられた「判決前調査制度協議会」の答申（1959）をはじめ，議論が活発に行われた時期があったが，結果的に法曹間の合意は得られなかった。しかし，元裁判官の荻原（1995）によれば，被告人に対する適切な処遇方法を選択するについて一定の科学性を導入すべきとの要請が，当時の情勢にあったという。そのため裁判所は必要度の高い事件について，心理学，社会学などの専門知識に基づく人格調査，環境調査を主たる内容とする情状鑑定を試みた。また荻原（1995）は，鑑定人の大部分は少年事件の調査を担当していた現役家庭裁判所調査官（以下，「調査官」という）が選ばれたと述べている。ところが，昭和40（1965）年代後半から調査官の実務の多忙さ，家裁実務の遂行に支障を生じるおそれから，ほとんど行われなくなったと言われている。その後，昭和60（1985）年頃に，調査官の退職者の間に，知識や経験を社会に還元したいという動きと，彼らを情状鑑定に活用しようとする一部裁判官の志向が合体して，再び情状鑑定が徐々に実施される機運がうかがわれたが，大きな関心には至らなかっ

たとしている。いずれにしても，情状鑑定担当の一翼を調査官が担ってきたと言える。

　平成21（2009）年5月から「裁判員の参加する刑事裁判に関する法律（通称「裁判員法」）」が施行されて裁判員裁判が開始された。これにより情状鑑定が再び注目される動きが生じてきた。例えば，裁判員裁判において量刑を判断するにあたり，情状鑑定の結果が裁判員に提示されることの意義について上野（2006）は，裁判員の心理的負担の軽減，適正な判決の実現という2点を挙げている。ほかにも情状鑑定を判決の前に導入する制度の必要性が説かれるようになった（加藤（2005），森（2011）ほか）。

　一方，長期間にわたって大きな変化がなかった我が国の刑事司法制度は，ここ10年間にいくつかの改革が行われた。名執（2013）によれば，平成13（2001）年から平成14（2002）年にかけて発生した名古屋刑務所における受刑者死傷事案を受けて行政改革会議が開かれ，そこで出された提言により明治以来の監獄法が改正されたという。改正により刑務所の処遇理念が大きく変わり，今後は受刑者に義務として教育を課す，改善指導を行なっていくという矯正処遇の理念が提示されたと名執は述べる。その結果，被告人や受刑者の処遇の充実への関心が従前よりも高まったり，強化のための具体的な取り組みが進んだりしている。例えば，平成18（2006）年に成立した「刑事収容施設及び被収容者等の処遇に関する法律」[2]では，「被受刑者の処遇改善更生及び円滑な社会復帰を図ることを基本理念とすることを明らかにするとともに，さまざまな新たな処遇制度を導入した」（法務省，2012）。

　家庭問題情報誌「ふぁみりお」（2015.10）によれば，「平成21（2009）年5月21日から，殺人，強盗致死傷，放火等の重大事件については裁判員裁判が始まり，鑑定依頼は年間2,3件に減少した」とのことであるが，現在情状鑑定に関する意義や刑事裁判への必要性の議論が，徐々に活発になっているように思われる。

3　情状鑑定について

1　被告人や家族等に変容を及ぼすという意義

　情状鑑定が，被告人や家族の変化につながることに触れている文献は，すでにいくつか発表されている。ここでは，元調査官の須藤明と岡本吉生の文献を紹介してみたい。須藤（2011）は，未成年時より放火事件を繰り返していた20代後半の被告人の鑑定を手掛けた際，彼の放火抑止に障害者支援施設職員の関わり方が有効であることを見出した。鑑定書にそれらを明らかにして記述したところ，放火事件の被害者でもあった施設側の対応は，当初は服役終了後の被告人の受け入れを渋っていたのだが，鑑定書を読んだ後に変化したのである。そして，施設職員の関わり方が被告人の放火抑止に有効であったと鑑定人が認めていたため，自分たちの関わり方への自信を深め，受け入れの決断につながっていった。これについて須藤は「公平中立な鑑定に努めたが，結果的には，施設側をエンパワーメントする役割も果たした」と述べている。また，岡本（2012）は，「面接が深まると，被告人は打算を超えて，自分に不利になるような余罪や関連事件まで語って聞かせることもある。また，精神的な健康を回復する被告人も少なくない」と情状鑑定実施の意義を語っている。これに関連して，荻原（1995）も「鑑定のための調査の過程で，おのずからカウンセリングや環境調整の効果が生まれることは十分あり得ることである」と，情状鑑定が被告人の変容や彼を取り巻く環境の変化に副次的効果をもたらすとしている。

　知的障害を持つ被告人を担当した弁護士の上田（2011）は，情状鑑定の目的を，①事件を起こした背景事情や被告人の障害特性の解明，②今後どのような支援が更生に有効であるのかについて専門家の意見を聞くこと，として申請をしている。採用された鑑定について「判決には鑑定結果が反映された。適切で継続的な支援があれば被告人は社会内で生活できる旨の

鑑定意見も反映され執行猶予がついた。［…］被告人と彼を取り巻く環境は変わった。福祉の支援を受けられるようになったこと。もっとも大きかったのは家族が変わったことだろう。被告人の障害を受け入れたうえで意識して毎日の声掛けをしたり［…］」と，鑑定が裁判に生かされただけではなく，家族関係の改善と被告人の更生を促す支援につながったとしている。

2　情状鑑定における調査方法と信頼関係作り

　情状鑑定に元調査官が携わることは少なくない。荻原（1995）は「ほぼ家裁調査官の経験を有する者が充てられている」といい，鑑定で実施される面接について「家裁が従来少年法の運用において構築してきた家裁調査官の調査手法がほぼ踏襲されている」としている。また元調査官の加藤（2003）も，「少年事件を担当する家裁調査官の調査技法を基本としている。そこには長年の積み重ねと改善のプロセスがあるからである」と述べている。これらから元調査官が行う情状鑑定には，少年事件における調査官の調査方法が用いられていると言える。

　無論，少年事件の調査と情状鑑定のそれとでは，目的，調査姿勢，資料収集についても異なる。例えば，調査官の調査目的について橋本（2011）は，「非行臨床とは，非行少年だけに焦点を当てるのではなく，その家族や社会に対しても臨床的視座をもちながら，同時に，被害者に対する見方も取り入れた非行事象を総合的な視点から理解しようとするもの」と述べている。また，調査官の調査姿勢について山田（1979）は，更生に資するために調査対象である少年とは適切な距離を保ちながらも，単に診断的姿勢ではなく，共感的で共に考える姿勢をとるとしている。これらに対して鑑定人の鑑定における姿勢について，前述の荻原（1995）は，「鑑定人はいわば中立の観察者的立場にあると見るべきである」としている。また，村瀬（1996）は，「ニュートラルな立場で事実を冷静に収集し考察する」と述べている。これらからは，被告人とは一定の距離を取りつつ観察者としての立場を保つ必要性が強く示唆されているように思われる。さらに，調査官

は担当する少年について，送致されたすべての書類を精査できるだけでなく，職権でさまざまな照会や調査活動が行えるという利点がある。一方で鑑定人は，限られた送致書類，鑑定を依頼した裁判所や弁護人を通じて得られる，あるいは被告人の家族等の協力で得られる資料，自らの調査などから得られた資料となる。

　だが，情状鑑定の目的である犯罪の真相を解明するためには，犯罪の事実だけに焦点を当てるのではなく，被告人自身とその家族，それを取り巻く地域や社会にも対象を広げて調査する視点が欠かせない。そのために調査の範囲は，被告人本人だけではなく，家族や関係する複数の参考人，収集できる多数の資料，事件現場や被告人の育った家庭や地域などに及ぶ。事件現場や家庭・地域には実際に足を運んで調査を行うことが多く，こうした点は，少年事件の調査と共通している。

　また，調査を行う際の関係作りについても，同様に調査官の方法と共通する部分が多い。依田（2012）は，情状鑑定のポイントとして「被告人に真実や本音を話してもらうためには，心を開ける信頼関係作りが大切である」と，被調査者である被告人との関係作りの重要さを指摘している。また情状鑑定で行われる面接について多田（1977）は，「刑事裁判という強い権威の枠組みの中で遂行されるものではあるが，調査者と被告人との一種の信頼関係ないしは被告人の協力的態度を基礎として行われる。［…］被告人を一個の主体的な人格として認め，被告人の立場に立ってその自力更生の可能性を探り，司法的処遇に寄与するという目的意識のもとに，面接に当たる」と述べている。さらに教育の分野でも，折出（2015）は，「本人が語り出したいときにきちんと語る・それを聴き取る関係を作ることで，本人のなかに自分が歩んできたストーリーとしての認知の枠組みを形成する」として，自発的な本人の語りとそれを聴き取る二者関係の構築の重要性を述べている。さらに山田（2013）は，中立的な姿勢の大切さを認めたうえで，「それだけでは，被告人のありのままの感情や考えに基づく彼らの姿には出会えない」とする。そして，被告人が心を開いてありのままの内面を語る関係を作るためには，「相手の感情や悩みを理解する姿勢が大

切である。それにより心を通わせた理解と認識に基づいた情報収集が可能となり，収集した情報を確かめ合うことによって場を共有でき，相手の主体性の尊重により自主性が引き出されることになる」と述べる。

　これらからは，情状鑑定の面接において重要なことは，①被告人を犯した行為（犯罪）にとらわれず一人の人間として尊重し，②信頼関係を築きながら，③その主体性を引き出すことだと言える。これらの点は，少年事件の調査姿勢と共通していると言える。

3　調査項目，面接，広範囲の資料収集の意義

　前項では，被告人の尊重，信頼関係の構築，それをもとに主体性を引き出すという鑑定人の面接に欠かせない点を挙げた。それだけではなく，調査官が少年事件調査の際に調査項目を広範囲に広げるという点は，情状鑑定のための調査においても共通している。具体的な調査項目は，①被告人の生前の家庭史，②妊娠当時の状況を含めた少年の成育史，③成育環境と密接に関わる家族とその状況，④交友関係，⑤人格や行動傾向，⑥事件に至るまでの生活状況，⑦事件の動機・態様，⑧事件後の行動や内省状況，⑨家族の事件の受け止め方，⑩今後の更生可能性などである。また，事実をより正確かつ具体的に押さえるために，被告人や家族の調査だけでなく，関係する複数の参考人への面接も行うことがある。被告人の在籍中の学校での様子を知るために，通知表，アルバムなど収集できる多数の資料を集め，さらに事件現場や被告人の育った家庭，地域，さらに事件現場に実際にも足を運んで調査を行う。そして収集した大量の情報を吟味検討して，事実を明らかにしていく。こうした広範囲の調査を行うことで，被告人がかけがえのない人生における人々との関わりのなかで，なぜ事件を起こしたのかという真相を明らかにできる。

　ここでは，被告人と父母の調査内容について具体的に述べてみたい。調査項目のなかで重要なもののひとつが成育史の聴き取りである。これを例にとると，オーソドックスな方法としては，母が被告人を妊娠した当時か

ら時系列に沿って質問し，内容を確認していく。まず「妊娠時の家庭状況」について父母に尋ねる内容として，①父母が被告人の妊娠をどう受け止めたか，②母の体調，③夫婦の関係や家庭内の大きな出来事などがある。これらはその後の被告人の発達や養育環境の理解につながる。次に「出生時の状況」では，①自然分娩であったか難産であったか，②出生時の体重，母乳か人口乳か，③養育状況，④父母の協力関係，家庭内のエピソードや他の同胞の様子などを尋ねる。これらの情報には，その後の被告人の育ちに大きな影響を与えるものが含まれるからである。「乳幼児期」については，①どのような子どもであったか，②記憶に残るエピソード，③病気や発育上心身面で気づいたこと，④父母の養育に対する協力関係や家庭内の出来事，養育補助者の有無などを押さえる。「保育園・幼稚園時」については，①何歳のときの入園か，不自然に早いときにはその理由，②行き渋り，怪我の有無など，乳幼児期と同じ点も確認したい。被告人には，①一番幼いときの記憶，②父母それぞれについての一番小さいときの記憶を尋ねておく。これは被告人の家庭や父母への思い（愛着や恐れなどの深い感情）を理解するために，大切なエピソードとなることが多い。この後も時系列的に「小学校時」「中学校時」と，調査を進めていくのである。

　多くの被告人は，虐待環境で成育するなど過酷な人生を歩んでいる。彼らのなかには父親の激しい暴力や暴言に頻繁に晒されたり，借金逃れのために転居を繰り返す親に連れられ，小学校だけでも5，6回転校したりいじめられたりした経験を有する人もいる。こうした場合，彼らにとっての過去は，家族と共に語られたり思い出されたりすることもなく，空白のまま放置されている。被告人は，自分の過去を失っていると言ってもよい。そうした彼らにとって，出生時から幼年期，学童期，それ以降と，事件に至るまでの成育史を時系列的に鑑定人から尋ねられて語ることは，自分の過去を思い出す機会となる。記憶が欠落しているところは，父母や家族，親族，元担任教諭などが面接で語った内容や，母子手帳などのさまざまな資料を参考にして，鑑定人が作成した鑑定書から知ることができる。逆境を思い出したり，語ったりするのはつらいものであるが，被告人にとって

自分の過去を一歩一歩つなぐ作業となる。自分の言葉で鑑定人に語り，双方で確認しながらまとまった形での過去を作り上げる作業は，彼ら自身の理解と将来を考える基盤作りにつながる。

　ライアン＋ウォーカー（2010）は，イギリスで子どもたちにライフヒストリーワークを行っている。これは，ソーシャルワーカーが子どもたちに，それまでの人生のなかで重要な人々や出来事を語ってもらう方法である。自分の過去がわからず失われた状態になっている，特に社会的養護を受けて暮らす子どもたちの多くは，この作業によって自分の過去を知り，理解することができると言われている。現在ライフヒストリーワークは日本にも導入され，才村眞理たちによって児童福祉分野を中心に実践が行われ，効果を上げている。[3]自分や家族の過去の出来事が一連のまとまった記憶となっていない被告人たちにとっても，成育史の語りは同様の効果があると言える。過酷な環境で育ったり，数多の事情のなかで発達課題の達成が阻害されたりしている被告人は，自分の過去を見失っていて今ある自分自身の理解ができない。このままでは自分自身を振り返ったり，将来のことを考えたりするのが難しい。成育史を紡ぐ作業は，将来に向けて成長するための情緒的かつ社会的な基盤作りになるのである。

　筆者が作成した鑑定書を「自分の過去が初めて繋がった」と言って，繰り返し何度も読んでいた被告人がいたことを思い出す。彼は幼いときから父の母に対するDVに晒され，自身も父から日常的に身体的・心理的虐待を受けていた。一度は首を絞められたこともあり，家に居場所がなく小学校時から家出していた。長じるにつれて万引き，シンナー吸入，恐喝などと非行を繰り返していた。成人になる前に少年院入院歴が3回あり，成人になっても再犯が続いていた。情状鑑定のための調査では，幼いときに体験した父に対する恐怖，被害感，理不尽さを丁寧に聴き取った。彼は身を割くようなつらい思いを語ってくれたが，その後の面接で非行や犯罪について「自分の行動は父に似ている。父を憎み反発してきたが，自分がやってきた非行や犯罪も同じように人を不幸にした」と，洞察を深めていった。

　家族にとっても，共に家族史を振り返るなかで被告人や家庭を見直した

り，広い家庭状況，被告人が犯罪を起こした経過や理由をつかめたりする。情状鑑定は，父母自身が自分を反省したり，被告人の可愛かった頃を思い出してその良さに気づいたりなど，視点を広げて理解する機会になるように思える。その例として，ある被告人の父を挙げたい。彼は，「とんでもないことをやった我が子が許せない」と警察の取調べ段階から面会を拒否していた。だが依頼すると鑑定の面接には協力してくれた。出来上がった鑑定書を読んで，被告人が長期にわたる酷いいじめに苦しんでいたことを初めて知ると，父は「力になれなかった私たちにも責任があった。かわいそうなことをした」と，拘置所に面会に行くようになり，裁判も毎回傍聴した。裁判終了後「罪を償った後は，家に迎えたい」と筆者に語った。

　さらに鑑定人にとっては，成育史を知ることにより，被告人が成育の過程で経験したことや味わうことのできなかった思いなどを理解できる。彼ら自身の成長発達上でまだ達成されていない課題を見つけることもでき，犯罪の奥にある深い意味と更生の可能性を探る手掛かりをつかめるのである。家族についても，抱えている重い課題とともに，健康さや潜在力を知ることができる。これらは，被告人や家族に「鑑定人には他の人には言えない家族の深い事情が話せ，聴いてもらえた」「他の人とは異なり，自分たちをわかってくれる」といった印象を与え，さらなる信頼関係の構築につながっていると考えられる。

　以上のような点から，情状鑑定の調査プロセスを経ることによって，被告人の更生が促進できたり，家族の変容につながったり，裁判後の心理臨床相談にも結び付きやすくなったりすると思われる。

4　情状鑑定で解明される犯罪の真相──小説『金閣炎上』を事例にして

1　『金閣炎上』を事例に使用する理由について

　『金閣炎上』は作家水上勉によって書かれた著名な小説である。「情状鑑

定の良き実例であり参考とすべき文献である」と山中康裕氏（現 京都大学名誉教授）に教えられ，10年ほど前に手にしたとき，そのとおりだという実感を持った。なぜなら描かれた対象は，焼失した「金閣寺」ではなく，加害者である林養賢の成育環境，生き方，考え方だからである。あとがきで水上は「この作品は，20年越しになったものである。[…] 私は犯人の林養賢君と縁も深かったし，在所も近かったので，彼がなぜ金閣に放火したのか，そのことをつきつめて考えてみたかった[…]」と，この小説の主題（狙い）について述べている。そのため水上は，犯人林養賢（以下，「養賢」という）が事件を起こした動機とそこに至った経過や実情を知るために，数多の参考人への聴き取り調査，事件現場はもとより養賢の育った地域や父母の故郷（いずれも京都府舞鶴市内）に足を運んで調査し，担当検察官や警察官作成の供述調書，精神鑑定書，京都地方裁判所の判決文のほか，多数の資料を精査した。それらの膨大な情報や資料の上に，この小説は成り立っている。解説を執筆した饗庭孝雄は末尾で，「作者は『美』が『美』でないものによって支えられているという『歴史』における『文化』の現実を，金閣寺を焼亡させた，暗い宿命の人間の内部から見事につかみ出したのである。それは単に『文学』の問題にとどまらず『歴史』を見る一つの展望の場を作りだしたとも考えることができよう」と述べている。これらの言葉は，本小説があくまでも養賢が現実をいかに体験して生きたのかを客観的に捉えているということを示唆している。情状鑑定も被告人の生きた歴史を対象に据えて調査を行い，現実として捉え直し，なぜ彼（彼女）がその事件を起こしたのか動機や事実の解明を行うものである。そのため，手法も主題（狙い）も同じである。

　本稿では，水上が行った調査から事例を検討し，解明された犯罪の真相とはどういうものであったのかを具体的にしたい。ただ，本小説は，主人公である養賢の死亡後に調査が進められたため，直接の面接はできず参考人への聴き取りに留まっている点が，情状鑑定とは異なっていることを断っておく。

　また，本事例を検討することによって，実際の事例を使用する際に生じ

る相当困難な課題を避けることができると思う[4]。

2 「金閣炎上」事件について

①金閣寺放火事件

事件の正式名は「非現住建造物等放火事件」といい，戦後間もなくの昭和25（1950）年7月2日午前3時前に，当時大学生であった養賢（21歳）が，国宝鹿苑寺金閣に放火し焼亡させたものである。彼は，意識朦朧状態のところを通称左大文字山中で当日の午後4時頃に発見され，西陣警察署に逮捕・勾留された。逮捕時，カルモチンを大量服薬し，左胸前部に深い切り傷があったことから，自殺を企てたが未遂であったと予測された。養賢の状態の回復を待って捜査は進められた。

事件の翌日（7月3日）に母林志満子（以下，「母」という）は，西陣署の調べに出頭し養賢との面会を希望したが，彼からそれを拒否された後，失望のあまり，帰村途中に山陰線保津峡駅を過ぎた断崖上から川に身を投げ自殺している。父林道源（以下，「父」という）はすでに他界していた。

②精神鑑定や裁判における養賢の性格や事件の動機理解について

京都大学教授三浦百重による精神鑑定書は，養賢の精神状態を「軽度ではあるが性格異常を呈し『分裂病質』である。精神病質者（変質者・精神病的人格等とも称す）に加えるのが至当である」と診断し，本件の犯行は「同症の部分現象たる病的優越観念に発するもの」と鑑定している。

京都地方裁判所小田春雄裁判長作成の判決文は，養賢の放火動機は「①住職の後継者になり金閣寺を支配することを望んでいたが，②昭和24年夏頃から住職の態度が冷淡となり，住職や周囲から排斥されているように思い，③不満と反抗の念を抱いて勉学を怠ったため他の徒弟に劣り，後継者となる望みが薄くなり，④自己の将来に絶望して行った」としている。

③裁判後の経過

　昭和25（1950）年12月28日に養賢は，京都地方裁判所で懲役7年の実刑判決を受け，加古川刑務所に収監された。所内の生活は，看守によれば「穏健，至極真面目で，健康，日課も優秀」であったという。だが服役中結核の病状が進み，精神状態も悪化していった。昭和30（1955）年10月30日に恩赦により仮出所したものの，重態のためすぐに府立洛南病院に入院，昭和31（1956）年3月7日に肺結核による大量の喀血で死亡した（享年26歳）。

3　水上勉の調査経過

①現地調査

　水上勉は，養賢が死亡した昭和31（1956）年の夏に故郷と生家の西徳寺（京都府舞鶴市字成生）を訪問，これ以来，昭和32（1957）年，36（1961）年夏，46（1971）年冬，48（1973）年晩秋と合計5回訪問，昭和48（1973）年には父の郷里（舞鶴市安岡）の共同墓地に眠る養賢と母の墓を見つけ出し，墓参している。

②参考人調査

　調査対象となった多数の参考人たちのなかから主立った人と調査内容を挙げる。酒巻広一（昭和6（1931）年生）は，養賢より2歳年下で家が近く幼い頃から遊んだ仲で，長じても引き続き成生で暮らし西徳寺を見守っているため，養賢の少年時代のエピソードや家庭事情の理解が深く，詳細を語った。広一の父酒巻広太郎は，家庭事情，父（道源）が強引に金閣寺住職村上慈海師に養賢の弟子入り願いを伝えたことや，父死亡後の動向などを詳しく語った。地区長である水島孫二郎や地域の漁婦からは，母（志満子）の嫁入り時の様子や西徳寺の話を詳しく聴き取っている。養賢の弟弟子の江上泰山からは，金閣寺での彼の実像，泰山の父江上大量からは，放火の数時間前まで一緒に囲碁を打っていたときの養賢の様子，養賢を逮

捕した西陣署若木松一からは，取調べ中の彼の様子や自殺した母の取調べ時の様子，当時産経新聞記者の司馬遼太郎からは事件前後の金閣寺の様子，加古川刑務所看守細野雪男からは養賢の服役中の生活状況などを聴き取っている。

③資料収集

　水上が収集した資料は，主立ったものだけでも，次の①から⑨が挙げられる。①養賢の幼少期を調査した元主治医小林淳鏡の「金閣放火僧の病誌」，②金閣寺の庭師で内実にも詳しい久恒秀治の『京都名園記』，③読売新聞社発刊の『昭和史の天皇』第14巻から，金閣寺住職村上慈海師の述懐や回顧談，④予科からの学友鈴木義孝の談話，⑤京都地方検察庁検事前田幸之助作成の参考人も含めた供述調書および公判請求書，⑥西陣警察署司法警察員警部見習若木松一（後に同署署長）作成の供述調書，⑦公判傍聴者川井聖道の公判メモ，⑧精神鑑定書，⑨京都地方裁判所の判決文，である。

4　水上勉の調査から明らかにされた実情

①養賢出生前の父母の状況

　水上は事件を紐解くために，父母の歴史から明らかにしていった。それによれば，父は舞鶴市字安岡の裕福な林家の次男として明治32（1899）年に生まれたが，少年期から病弱であったため，両親の勧めで仏門に入り，25歳時（大正13（1924）年）に実家に近い辺境の村成生の当時無住寺の西徳寺に赴任した。そこは大屋根の建物一つきりの貧しい寺であった。鰤漁によって潤う村は豪勢な家々が多かったため，貧相さが際立っていただけでなく，村人は寺に近寄らなかった。それは当時父が結核を病んでいたため，不治の病に感染することを恐れたからであった。子どもたちでさえ寺に遊びに行かなかったという。尺八を愛し，養賢にもそれを教えた。

　母は，京都府加佐郡字尾藤の中農高橋家に長女として明治34（1901）年に生まれた。成績もよく律儀で勝気な性格であったが，家庭の事情できょ

うだいの面倒を見るため進学できなかった。自分本位なところがあり，村人の反感を買うこともあったという。

父母は大正14（1925）年に結婚，父は当時から床に臥せていることが多く，母が狭い畑を耕し暮らしを支えていた。近隣の話では「2人は不仲で，しょっちゅう罵り合っていた」という。

②養賢の成育史・養育環境・生活状況

次に水上は養賢の成育史・養育環境・生活状況を丹念に調べ明らかにしているので，それらの概要を記載してみたい。

昭和4（1929）年3月に養賢は産まれた。父母の不和も影響してか吃音が目立つようになり，3歳時に吃音症と診断された。「年下の者からもアホにされ，友達も近づかんようになった」と友人が語るなど，幼い頃から孤独であった。母は結核の父の看病，きつい野良仕事などの苦労に耐えつつ，彼をしょっちゅう叱るなど，厳しい養育を行った。「将来の期待を養賢に寄せていたため」と水上は洞察している。

6歳になった養賢は田井小学校尋常科に入学したが，ここでも「ぜぜり（吃音）の賢さんと軽蔑」されたのだが，上級生になると山間の険しい通学路で「低学年の子を庇う」「高いところにある木の実などを採って食べさせる」など，優しいところがあったという。

12歳で田井小学校を卒業し，東鶴舞中学校に入学した。地元を離れ，父方伯父林喜一郎宅に寄宿して通学している。当時の様子を医師小林淳鏡は「伯父夫妻は慈愛に満ちた養育をし，総ての費用を負担，養賢は伯父宅では温和で明るく，毎朝諷経し，真面目に通学していた。中学では親しい友もなく孤独，成績は中の上，母には反感を持っていた」と述べている。週末自宅には戻らなかった。

昭和17（1942）年8月に戦死した金閣寺僧侶浜田弘の村葬に同寺住職村上慈海師（以下，「慈海師」という）が出席した。父は，この機会を捉えて養賢の入山を懇望した。このころの父は，起き上がる力がないほど衰弱していたため必死の覚悟であったと，水上は推察している。父の病状の

悪化後，養賢は週末帰省し，父の代わりを務めようと努力した。ところが，金閣寺入山を期待した母は，帰省した彼に躾をやかましく言い，吃音矯正もそれまで以上に厳しくした。そのため，母子喧嘩が増えて境内で罵り合う2人の姿が村人に目撃されたり，病床から母をたしなめる父の衰弱した声が聞こえた。昭和17（1942）年12月に父は死亡した（享年43歳）。

14歳になった彼は母と金閣寺入りし，僧名承賢となった。入寺後，伯父宅に戻り，東鶴舞中学校に通ったのだが，伯父の生活が困窮したため，寄宿が難しくなり中学3年を終えてすぐに伯父と入山し，花園中学4年生に転入学したのである。ところが戦火が激しくなり，6月からは学徒動員で宮本電気機関銃部品工場に就労した。きつい労働がたたり発熱，その後も微熱が続いた。養賢は結核罹患を恐れながら帰省したが，母は受け入れなかった。父の死後，母は西徳寺退去を迫る村人と繰り返し対立していて，寺は安住の場ではなかったのだった。仏門の習慣に精通している水上は，このときの様子を「戦争の激化と未亡人となった僧侶の妻の居所の無さなど，社会的国家的困難が母子に大きく立ちはだかった」と述べている。このとき養賢は，父の形見の木刀を持って帰寺，工場に通いはじめたが，微熱やめまいが続いたため仕事を休み寺で過ごした。食事の用意が必要となるため副司の谷井貞一は養賢につらく当たり，慈海師にも告げ口をするようになった。当時の食糧事情悪化も原因のひとつであった。体が痩せ細った養賢は慈海師の勧めもあって，昭和20（1945）年5月に静養のため帰省したものの外に出ることも叶わなかった。寺の奥で一人父の形見の尺八を吹いて孤独を紛らわした。食糧難で山に入り鳥や兎を取らなければ，生きられない時代でもあった。「吹雪の中をひたすら獲物に向かい突き進んでいた」こともあったという。この年の8月15日に戦争は終結した。

昭和21（1946）年4月初め養賢は金閣寺に帰山，寺には参拝者が戻った。一方で戦時中に人々を戦いに煽ったなどの行為から，戦後は身を隠さざるをえない人々が金閣寺で居候を始めた。慈海師が逃走した外国政府の要人一行を寺に匿い，贅沢三昧な暮らしをさせていたこともあった。これらの出来事は養賢にとって，「寺院が本来の修行道場でなく，観光収入を得て

サロン化しつつある内情とそれに反発や失望を感じる」きっかけとなったと水上は考えている。

　18歳になった養賢は大谷大学予科に入学し，金閣寺から通学した。慈海師は彼に学生服さえ買い与えず，人前での着用が憚られるような古着を渡している。それでも養賢は年長者である自覚から，弟弟子たちをよく訓育した。ところが，事件を起こす1年くらい前から生活状況が大きく変化していた。水上は具体的な資料として養賢の予科時代の成績を上げた。それによれば，1学年は83人中24番で上位にあったのだが，3学年では79人中79番と最下位に落ちていた。学友の鈴木は「3年になり，際立って変わった。出席率も悪かった。急な学業放棄の理由は分からない」と語っている。

　金閣寺は日増しに観光客が増え，増収となった。慈海師は，多額の拝観料の管理を副司，執事に任せ貯蓄した。そのため彼らが寺運営の実権を握り，僧侶らへの批判を強めていった。その一方で慈海師は，養賢たちには禅僧としての厳しい庫裡生活を課し，わずかな小遣いしか与えなかった。僧侶たちは空腹に苦しみ，養賢の弟弟子三明功典は栄養失調で帰郷したほどであった。このような状況に若い僧侶たちは不満を強めていった。弟弟子たちは当時の養賢の様子を，「年下を庇って代表で不正をしている副司達に歯向う」と話している。また，当時慈海師が町中で拾って寺に入れた吉井辰夫は狡猾で，しばしばトラブルを起こした。ある日狡さに怒った養賢は，吉井を殴りつけた。そのときの彼の暴力は，執拗とも思える容赦のないものであったという。

　昭和24（1949）年10月に母は西徳寺を放逐され，行き場を失い，実家に戻った。この日から養賢もまた帰る家を失ったのである。21歳で大谷大学文学部に入学，ところが，6月には古物商店に父の古着を質入れし，初めて遊郭に登楼した。その後は薬局店でカルチモン100錠を購入していたなど，自殺企図を疑わせるような行動が見られた。

　事件直前の7月1日夜は，参内した弟弟子の父江上大量と囲碁を打ち，笑顔さえ見せた。このときの養賢の様子を大量は「咳き込みながら痰を紙

にとっては碁を打っていた。後から考えれば，不治の肺結核が進んで絶望していたのだろう」と，後日水上に語っている。大量と別れた後，書類，布団，蚊帳を寺内に運び，2日未明にマッチで金閣寺に放火したのである。

5 水上勉の調査から明らかとなった実情の検討と犯罪の真相

①成育史と家庭状況からみた養賢の理解

養賢の成育史からは連続した不幸が見て取れる。養賢が誕生した当時の家庭は，貧しさ，父の病魔（結核），村人から疎遠にされた孤独に包まれていた。嫁いだ母は病床の夫（父）の看病，つらい農作業と厳しい生活体験のなかで，不遇感が増して夫婦喧嘩が絶えなかった。養賢の誕生後も不幸は続いた。3歳で吃音障害が発見され，以来いじめの被害に遭い，孤独を強いられたのだが，それは幼少時から小学校，中学校，金閣寺入山後も続いた。一人っ子であったことも彼の孤独を一層強くしたと予想できる。つらい生活から逃げ出せず耐え続ける母が，一人息子の養賢に過剰な期待を寄せたのは，無理もないことであったろう。ところが，母の思いは養賢には重く，2人の確執は広がっていった。

一方，いじめを受けながらも，上級生になると通学途上で下級生に対し優しい面を見せている。このエピソードは，幼い者への共感や愛情を持つ養賢の優しさ，精神的健康さを表しているように思える。また，母との確執を避けるためもあってか，わずか12歳で故郷を離れ，父方伯父宅に寄宿して中学校に通う道を選択した。家を出た結果，伯父夫妻から慈愛に満ちた養育と総ての費用の負担をしてもらい，養賢は温和で明るく，毎朝諷経し，真面目に通学したなど順調な生活を送ったのだった。このことからは，養賢が的確な決断力と実行力，生活環境が良好であれば，外でのいじめや孤独に耐えられる健康度と強さを持っていたことがわかる。

ところが，父の病死前後に彼の生活は急変する。余命がないと知った父の金閣寺入山への熱い思いと，母の過剰なまでの期待が母子間の確執を強める一方で，戦争の激化，未亡人となった僧侶の妻である母と養賢の居場

所のなさなど，水上の言うように「社会的国家的困難が母子に大きく立ちはだかった」のである。個人の力ではどうすることもできない重大な困難であった。そのうえ養賢は，結核の病魔に襲われている。さらに，学徒動員中の激務で結核を発病したが，危機的困窮状況のなかで病者は厄介者で，金閣寺にも故郷にも安らぐ場はなかった。病魔の恐怖に晒されながら，深刻な悩みを打ち明ける友も大人もいない孤独のなかで，わずか16歳の養賢が貧相な西徳寺の奥で一人父の形見の尺八を吹く姿は，哀れで心を打たれる。

戦争が終結すると金閣寺には参拝客が戻った。その折に養賢は帰山，彼の目に映った寺は，観光収入で潤い内側はサロン化していて金が幅を利かせ，修行道場としての内実を失った姿だった。養賢は入山当初慈海師を尊敬していた。ところが，戦後の混乱期も強い者にまかれる旧態依然としたやり方を通し，「自分は仕出し屋から肴を取り寄せ，酒を飲み」と，江上大量が述べているなど，寺の体質を改善する様子もなかった。水上の調査した「鹿苑寺徒弟記録ノート」によれば，慈海師の徒弟として昭和13（1938）年から22（1947）年までの9年間に得度した14人の内のほとんどが僧侶を捨てて還俗し，慈海師と決別している。水上は還俗した人の多さに驚き，「彼らは師匠の生き方に絶望したのではないか」と考えている。だが養賢には慈海師に対する反感や失望があったかというと，西陣署で取り調べた若木松一は，「養賢は住職に反感を持っていない。人格を尊敬していると話していた」と述べている。

ではなぜ養賢は，金閣寺に放火したのであろうか。

②養賢の動機理解と金閣寺放火事件の真相の考察

次に①で行った検討と理解をもとに，養賢の動機，事件の真相を明らかにしていきたい。まず，彼の心の内側に光を当てて経路をたどってみる。

おそらく物心ついて以来吃音のため人に思いを伝えられないつらさを背負ったうえに，孤独，貧困，結核の恐怖との闘いであったに違いない。それらを内面に秘めながらも，入山後の養賢は慈海師の人格を尊敬して，年

長者としての自覚を持ち弟弟子の指導をしていた。ところが，金閣寺の内側は金が幅を利かせて，修行道場としての内実は堕落していた。人一倍正義感の強い養賢は，おそらくこのまま金閣寺で僧としてやっていく自信を失ったのではないだろうか。そのために勉強に身が入らず学校をサボっていたと考えられる。予科時に急激に成績が下がったのはそのような理由があったのではないだろうか。その結果，慈海師や副司らにますます睨まれていったこともあったであろう。このとき，養賢が金閣寺を去って他の慈海師の徒弟のように還俗し，別の社会で生きたいと望んだことも想像される。だが寺を辞したくても彼には帰るところはなく，幼い頃から周囲に馬鹿にされ，友人も少ない吃音の身で，僧侶以外の世界で生きていくことは到底考えられなかったのではないだろうか。さらに，不治の結核に侵されて死んでいった父を身近に見ていた彼にとって，結核に罹患した恐怖や絶望は，一層深いものがあったと思われる。水上は，養賢の直接の放火動機を，江上大量に「重要なことは不治の肺結核が進んでいた。あの病気で父が死ぬのを見ていたこと。大学に行っても吃音で差別され，生きようがなかった。田舎へも戻りようがなかった。心身ともに行き詰まって死にたかったのだと思う」と語らせている。そして放火動機は「死にたくなっていた人間が，死所を金閣に選び，建物と共にこの世から消えようとした」と述べている。

　こうした動機理解は，三浦百重氏作成の精神鑑定書や判決文に示された内容とはかなり異なっている。精神鑑定で述べられた養賢は，「精神病質者」であり，犯行は「病気の部分現象たる病的優越観念に発するもの」とされた。内容をかみ砕くと「精神病質者であれば病気によって通常では持ちえない優越観念を抱き，それに端を発して被害感，迫害感を強めて金閣寺に放火した」というのである。また，判決文では鑑定内容を踏襲して，「慈海師の態度が冷淡となり，排斥されているように思って不満と反抗の念を抱いて勉学を怠ったため他の徒弟に劣り，後継者となる望みが薄くなって絶望して放火した」と，動機を解釈した。つまり「慈海師の態度に強い迫害感を抱き，不満と反抗心から勉学をサボった結果成績が下がってしまい，

金閣寺の後継者になれない。その絶望感が養賢を放火に走らせた」のだという。

　だが両者とも，あまりにも一般的でこの事件の特異性が見えない平板な解釈ではないだろうか。その理由として，第一に，西陣署で取り調べた若木松一が，「養賢は住職に反感を持っていない。人格を尊敬していると話していた」と述べていた点と矛盾している。第二に，放火の前に書類，布団，蚊帳を寺内に運び入れて火を付けた点を精神鑑定や判決はどう解釈したのであろうか。放火のためであれば，寺は木造であったので紙類だけで十分なはずである。燃えにくい書籍や布団，蚊帳などの持ち物は不要に思えるし，持ち込む回数が増えることで人目にもつきやすくなる。不自然ではないだろうか。これらを運び入れたのは，「金閣寺と共に彼自身とすべてをこの世から消したかった」という水上の解釈のほうが真実に近いように思えてならない。第三に，養賢が，金閣寺の後継者になる望みが薄くなり絶望して放火したという動機も理解し難いように思える。後継者になる望みは持っていただろうが，それが大きな目的であったならば，弟弟子に代わって慈海師や副司らに反抗して睨まれるような行為はしなかったのではないだろうか。養賢は，幼い者に共感し愛情を注ぐ優しさ,的確な決断力，正義感の強さなどの精神的健康さを持っていたがゆえに，弟弟子を庇って自ら矢面に立ったと言えるのではないだろうか。第四に，養賢はこれが初めての犯罪である。過去に非行歴や犯罪歴がなく，不良行為者と交わった経験もない場合には，余ほど精神的肉体的に追い詰められた苦境がなければ，実行まで至れるものではない。第五に，精神病質者や障害者であることが非行や犯罪の原因という捉え方は，すでに否定されている。彼の成育史や置かれた状況は，障害，病魔，孤立，金閣寺の仏道を忘れた金銭的体質など，どれ一つをとっても重大，深刻であり一般的な悩みとは格段に異なっている。精神鑑定や判決は，それらのなかで苦悩していた養賢の生活史と内面性を理解した分析から得られた内容とは思えない。果たして養賢は，精神鑑定や判決内容に納得していたのだろうか。

　養賢の成育史や当時の生活状況，金閣寺の状況などに基づき，彼がそれ

らをどう体験し苦悩していたかを調査した結果によれば，水上の言う動機が真相により迫るものと言える。すでに述べたように，水上と同様の手法で真相を解明する情状鑑定で，本事例の真相解明を行うとすれば，養賢の内面の動きに焦点を当てて，「生きる困難さを複合的に抱えた養賢が，言いようのない寂寥と孤独，迫りくる死と苦悩から逃れられる道が見いだせず，焼け落ちる寺と共に死のうとして放火した」と解釈できる。

6 放火事件の被告人Aの事例

　被告人の内面を深く掘り下げて動機や犯行を解き明かすことを通して，同時に被告人に納得と洞察を促す作業が，情状鑑定による真相解明である。筆者が担当した放火事件の被告人Aの例を短く挙げ，説明してみたい。Aの家庭は，家族間の暴力・暴言，アルコール依存，家人の家出や金銭の持ち出しなど，尽きることのない争いが日々繰り返されていた。そのなかでAは，家族をまとめようと筆舌に尽くしがたい苦労を一人で背負い，必死に生きていた。ところが家族関係は悪化する一方で苦しみが増し，徐々に精神的に追い詰められていった。自殺を試みたが失敗，その後極度の恐怖感，絶望感からうつ状態となり自宅放火に至ってしまった。

　地方裁判所の判決は放火を，「欲求不満を解消するための身勝手で悪質な行為」と解釈したが，Aは納得できなかった。「この理由で服役はできない」と思ったものの，極度の混乱のなかでの犯行のためA自身にもなぜ放火したのかがわからなかった。情状鑑定で面接を重ねても，Aには「欲求不満を解消するため」の放火動機は見受けられなかった。幾分かの内面の整理ができたところでAは，「自宅を消したかった。家が燃えれば，自分にのしかかっている大きな重圧が消えると思った」と，自らの言葉で主体的に放火の動機を語ってくれた。

　情状鑑定では，被告人自身が面接を通して自分に深く向き合わざるをえない。これは血のにじむような厳しさを伴うが，被告人自身に自分への深い洞察を生じさせる。この事例でも家を燃やすことが目的ではなく，押し

つぶされるほどの重圧を消したいと，自殺念慮から転じて放火をしたことが語られた。金閣炎上とAの放火事件は，犯行に及んだ事情は異なっているが，放火に至るまでの経過からは，長期にわたる出口のない苦悩を誰にも相談せずに一人で抱えた養賢とAの姿が重なってくる。性格も真面目で正義感の強い養賢とAはよく似ていると思えてならない。

5 おわりに

　情状鑑定の面接から被告人Aは，自分の性格を変えようと何年もかけて筆者の所属する心理相談室に継続的に通ってくれた。その結果，犯罪からの更生だけでなく，内面も成長して事件当時よりも対人関係に信頼感と広がりを持って社会生活を送れるまでになった。Aの変容の背景として，弁護士や深く反省した母の献身的な支援も大きかった。この事例は，被告人に関わる人々の真摯な姿勢が相互に影響し合って，情状鑑定の本来の意義が実を結ぶことを示唆している。

　また精神鑑定でも，成育史，養育環境，家族関係，事件現場の調査など情状鑑定と同じように丁寧な調査をされている精神科医師が，何人もおられることを記しておきたい。例えば，永山則夫の鑑定を行った石川義博氏はその代表である。これらの精神鑑定からは，情状鑑定の立場からも学ぶところが多い。

註

1——情状鑑定について，庭山（1977）は「量刑・処遇に関する鑑定」と分類している。さらに詳しい内容と意義を多田（1977）は，「被告人について，犯行に至る内的外的諸要因を総合的に把握し，その人格形成過程において犯行の持つ意味を解明するとともに，その性格，環境，生活状況等からみた自力更生の可能性，保護観察等による指導，援助の要否等を明らかにする必要がある」として，情状鑑定は精神医学，心理学，社会学などの専門的知識を活用する調査者が行うもので，その調査技法は面接を中心としたものとしている。調査官の少年調査をモデルと考えていると言える。

2——平成17（2005）年に成立した「刑事施設及び受刑者の処遇等に関する法律」が改正され，同時に「刑事収容施設及び被収容者等の処遇に関する法律」に改称された。

3——平成27（2015）年11月に開催された日本子ども虐待防止学会第21回学術集会にいがた大会において，「ライフストーリーワーク実施における支援者の価値観について考える」というテーマで，才村が代表となり他の共同発表者とともにシンポジウムを行った。ここでは，才村および新籾晃子（大阪府東大阪子ども家庭センター）から子どもにライフストーリーワークを実践した事例とその意味や効果が紹介された。

4——課題と考えられるのは，個人情報の保護の観点から必要となる元被告人の承諾である。個人のプライバシーに深く関わるものであり必要な手続きだが，依頼するときに彼らに重い不幸な過去を思い出させ，この上ない苦痛を再体験させてしまう可能性も否定できない。裁判後も筆者と交流があり，安定した生活を送っている元被告人もいるが，静かな暮らしと幸せを祈れば，慎重にならざるをえない。

文献

浅田和茂（1977）わが国の刑事鑑定制度．In：庭山英雄ほか＝編著：刑事鑑定の理論と実務――情状鑑定の科学化をめざして．成文堂．
橋本和明（2011）非行臨床の技術――実践としての面接・ケース理解・報告．金剛出版．
法務省（2012）平成24年版 犯罪白書．
加藤悦子（2005）介護殺人――司法福祉の視点から．クレス出版．
加藤幸雄（2003）非行臨床と司法福祉――少年の心とどう向き合うのか．ミネルヴァ書房．
河合隼雄（1975）カウンセリングと人間性．創元社．
公益社団法人家庭問題情報センター＝編（2015）FPICが行う事業の歴史と新たな取組み．家庭問題情報誌ふぁみりお 66；1-5．
水上 勉（2005）金閣炎上．新潮社．
森 武夫（2011）情状鑑定について――実務経験から．専修大学法学研究所紀要 36；33-65．
村瀬嘉代子（1996）子どもの心に出会うとき――心理療法の背景と技法．金剛出版．
名執雅子（2013）少年矯正における新たな取組と少年院法の改正．家裁月報 65-4；1-37．
庭山英雄（1977）鑑定の意義と機能．In：庭山英雄ほか＝編著：刑事鑑定の理論と実務――情状鑑定の科学化をめざして．成文堂．
荻原太郎（1995）情状鑑定について．日本法学 60-3；699-737．
岡本吉生（2012）情状鑑定の実際と課題．青少年問題 647；24-29．
折出健二（2015）そばにいる他者を信じて子は生きる．ほっとブックス新栄．
トニー・ライアン＋ロジャー・ウォーカー［才村眞理ほか＝監訳］（2010）生まれた家族から離れて暮らす子どもたちのためのライフストーリーワーク実践ガイド．福村出版．
上田由香（2011）情状鑑定のススメ．法学セミナー 56；136-137．
上野正雄（2006）情状鑑定について．法律論叢 78-6；283-288．
須藤 明（2011）裁判員制度における経験科学の役割――情状鑑定事例を通して．駒沢女子大学研究紀要 18；151-159．
多田 元（1977）情状鑑定論――裁判官の立場から．In：庭山英雄ほか＝編著：刑事鑑定の理論

と実務——情状鑑定の科学化をめざして．成文堂．
山田 侃（1970）家庭事件調査における診断的機能と治療的機能——調査官調査の意義を求めて．家庭裁判所月報 22-7；1-16．
山田 侃（1979）「調査官面接」の特質について．家庭裁判所月報 31-7；29-49．
山田麻紗子（2013）犯罪心理鑑定（情状鑑定）の調査技術に関する一考察——家庭裁判所調査官調査の意義と調査面接導入過程に焦点を当てて．日本福祉大学子ども発達学論集 5；71-81．
依田久子（2012）情状鑑定受命時の実情と課題．青少年問題 647；12-17．

9 民事事件における心理専門職の関わり

横山 巌

I 問題の所在

　弁護士は，いじめ，体罰，性暴力，DVなどの被害者から，加害者に対する損害賠償請求をはじめとする相談を受けることがある。特に，最近は，いじめをはじめとする学校問題での相談が増えており，被害者が未成年者という事案に接することが多い。

　相談を受けていて感じることは，いじめ，体罰，性暴力，DVなどの被害者は，精神的にダメージを受けており，被害事実と向き合うことにストレスを感じている場合が多いということである。なかには，極度のストレス状態にあり，PTSDの診断を受けている方も見受けられる。

　このような被害者が，勇気を振り絞って，加害者に対して何らかの措置を講じたい，場合によっては訴訟で損害賠償請求をしたいと思い，弁護士に相談に来る。その際，弁護士は，被害事実を時系列的に整理して把握すること，その事実を証明するための証拠を探し出していくこと，証拠に基づいて事実を確定することなどをしていかなければならない。そのためには，被害者の協力が不可欠である。しかし，被害者にとって，被害事実を思い出し時系列に沿って明らかにしたうえで，その時の自らの心理状態を言葉にして第三者に伝えていくことは，精神的苦痛を伴うものであることは想像に難くない。仮に，弁護士が被害者に対して十分な配慮をすること

ができなかった場合（意識的に配慮を欠くということではなく，弁護士としては配慮したとしても，被害者にはそのように伝わらない場合もあるだろう）には，弁護士の対応が被害者に再び精神的苦痛を与える，つまり二次被害を与える状況を生み出してしまいかねないのではないだろうか（特に，PTSDなどの精神疾患を抱えている被害者に対して誤った関わりをした場合には，再び精神的に不安定な状態に追い込んでしまい，取り返しのつかない状況を作り出してしまう危険性があるといえよう）。ここに，加害者への関わりとは違う，司法の分野における被害者との関わり（これを「被害者の司法臨床」と呼ぶことにする）の難しさがあると思う。

　被害者の司法臨床のもつ困難を考えると，弁護士としては，被害者から被害事実を聴き取ることをはじめとする関わりのなかで，被害者の心理を理解し，その心の揺れに寄り添いながら，被害者が精神的に不安定にならないようにつねに心の変化に配慮し，被害者が心を開いて被害事実に対面できるようにサポートしていくことを意識しなければならない。しかしながら，弁護士は，法律の専門家であり，心理的な面に関しては素人であるため，弁護士だけでの取り組みには限界がある。そこで，被害者の司法臨床の場面に，臨床心理士などの心理専門職に関与してもらいたいのである。心理専門職は，その専門的知識を活かして，事実確認に止まらず，被害者がその事実をどのように受け止めてきたのかという心の動きにも注意しつつ，被害者に寄り添いながら，細部にわたる聴き取りをはじめとする関わりをもち，これを深めていくことができる存在であると思う。

　弁護士と心理専門職が連携して，つまり，チームとして被害者をサポートしながら，いかに被害者の思いを実現していくことができるか，以下，検討してみたい。

　今回は，いじめにより不登校となった生徒が，加害者に対して，損害賠償請求をするという場面を想定して，チームとして具体的にどのような連携ができるかについて考えてみたい。いじめは，「児童生徒に対して，当該児童生徒が在籍する学校に在籍している等当該児童生徒と一定の人間関係のある他の児童生徒が行う心理的又は物理的な影響を与える行為（イン

ターネットを通じて行われるものも含む)であって，当該行為の対象となった児童生徒が心身の苦痛を感じているもの」であると定義されている。また，個々の行為が「いじめ」に当たるか否かの判断は，表面的・形式的に行なうことなく，いじめられた児童生徒の立場に立って行なうものとするとされている（文部科学省，2011）。このことからすると，不法行為に基づく損害賠償請求訴訟を提起するにあたっても，単にいじめとされる加害事実を時系列的に明らかにしただけでは足りず，その加害事実を，被害者の立場に立ってどのように評価していくか，つまり，被害者はどのような出来事として受け止めたのか，被害者としてどのような心情の動きがあったのかを明らかにしていくことが必要不可欠であるといえる。まさに，心理専門職の専門性が活かされる分野といえよう。

2 事案の設定

公立中学校に在学中の女子生徒Aは，2年時のクラス替えをきっかけに，同じクラスのB，C，Dと仲良くなり，休み時間にみんなでおしゃべりをするようになった。ところが，2学期になると，休み時間にB，C，Dだけが集まっておしゃべりをはじめ，Aはその会話に入ることができなくなった。Aが，B，C，Dに対して話しかけると，「あんたはキモイ。消えてしまえば」と言われ，その後，休み時間ごとに「死ね」などと言われるようになった。Aは，なぜそのようなことを言われなければならないのかと思い悩み，日々落ち込み，授業に集中できなくなっていた。

11月になり，Aは，B，C，Dから放課後に呼び出しを受けた。B, C, Dは，Aを校舎の屋上に連れ出し，「あんた，キモイって言ってんだろ。ここから飛び降りて消えてしまいなよ」と言い，Aの体を屋上のフェンスに押しつけ，さらにフェンスを乗り越えるように指示した。Aは，B，C，Dから執拗に言われたため，「何か悪いことをしたのかなあ。私は，死なないといけない人間なのかな。飛び降りなければいけないのかな」と思い詰め，

涙が溢れ，しばらく呆然としていた。その様子を見ていたB, C, Dは，「情けない奴だな」と言い残して，その場を立ち去った。Aは，教室に戻って授業を受けたものの，動悸が激しくなり，めまいなどの症状を起こしたため，教諭に申し出て保健室に行った。

その日以降も，B, C, Dは，Aに対して「消えてしまえ」などと言いつづけた。Aは，教室にいると，動機が激しくなり，息苦しくなるなどの症状が生じ，授業に集中できなくなり，保健室に行く機会が多くなった。担任教諭は，AとB, C, Dとの関係がぎくしゃくし，Aが落ち込んでいる様子に気づいていたものの，特に，Aから事情を聴くことはなかった。

12月になり，Aは，不眠，発熱，下痢などの症状が出るようになり，学校に行きたくないと思うようになった。12月半ばになり，Aは初めて両親に学校での出来事を伝え，学校を休んだ。その日以降，学校に行っていない。Aは，家に居ても自室から出ることはほとんどなく，一人で外出することもなくなった。

その後Aは，3年生に進級したものの，学校に行くことができていない。

5月，Aの両親が弁護士に相談に来た。Aの両親は，学校，教育委員会とも交渉を重ねているが，B, C, Dがいじめの事実を認めないこともあり，学校は及び腰になり，Aの学校復帰の目処は立っていないと話した。そのため，Aの両親は，Aが当該校に復帰することを諦め，B, C, Dに損害賠償請求をしたい，場合によっては学校（自治体）へも損害賠償請求をしたいので，訴訟を視野に入れて受任をお願いしたいと述べた。

なお，精神科を受診した結果，Aは，B, C, Dからの一連のいじめ行為に起因して，PTSDに罹患している旨診断された。

3 相談場面において

1 被害者への意思確認

　いじめの被害者が，弁護士に相談する場合，被害者が相談に来る場合のほかに，親族（未成年者が被害に遭っている場合には保護者が多い）のみが来所される場合がよくある。

　被害者以外の方からの相談を受けた場合には，相談に来られた方の意向を聴くことになるが，その際被害者の意向についても十分に把握する必要がある。この時点で，相談者が被害者の意向を聴いていない，理解していない場合には，注意しながら相談を受ける必要がある（初回面談での方向性の違いは，あとあと信頼関係に影響を及ぼす危険性がある。いわゆる「ボタンの掛け違え」によるトラブルが生じるという危険である）。その場合には，次回以降の相談については，被害者に同行してもらい，その真意を聴き取る必要がある。特に，いじめ，体罰などの学校事件関係については，未成年者（場合によっては小学生の場合もある）が当事者となっているため，相談に来られた保護者の意向が必ずしも被害者である子どもの意向と合致しているとはいえないことがある。そのため，被害者から，加害者に対して，どのような措置を求めたいのか，本当に損害賠償請求訴訟を含めた対応をしたいのかについて，丁寧に聴き取る必要がある。被害者としては，何もしてほしくない，あるいは，とにかく学校に安心して行きたいということだけを望んでおり，友達にお金を求めることには抵抗があるかもしれない。また，被害者は，保護者との意見の違いに悩んだり，被害事実を思い出すことに抵抗がある場合も少なくないであろう。

　それでは，このような心情にある被害者に対して，どのような対応をすべきであろうか。いきなり法律家が法的な視点で意思確認をした場合，被害者が親との意見の違いについて精神的ストレスを感じ，あるいは，被害事実を思い出し，精神的に不安定になってしまう危険性も考えられる。そ

のような状況は回避したい。

　では，このような被害者からの聴き取りについて，チームとしてどのような関わりが考えられるであろうか。被害者の心情の安定を第一に考えれば，弁護士が被害者から直接意思の確認を行なう前に，心理専門職に被害者の心理状態を確かめてもらうことから始めることが，最善の方法ではないだろうか。具体的には，①心理専門職が被害者と面談し，親子関係に問題はないか（たとえば，被害者と親の考え方が違った場合，本心を伝えたら親子間で諍いが生じないかなど），被害者がいじめ行為を思い出したりすることで，精神的ストレスを感じ，落ち込んでしまうようなことはないかなどを見極める。さらに，被害者の心理状態が安定しているか否か，弁護士による面談に耐えられるか，被害者としてはどの点が精神的にストレスを感じるのか，どのような点に注意をしながら聴き取りを行なっていくことがよいのかなどを分析し，情報および分析結果を弁護士に伝える。②情報および分析結果をもとに，被害者が弁護士との面談に耐えられると判断した場合には，面談期日を指定し，弁護士が直接被害者と面談し，加害者への対応についての意向を聴き出す。③被害者の心理状態によっては（たとえば，面談途中でパニックを起こしかねないと考えられるような場合など），面談をした心理専門職に同席してもらいながら，聴き取りを進めることも検討しておくという手順が考えられよう。

　なお，被害者の精神状態が安定している場合（たとえば，被害者が心理専門職に心を開いて，深層心理の部分を伝えているような場合）には，心理専門職による面談の際に，被害者が，加害者に対してどのような意思をもっているのか（提訴することまで考えているのかなど）について，本心を聴き出してもらっておくこともありうる対応であろう（最終的には，弁護士自身が，被害者から真意を再度聴き取りしなければならないことは当然であるが，一度意思確認をしているのであれば，弁護士による意思確認は簡単に済ませることができ，被害者の心理的負担が避けられる）。

2 被害事実の確認

　被害者から，提訴意思があることを確認した後，被害事実を聴き取る際には，被害者の心情の変化を見ながら慎重に対応をしていく必要がある。この場合には，事前に，心理専門職と弁護士は，どのような事実をどのように聴き出していくのか，どのような聴き取り方法をとったらよいのかなどについて具体的に検討しておく必要がある。事前に，心理専門職が被害者と対応している場合には，心理専門職が被害者の心情などを把握していることから，事実の聴き取りに際して，被害者の心理がどのような状態にあるのか，どのような事実・事柄に対して敏感に反応し，精神的ストレスを感じて心理的動揺を生じるのか，事実を聴き出す際にどのような聴き方をしたらよいのかなどを，綿密に打ち合わせをすることが考えられる。

　被害者から事実を聴き取る際，心理専門職からの見立て，情報，アドバイスなどをもとに，弁護士のみが対応することになるのが一般的であると思われる。しかし，被害者の心情などに鑑みて，弁護士だけでは，被害者の急激な心情の変化などに対応できない事態が予想されるような場合には，心理専門職に同席してもらいながら聴き取りを進めていくことも必要であろう。その場合，事実確認が主となるため，弁護士が中心となって聴き取りを進めていくことになるが，途中，被害者の心情の変化が生じるような場面では，心理専門職が主となり，被害者の心情に配慮しながら，聴き取りを進めていく，場合によっては聴き取りを中止することも必要になろう。具体的には，弁護士が時系列的に事実関係を聴き出している際，被害者の表情，態度から当時の状況を思い出して，例えばフラッシュバックを起こしてしまう危険性が見て取れるような場合，そこまでは行かないまでも，極度の精神的ストレス状態にあるような場合（たとえば，被害者が興奮したり，精神的落ち込みがひどくなったような場合）には，心理専門職が弁護士に代わって主に質問をしていく。または，聴き取りを中止し，場を改める，あるいは，心理専門職から被害者の現在の心情の変化について聴き取りをして，被害者を落ち着かせ，聴き取りを継続するか否かを判断

するなどが考えられる。

　ところで，場面は異なるが，裁判提起後は，訴訟進行にあたり，加害者からの反論に対する再反論をしていく必要が生じるところ，加害者が事実を認めていない場合には，被害者から見ると，相手が嘘をついているということになり，さらに心理的に傷つく場面が生じる危険性がある。この場合も，前記と同様に，弁護士と心理専門職が共同して，被害者の心情に配慮しながら聴き取りを進めていくことが必要である。

　なお，提訴意思の確認と被害事実の聴き取りについて，同一機会に行なうか，別の機会に行なうかは，被害者の心情に鑑み，適宜判断していくことになろう。

3　本事例についての検討

　弁護士に相談に来たAの両親は，B，C，Dに対して損害賠償請求をしたいとの意向を強くもっている。しかし，その意向が果たしてAの意思と合致しているのか否かがよくわからない。まずは，Aが，B，C，Dに対してお金を請求しようと思っているのか，学校（自治体）を訴えることまで考えているのか，あるいは，学校に復帰したいという思いのほうが強いのか，などの意思を確認していく必要がある。訴訟により損害賠償請求をしていくとなった場合には，事実関係を詳細に聴き取る必要があること，訴訟では法廷に立って供述をしてもらうことがあること，先生やB，C，Dが法廷に出てくることがあることなどを説明したうえで，どのような対応を望んでいるかを明らかにする。

　ところで，Aは中学3年生であり，保護者に監護されていることから，保護者の顔色を窺い，本心が言えない可能性がある。また，B，C，Dから自殺を強要され，自らに問題があるのではないかという心理状態に追い込まれ，PTSDに罹患しているとの診断が出ていることからすれば，意思確認，事実の聴取にあたっては，Aの心理状態の安定に最大限配慮しなければならない。そのため，まず，心理専門職が，Aと面談することが最善

であろう。心理専門職は，Aの生い立ち（生育歴），家族・学校での心に残るような良いエピソード・悪いエピソード，親への思い，B，C，D，学校，教師への思いなどを聴き取り，Aと親との間に言いたいことが言えるような関係が認められるか，Aの現在の心理状態はどうであるか，今後事実関係を確認していくことになった際，自殺を強要されたという過去の事実を思い出していくことが可能か否かなどを判断し，自分の見立て，聴き取りに際してのアドバイスを弁護士に伝える。

具体的には，Aは両親にいじめの話を相談することができており，特に親子関係に問題となるような出来事は見当たらないことや，過去の事実について振り返りができて自分の言葉でその事実を伝えられていることから，Aは，親の意見と違ったとしても自分の意見を述べられるような人物であるという見立てを伝える。聴き取りにおけるアドバイスとして，Aは過去のいじめの事実に向き合う力はあるものの，自殺強要のことを聴くことは，侵襲的行為となり，Aに心理的動揺をもたらす危険性があるので，Aから話を切り出してこない限り，最初の面談段階ではその話には触れないことが大切であるなどと伝える。また，AはPTSDに罹患していることから，過去の事実，特に自殺を強要された場面を思い出してしまうとパニック症状を起こす危険が高いので，弁護士が面談する際には，心理専門職である自分も同席することを提案する。

次に，心理専門職から見立て・アドバイスを受けた弁護士としては，心理専門職の同席のもと，心理専門職から注意を受けたように，Aに対して，自殺の練習のエピソードについては質問を控えながらも，B，C，Dとはどのようにして仲良くなったのか，2学期になって，B，C，Dとの間でどのようなことが生じてきているのか（仲間関係の変化）などいじめに至るまでの経緯も含め，時系列に従って事実を語ってもらい，提訴意思の確認およびいじめの被害事実を整理していく。その際，すでに心理専門職が聴き取りをしている事項については，Aの心理的負担を考えて，重複質問を避け，確認だけにとどめるなど，質問を工夫する。一方で，心理専門職は，傍らでAの様子を見守り，Aの表情の変化（涙を浮かべる，言葉に詰

まるなど）につねに注意をしながら，必要に応じて適宜質問に介入するなどして，Aの心の安定を保つよう働きかけていく。

4　裁判手続きへの関与

1　専門家としての意見書の作成

　いじめの被害者となっている依頼者が，不法行為，債務不履行（学校の安全配慮義務違反）に基づき損害賠償を請求するにあたっては，加害者から，いつ，どのような加害行為を受けたのか，そのような被害を受けて被害者は精神的にどのように追い込まれていったのか，精神的に追い込まれたことで，どのような心理状態となり，どのような行動をとることになったのか（心理状態の変化）などを示すことで，いじめ行為と精神的損害との因果関係，精神的損害の程度などを明らかにして，慰謝料などを請求することになる。

　被害者の心理状態の変化については，まず，被害者の陳述書で対応することになろう。しかし，被害者自らが心理的な変化を明らかにするだけでは，精神的損害の立証としては十分とは言い難い。そのため，いじめ行為を受けたことで，被害者が具体的にどのような心理的・身体的変化を生じたのか，それは医学的・心理学的に見て，どのように評価されるのかということを明らかにし，心理的に追い込まれていった被害者の心情を具体的にイメージさせ，損害の実態をより鮮明に浮き彫りにして立証を深めたい。この部分を，心理専門職に担っていただき，意見書を書いてもらいたい。具体的には，被害者から聴き取ったいじめ事実から判明する被害者の心理状態の変化について，ICD-10やDSM-5の診断基準に合わせて評価していくことになる（ただし，心理専門職は，医師ではないので，医学的診断はできない。しかし，これらの基準をもとにして，被害者の心情の変化，精神的ダメージの程度を示すことは全く問題ないと思う）。意見書の形式

は特にないが，時系列での事実整理とそれに該当する心理の変化を明らかにし，いじめ行為によって心身に影響が生じ，それがどの程度深化しているかなどを示して，最終的にいじめ行為と精神的損害との因果関係，精神的損害の程度などについて，意見を書いてもらうことになる。このように，意見書のもつ意味は重要であるため，弁護士と綿密な連携をとり，どこにポイントを置いて意見を構成していくかを検討することが大切になる。

2 証人としての出廷

　意見書を作成し，証拠として提出した後は，意見書の信用性を明らかにし，その内容を裁判所に理解してもらうため，法廷で証人として証言をしていくことを念頭に入れておく必要がある。法廷での証言については，慣れないことだと思われるので，事前に弁護士との綿密な打ち合わせが必要になる。しかし，基本的には，意見書にまとめたいじめ事実を明らかにし，そこから認められる被害者の心情の変化を示して，どのような評価になるかを話していただければよい。

　尋問方法としては，専門家の意見を聴くことになるので，通常の一問一答式による尋問方法ではなく，まずは，20ないし30分程度の時間内にまとめて意見を述べてもらい，その後に代理人から質問を行なうというレクチャー方式をとることが相当であろう（弁護士としては，そのような尋問方法をとるように裁判所に働きかけることが大事である）。説明に際しては，被害者の心情の変化を具体的なイメージをもってより深く理解してもらうため，被害者が心理的に追い詰められていった経過を追体験できるように具体的場面を再現し，パワーポイントを使用して図示するなど視覚的に訴えることを含め，説明に工夫を凝らすことが必要であろう。

3 本事例についての検討

①意見書の作成

　本事例では，すでに医師によるPTSDの診断がなされているので，まず，診断書，カルテ，およびAの陳述書を証拠として提出して，いじめ行為とPTSDとの関係，精神的ダメージの程度などを明らかすることになる。そのうえで，心理専門職の意見書を提出したい。その内容としては，Aから聴き取ったいじめ事実およびそのことによって生じた心情の変化を時系列で示してもらい，特に重要なポイントである校舎の屋上で自殺を強要されたという事実に焦点を当て，この事実は，Aに死を意識させることであり，このことをきっかけとして身体症状が現れ，心理的不安定を発症し，不登校に繋がっていったことを示し，Aが心理的に追い込まれていった状況を浮き彫りにしていく。具体的には，「キモイ」「消えろ」などと言われ，自殺を強要され，さらに「死ね」などの言葉を浴びせられた事実経過を示し，Aが，極度の精神的ストレスを感じ，集中力を欠くようになり，その影響により，身体症状として動悸，不眠，発熱，下痢などの症状を生じたことを伝える。さらに，自殺を強要されたことは，Aにとって自己否定に繋がる体験（いじめられるのは自分自身に問題があると考えるようなった追い詰められた心理状態）であり，Aの心身に重大な影響を与えたこと，保健室に避難するような状況，家，特に自室に閉じこもるようになった状況は，いじめ行為を回避したいという態度の現れであることなどを明らかにする。そのうえで，ICD-10やDSM-5の基準を踏まえて，いじめ行為と心理的損害の因果関係，心理的損害の程度などについて意見書をまとめる。

②証人としての出廷

　次に，Aの心理状態の変化をより鮮明にイメージしてもらうため証人として証言してもらいたい。証言にあたっては，事前に弁護士と綿密な打ち合わせをしたうえで，意見書に基づいて，いじめ行為（特に，自殺の強要）によって，Aがいかに精神的ダメージを受けたのかを中心に証言して

もらう。レクチャー方式で説明するに際しては，本件の重要ポイントとなるAが自殺を強要されたことで，自分は生きている価値のない人間なのだ，自殺を強要されるのは自分に問題があるのだという誤った意識に追い込まれていった状況を，裁判所に理解してもらうことが必要である。そのため，具体的に自殺強要の場面での認定した言葉のやりとりなどを再現したり，その場面をパワーポイントで図示するなどして，B，C，Dの投げかけた言葉によって，Aが心理的にどのように追い込まれていったかをイメージできるように説明を工夫する。

5 その他の裁判手続きへの関与

　法律の専門家でない心理専門職が，裁判手続きに直接関与することは，前述した証人として出廷して証言する以外に，基本的には考え難いところである。
　しかし，裁判を行なうことは被害者である依頼者にとって極めて心理的負担が大きいことからすると，その心理的負担を軽減する方策として，何らかの関与が考えられないかを検討してみたい。

1　被害者の心理的ケアの視点からの関与——法廷での立ち会い

　被害者が，原告本人として，裁判所に出廷し，本人尋問を受ける場合を想定してみる。いじめの被害者である原告は，法廷で，加害者側の尋問を受けることで，心理的に追い詰められて正確な供述ができなくなり，さらには，心理的に傷つくという二次被害を受けかねない状況に置かれかねない。そのため，被害者的立場にある者が法廷で供述する場合に，その心理的負担を軽減する措置を規定している民事訴訟法の規定の適用を検討する。
　民事訴訟法204条は，ビデオリンク方式での尋問を規定している。この方式は，法廷ではなく，裁判所内の法廷とは別の場所でビデオ回線を使っ

て尋問を行なうものである。たとえば犯罪被害を受けた者が法廷で直接加害者側と対峙すること，あるいは，傍聴席に加害者側がいることによって，さまざまなプレッシャーを受けてしまい，平常心を保ちながら証言することができなくなることを避ける場合に用いられる。また，同法203条の3は，法廷で供述するに際して，傍聴席，あるいは相手方席から姿を見られないように遮蔽の措置を取ることができると規定している（ビデオ回線を使った場合にも併用可能）。さらに，同法203条の2は，証人の年齢または心身の状態その他の事情を考慮し，証人が尋問を受ける場合に著しく不安または緊張を覚えるおそれがあると認めるときは，その不安または緊張を緩和するのに適当であり，かつ，裁判長もしくは当事者の尋問もしくは証人の陳述を妨げ，またはその陳述の内容に不当な影響を与えるおそれがないと認める者を付添人とすることができると規定している。なお，上記の各条文は証人尋問の規定であるが，当事者尋問に準用されている（民事訴訟法210条）。

　このような措置が規定されているのであるから，代理人としては，この措置を最大限に利用していくことで，被害者の負担を軽減するように努めるべきである。いじめの被害者にとって，法廷で一人，尋問の機会に晒されることは，この上なく不安，緊張を強いられることである。このことからすると，上記手続きのうち付添人の規定を利用することは，精神的安定を生み，正確な供述をすることに繋がっていくと思われる（付添人は，供述者の供述に影響を与えるようなことはできないため，尋問中に本人に対して何らかのアドバイスをするなど，声を掛けたりするような行動はできない。しかし，被害を受けた者にとって，一人ではないという安心感は，極めて重要なことであろう）。

　この付添人の役を，心理専門職に担ってもらうことはできないだろうか。相談の時点から，自らの内面を理解してくれている人に，法廷での供述，あるいはビデオリンク方式での供述の際，隣に付き添ってもらうことは，その場でアドバイスをもらうことはできないものの，一人ではないという心理的安定をもたらし，平常心を保ちながら，法廷での尋問に耐える

ことができるのではないかと思われる。

　ところで，心理専門職が意見書を提出し，証人として尋問された，あるいは尋問予定であった場合には，陳述の内容に不当な影響を与えるおそれがある者との判断がなされることが予想される。しかし，ただ被害者の傍らにいるだけで不当な影響を与えるということは通常考えられず，相当な理由とは言えないと思うため，そのような裁判所の訴訟指揮には異議を述べていくことが必要である。

　筆者の経験として，ストーカー被害に遭っている被害者の原告本人尋問に際し，裁判所はビデオリンク方式を採用したうえで，付添人を認める決定をした事例があった。その際には，心理専門職との連携がなかったことから，被害者の知人に依頼することになったが，仮に，心理専門職との連携が取れていたならば，付添人として尋問に立ち会ってもらい，心理的な動揺を少なくし，平常心を保ちながら供述してもらうことができたのではないかと思う。

　本人尋問を行なうに際しては，「ビデオリンク＋遮蔽＋付添人」「ビデオリンク＋遮蔽」「ビデオリンク＋付添人」「ビデオリンク」「遮蔽＋付添人」「遮蔽」「付添人」のパターンがあるが，心理専門職を付添人として申請していくことは，被害者保護の観点からも新たな視点を与えることになると思われる。

　本事例についても検討しておこう。

　不法行為に基づく損害賠償を求めている以上，いじめの事実を明らかにするためには，被害者の尋問は不可欠であり，代理人としてはAの尋問を申請せざるを得ない。しかし，不登校に陥っている中学3年生の女生徒にとって，加害者側代理人からの尋問をはじめとした尋問を公開の法廷で受け，自らが体験したいじめ被害の実態を語ることは，いじめを追体験し，場合によっては自殺の強要場面がフラッシュバックしてしまう危険を孕んでいるため，Aにとって極めてストレスがかかり，不安または緊張を強いられることである。Aの現状を考えると，法廷で供述すること，B，C，Dの姿を見たり，B，C，Dに自分の姿を見られることにより，心理的に動

揺を起こし，正確な供述ができないおそれがあると考えられる。そのため，代理人としてはビデオリンクの申請をしたうえで，さらに遮蔽，付添人の申請もしたい。付添人には，提訴意思の確認段階から継続的に心理的なケアをしてくれており，安心感を与えてくれる心理専門職を申請したい。なお，裁判所から，心理専門職は証人として採用しているので，付添人は他の人にすることという訴訟指揮がなされた場合には，傍らにいるだけで供述の正確性に疑義が生じることはありえないと強く主張していくことが必要である。仮に，裁判所の判断が変わらなかった場合には，母親を付添人として申請することがよいと思われる。

2　補佐人としての関与

　もっと直接的に，心理専門職としての知識を訴訟手続きのなかで活かすことができないかという視点から考えると，補佐人（民事訴訟法60条）として裁判に関与する可能性はないだろうか。民事訴訟法60条1項は，「当事者又は訴訟代理人は，裁判所の許可を得て，補佐人とともに出頭することができる」と規定している。補佐人は，当事者または訴訟代理人とともに裁判期日に出頭し，これらの者が行なう弁論について，専門的知識に基づき援助することとなる。実務上，知的財産訴訟において，弁理士が補佐人として関与していることがある。このようなことが行なわれるのは，知的財産に関する専門的主張を弁論の場で展開していくに際して，専門的知識を有する弁理士の力を借りることで，争点を明確にし，双方の主張をかみ合わせるためである。

　同じように，いじめ行為による不法行為に基づく損害賠償請求訴訟において，損害論を展開するにあたり，被害者が心理的にどのように追い詰められていったのか，どのような精神的ダメージを受けてきたと評価すべきなのかなどの主張を展開するにあたり，法律家だけではなく，心理専門職に加わってもらうことで，主張が明らかとなり，争点がより明確化し，その結果双方の主張がかみ合っていくことになるのではないかと思われる。

心理専門職を補佐人として認めてもらうためには，裁判所の許可が必要である（民事訴訟法60条2項）。裁判所に対して，主張整理をはじめとする弁論手続きに心理専門職を関与させる意義をしっかりと伝えることができるか否かは，ひとえに代理人の手腕にかかっていることになるだろう。代理人自身が，その必要性をどの程度感じているか，そこにかかってくるのではないだろうか。

6　おわりに

　いじめ訴訟は，その立証が困難であり，敗訴となることが実に多い訴訟である。意を決して訴訟をしたものの，立証の壁に阻まれるなど，裁判をしたことにより，再び心の傷を負ってしまう現状がある。しかし，司法による二次被害などは決してあってはならない。その意味で被害者の代理人として行動する弁護士には，大きな課題が課せられていると思ってきた。
　本稿では，心理専門職が民事事件にどのように関わっていくのかという，被害者の司法臨床という視点から問題提起をしたが，この問題提起は，前述した司法に課せられた課題を解決していくための鍵になるのではないかと思う。本稿で論じたことは誰でも考えつくことであり，目新しいことは何もないと思う。しかし，現実の場面で行なわれていることはあまり多くないのではないだろうか。弁護士として，被害者の心情に配慮した事件進行をしようとしても，具体的にどのようにしたらよいのかわからないことが多いのではないだろうか。心理専門職にしても，自分たちが司法の場でその専門的知識を活かせることがあると思っていないのではないだろうか。一方で，もし，司法の場で自分の専門性を活かすことができるのであれば活かしてみたいと思っている心理専門職の方もいるのではないだろうか。このような現状に鑑み，意を決して立ち上がった被害者に寄り添い，弁護士と心理専門職がチームとしての互いの専門性を活かしながら，被害者の心理的ケアをしつつ，本来の目的であるいじめ行為と精神的損害との因果

関係，精神的損害の程度などの立証を達成することを目指していくことは，大変意義のあることだと思う。そして，被害者の司法臨床に新たな視点を与えることになると思われる。

　このように考えるものの，現実の場で，弁護士と心理専門職との交流場面は少ない。個人的な繋がりだけでは限界がある。この取り組みを実現していくためには，弁護士会と医師会，臨床心理士会が中心となって連携を深める取り組みを行なっていく必要があるのではないだろうか。なお，筆者が所属している大阪弁護士会では，子どもの権利委員会と大阪府臨床心理士会との間で定期的に少年司法に関する研究会などを行なっていることもあり，そこでの繋がりをもとに，民事事件についても連携を図っていく土壌ができあがっている。今後，民事事件でも連携を深める取り組みをしていきたいと考えている。

　この論考が，いじめ，体罰，性暴力，DVなどの被害者を救う一助になれば幸いである。

文献

文部科学省（2011）いじめの定義．(http://www.mext.go.jp/component/a_menu/education/detail/__icsFiles/afieldfile/2015/06/17/1302904_001.pdf［2016年5月27日閲覧］)

10
供述分析としての鑑定

仲真紀子

I 供述分析の背景

1 はじめに

　筆者に求められる鑑定の多くは，刑事事件における子どもの被害や目撃に関する供述に関するものである。そこでは供述の信用性，すなわち子どもの供述が実際の出来事を反映しているかどうかが検討課題となる。出来事は一度限りであり，体験があったとしても，記憶は変容し再構成される。しかし，記憶にアクセスしようとする場合，少なくともクローズド質問（「白でしたか？」や「白でしたか？　黒でしたか？」のように，回答の幅に制約のある質問）に対する応答よりは，オープン質問（「話してください」「そして」「それで」などの開かれた質問）によって得られる報告のほうが正確である（Lamb & Fauchier, 2001 ; Lamb et al., 2007）。クローズド質問では，正確な記憶がなくとも回答を選ぶことができ，また，反応バイアス（「はい」だけ，あるいは「いいえ」だけを選ぶ反応傾向）が起きることもある（アルドリッジ＋ウッド，2004）。また，クローズド質問には特定の情報（「白でしたか？」の「白」など）が含まれるため，その情報が記憶を汚染する可能性もある（Ackil & Zaragoza, 1998 ; ギャリー＋レイダー＋ロフタス，2001 ; 菊野，1993 ; 仲，2012b ; Poole & White, 1991, 1993）。こういった理

由のために，クローズド質問への回答は不正確になりやすい。そこで，質問に対する応答という観点から，供述のどの部分がオープン質問によって引き出された本人の言葉なのか，どの部分がクローズド質問への応答であり，誘導や暗示の影響を受けた可能性があるのかを調べることで，供述の信用性にアプローチできるのではないか。そのように考え，これまでに鑑定書や意見書を書いてきた（仲，2013）。

民事事件では，事実確認について刑事事件のような厳密さは求められないかもしれない。それでも人事訴訟に関わる調査として，虐待やDVの有無，奪取に関する聴取などが必要な場合もあるだろう。また，出来事の確認でなくとも，誘導・暗示のない状況で，被面接者が自分の言葉で意見を述べることは常に重要である（Saywitz, Camparo, & Romanoff, 2010）。そこで本章では，まず供述分析の背景に触れ，次に筆者が用いている方法について述べる。供述分析を行なうには，供述者が適切な方法，つまり誘導や暗示のない方法によって聴取を受け，報告された内容が客観的に記録されていることが重要である。そこで，こういった聴取・記録を目指す面接法（司法面接）や，供述の信用性判断に関する近年の法的判断にも言及したい。

2 供述分析の発達

供述を分析し，その信用性を査定しようとする方法を，広く供述分析という。その源は，1950〜1970年代にドイツのUndeutschが開発した「現実分析」や，Trankellによる「形式的構造分析」にまで辿ることができる（高木・大橋，2005）。Undeutschによる「現実分析」は，体験した者でないと報告できないような独自性，明瞭性，迫真性，内的一貫性などの「基準」を供述が備えているかどうかを調べるというものであった。Trankellの「形式的構造分析」は，捜査や尋問により明らかになった事実や個人の主観的事実を踏まえたうえで，供述の現実分析や尋問の分析を行なうというものであった。

その後，現実分析で用いられる基準は，StellerやKöhnkenにより5グルー

プ 19 の基準として整理された（Steller & Köhnken, 1989）。5 グループの情報とは，①一般的な特徴（構造，詳細情報の量など），②特定の内容（文脈への埋め込み，会話など），③内容の特異性（予期せぬ出来事，外部情報とつながる事柄など），④動機づけに関する内容（自発的な訂正，知らないことを知らないと認めるなど），⑤犯罪に特有な情報（個別の犯罪に特有の出来事など）である。Steller や Köhnken は，供述がこれらの基準をどの程度満たしているかを調べることで，その信用性を推定しようとした。この方法を「基準にもとづく内容分析」（Criteria Based Content Analysis : CBCA）という。例えば Hershkowitz（1999）は，イスラエルで実施された 4～13 歳の子どもへの面接のうち，客観証拠に照らして実際に起きた可能性が高いと考えられる出来事の面接 12 件と，実際にはなかったと考えられる出来事の面接 12 件について CBCA を行ない（5 件法で評定），前者のほうが CBCA の得点が高いことを示している。

　しかし，こういった方法は，供述が自発的に本人の言葉で語られたものでないと行なうことができない。Bruck, Ceci, & Hembrooke（2002）は，5～6 歳の幼児に対し，実際にあった出来事（事実：お母さんから叱られたなど）と実際にはなかった出来事（虚偽：泥棒がデイケアから食べ物を盗んだなど）について繰り返し誘導的な面接を行なった。その結果，子どもの大半が事実だけでなく虚偽の出来事についても詳細な報告をするようになった。この事実の報告と虚偽の報告について CBCA を行なったところ，むしろ虚偽の報告のほうが，自発的発話，新たな情報，詳細情報，一貫性，時間情報などの信頼性の指標とされる特徴が多かった。このため，供述の信用性を査定するには，誘導・暗示のない本人の言葉による供述が不可欠である。こういったことを踏まえ，Raskin & Esplin（1991）は，供述信用性分析（State Validity Analysis : SVA）という方法を提唱している。この方法は，①誘導・暗示のない自発的な報告を求めるための面接を行ない，②得られた供述について CBCA を行ない，③その結果を他の証拠（物的証拠，被疑者のアリバイの有無や自白など）と照合し，供述の信用性を総合的に推定しようというものである（Pezdek et al., 2004）。事実, Craig et al.（1999）は，

オープン質問に対する応答にはCBCAの基準が多く含まれることを確認している。

3 日本における供述分析

日本においても供述分析は行なわれてきた。しかし、取調べの録音録画が開始されるまでは、供述分析に使用することのできる材料は調書や法廷での証言に限られていた。伝統的な調書では、聴取過程で得られた情報が供述者の一人称の文体で表される。例えば、実際には「白い車を見ましたか」－「はい」というやりとりが行なわれていたとしても「私は、白い車を見ました」という文体で供述調書が作られる。しかし、前述のとおり、本人の言葉でない供述にCBCAを行なっても無意味である。また、聴取は複数回繰り返されることが一般的であり、重大事件では100にものぼる調書が作成されることもある。バートレット（1983）はすでに1930年代に、反復再生法（参加者自身に何度も同じ話を報告させる）、系列再生法（Aが思い出した事をBに話し、BがそれをCに伝えるというように、報告を伝達していく）の実験を行ない、報告を反復すると、その内容が変容することを示している。こういった反復で得られる情報についてCBCAを行なうことは適切ではない。

このことから、供述分析の先駆者である浜田（2001, 2005）は供述を時系列に並べ、内容の変遷を調べ、事後的に提示された情報（典型的には捜査官による暗示や誘導）の有無について検討することで、供述が体験にもとづくのか、そうでないかを推定した。例えば、聴取の初期は「わからない」という簡単な供述であったものが、数年を経て詳細な供述になっていくとすれば、それは誘導・暗示の影響だと推察される（甲山事件における児童の供述）。また、複数の目撃者のいる事案において、初期の調書では、目撃された犯人の背丈の記述に目撃者間でばらつきがあったとしても、聴取が繰り返されるにつれその値が（被疑者の背丈に合うように）収束していくとすれば、外からの力が加わったことが推測される（富山事件におけ

る目撃者の供述）。

　子どもへの面接では何十もの調書が取られることはないが，それでも調書内，調書間の齟齬が子どもの記憶の不確かさや誘導・暗示の可能性を示唆している場合がある。例えば（以下，現実事例の個有情報はすべて架空の情報に置き換えて述べる），子どもの供述調書に「おじさんが足を引っかけた」とあっても，聴取に立ち会った母親の調書には「子どもはおじさんがドンしたと言っていましたが，ドンというのは，背中を押したりするときに使う言葉です」などとあれば（そして，子どもの調書には「ドン」の記載がなければ），「ドン」は聴取者の解釈のもとで「足を引っかけた」と記述されたのではないかという疑義が生じる。

　また，調書に「おじさんはむねと，おしりと，おまたを触りました」とあっても，母親の調書のなかに「心配になり子どもに『むねとか，おしりとか触られなかった？』と聞いたところ，『うん』と答えました」とあり，父親の調書にも「むねとおしりを触られたということなので，『おまたとかはどう？』と確認したところ，『あった』と言いました」などとあれば，子どもの述べている「むね，おしり，おまた」のうち，むねとおしりは母親，おまたは父親が提示した情報である可能性がある。

4　裁判記録と録音録画

　元の発話には当たれないという制約のなかで，高木・大橋（2005）は，逐語的に記録される法廷での質問－応答のパターンに注目した。そして，被尋問者が実際に体験したとされる出来事（例えば，逮捕された場面）について語る際の発話パターンと，問題となっている事件（殺害）について語る際の発話パターンを比較し，その違いなどから，発話が体験を反映しているかどうかを査定している。同様に，脇中（2005）は被告人が犯行を認めている段階での裁判記録と，否認した段階での裁判記録とを比較し，トピック間のシフト，逸脱的な応答，沈黙や情報量の変化などから，どちらの供述がより真実に近いのかを検討している。

法廷でのやりとりは，本人の言葉が述べられているという点では，調書よりも本来の記憶を表している可能性はある。しかし，逐語的には記録されていても，法廷証言は事件から半年，1年，ときには数年もたった時点でのやりとりであり，その前に多くの聴取が行なわれていることを考えれば，記憶の変遷や汚染，調書作成による「事実」の再学習が生じている可能性も否めない。

　そのようななかで，2009年に裁判員裁判が開始された。さらに，足利事件，氷見事件，志布志事件など，虚偽の自白があったことが判明した事案の影響もあり，知的障がいをもつ被疑者や裁判員裁判にかかる事案の取調べについて，警察や検察で録音録画が行なわれるようになった。録音録画の対象事件は拡大されつつあり，2014年には検察庁において一部の被害供述についても録音録画が開始され，近年では録音録画を前提とした供述分析も可能となってきた。これは画期的なことである。

2　録音録画の鑑定

1　司法面接の枠組み

　録画された面接の検討には司法面接（forensic interviews）と呼ばれる面接法の枠組みが有用である。司法面接とは，法的判断にも使うことができる，誘導や暗示のない，精度の高い情報の収集を目指した面接法の総称である（アルドリッジ＋ウッド，2004；ボーグほか，2003；英国内務省・英国保健省，2007；法と心理学会，2005；Lamb et al., 2007；仲，2012a；Poole & Lamb, 1998）。筆者らはガイドラインの作成や翻訳を行なうとともに，2008年より，北海道大学で専門家を対象とする司法面接の研修を行なってきた。2015年までに約4,000人の専門家（児童相談所職員，警察官，検察官，家庭裁判所調査官，弁護士など）が受講し，山本ほか（2015）によれば，（調査に回答した）児童相談所の9割以上が，性虐待が疑われる

事案で司法面接を実施したことがあるとしている。警察でも「被害児童からの客観的聴取について」(警察庁, 2011) や「取調べ (基礎編)」(警察庁, 2012) など, 司法面接と同様の構造をもつ面接法の提言や教本が作られ, 実務に用いられるようになってきた。

司法面接法は地域により多少のバリエーションはあるが, 被面接者 (以下, 子どもとする) から自由報告 (自発的な報告) を得ることを重視し, ゆるやかに構造化されている点は共通している。ここでは実証的研究の多い NICHD プロトコル (Lamb et al., 2007 ; Lamb et al., 2008) を取り上げ, 司法面接の手続きを紹介する (NICHD プロトコルは http://www.nichdprotocol.com よりダウンロードできる)。

- 導入——面接者は挨拶や機材の説明の後, 面接での約束事 (グラウンドルール: 本当にあったことを話してください, わからなかったら「わからない」と言ってくださいなど) を告げる。その後, リラックスした話しやすい関係性を築き (ラポール形成:「何をするのが好きですか?」など), 出来事を思い出して話す練習を行なう (エピソード記憶の訓練:「朝起きて, ここに来るまでにあったことを, どんなことでも全部話してください」など)。
- 自由報告——オープン質問 (「話してください」「そして」「それで」など, 回答に制約を設けない質問) を用い, 子どもに主体的に話してもらう。
- 質問——主としてオープン質問, 補足的に WH 質問 (「いつ」「どこ」など) を用いて補足的に情報を収集する。クローズド質問 (A か B か, 「はい」か「いいえ」かなどの選択式の質問) や誘導的な質問 (「〜ですね」など) は控える。
- クロージング (終結)——子どもに感謝し, 質問などを受けて終了する。

こういった方法は正確な情報をより多く引き出すことが, 実験研究や

フィールド研究により確認されている（Lamb et al., 2008 ; Lamb et al., 2007 ; Roberts, Lamb, & Sternberg, 2004）。

2　司法面接を前提とする分析

　司法面接は適切な面接法の一つのかたちである。そのため、この枠組みに則っているか否かという観点から、録画された面接を分析することができる。ここでは、分析を行なう場合の一般的な手続きを記述する。

　まず、録画を見ながら面接でのやりとりを書き起こす。この際、面接環境、面接者や子どもの態度や動作などについても気づくところがあれば書いておく。確認すべき点としては、以下のような事柄が挙げられる。

- 環境——静かで注意を阻害するもののない環境で、一対一で面接が行なわれているか。立会人がいると、口をはさんだり（「この間の話と違うじゃない」）、子どもにとって圧力となることがあるので（「こんなことを話したら心配をかける／怒られる」）、面接は一対一で行なうことが望ましい。
- 面接者の態度——面接者は中立の態度、立場で面接を行なっているか。対立する当事者がいる法的文脈では、面接者が子どもの代弁者となることは適切ではない。また、面接者が権威的であったり、逆に友達のようであったりすると、子どもは迎合する可能性がある。
- 面接の構造——プロトコルに忠実に沿った手続きで面接が行なわれているか。上述のように、より正確な情報をより多く引き出すために、プロトコルは有用である。
- 面接の時間——面接時間が長く、子どもに疲れた様子が見られないか。面接時間は経験的に5分×年齢ぐらいが適切だとされている。本題に入る前の導入に要する時間が8分より長い面接では、本題での子どもの発話がむしろ少なくなることを示した研究もある（Davies, Westcott, & Horan, 2000）。

- 面接者の動作——子どもを誘導するような身体の動きをしていないか。ある実験では面接者が帽子をかぶるしぐさをしたところ，有意に多くの子どもが「帽子をかぶっていた」と報告した（Broaders & Goldin-Meadow, 2010）。このように動作が誘導となることもあるので注意が必要である。

3　発話の種類の分析——発話の分類

　書き起こしが終了したら，各発話に発話者（面接者，子ども）のラベルをつけ，面接者の発話タイプを分類する。発話は広く以下のように分類される。例を表に示す。

- オープン質問（自由再生質問）——「話してください」「そして」「それから」などの応答に制約をつけない質問。以下の4種類が効果的である（仲, 2011）。
  - 誘いかけ質問——「話してください」など，被面接者の発話を広く誘い出す質問。
  - 時間分割質問——子どもが「Aがあった，Bがあった」と出来事の断片を報告したら，「Aの前にあったことを話してください」「AとBの間にあったことを話してください」などと出来事の間を埋めてもらう。
  - 手がかり質問——子どもがすでに述べたこと（A）について「Aのことをもっと詳しく話してください」と拡張を求める。
  - それから質問——子どもの報告が停滞したら，「そして？」「その後は？」とさらなる報告を促す。
- WH質問（焦点化質問）——「いつ」「どこ」「誰」などの特定の情報に焦点化した質問。
- クローズド質問（選択式質問）——「はい」か「いいえ」か，AかBかなど，選択肢を提示する質問。

表　面接での発話とその分析例（架空の発話である）（面＝面接者／子＝子ども）

No	話者	面発話タイプ	面文字数	子文字数	発話	コメント
1	面	inv	48		それでは，今日，家を出てからここに来るまでにあったことを，どんなことでも全部お話ししてください。	
2	子			3	全部？	
3	面	inv	20		そう，どんなことでもお話ししてください。	
4	子			25	朝起きて，ごはん食べて，学校に行って，ここに来た。	
5	面	ts	40		そうか，じゃ，朝起きて，ごはん食べるまでにあったこと，どんなことでもお話しして。	
6	子			46	うーん，朝起きて，服着替えて，トイレ行って，あ，ちがった。最初トイレ行って，で，服着替えた。	
7	面	then	7		うん，それで。	★とてもよい
8	子			40	で，学校の用意して，ご飯できたよって言われたから，下に行って，で，ごはん食べた。	
9	面	then	18		うん，ご飯食べた後はどうしましたか。	★とてもよい
10	子			76	で，お母さんからサインもらうの忘れてたから，もらって，で，妹が私の絵の道具貸してって言ったから，いいよって言って，で，友達が来たから一緒に学校に行った。	
11	面	inv	37		じゃ，学校に行ってからあったこと，どんなことでも全部，お話ししてください。	
12	子			29	うん，最初，読書の時間があって，それから1時間目は国語で，	
13					……（ここまでで，出来事の流れが語られたとする）	
14	面	wh	33		さっき，お友達と学校に行ったと言ったけれど，そのお名前は何ですか？	
15	子			6	○○ちゃん。	
16	面	cue	23		じゃ，○○ちゃんのこと，もっと教えてください。	

17	子		35	うん、○○ちゃんは、同じクラスなの。とっても仲良し。いつも遊んでるの。	
18	面	res	4	そうか。	
19	子		29	斜め前のおうちに住んでいるから、いつも学校に一緒に行くの。	
20	面	closed	19	○○ちゃんと<u>二人だけ</u>で学校に行ったの？	★「○○ちゃんと学校に行ったと言ったけれど、ほかにも人はいましたか？」のほうがよい。Yesなら「誰がいましたか？」
21	子		3	うん。	
22	面	cue	21	そうか、そのときのこと、もっとお話しして。	
23	子		17	<u>二人だけ</u>でね、行ってたらね……。	★子どもは誘導されたかもしれない

発話タイプ	コード	個数	面文字数	子文字数	面平均文字数	子平均文字数
①誘いかけ	inv	3	105	57	35	19
②時間分割	ts	1	40	46	40	46
③手がかり	cue	1	44	52	44	52
④それから	then	2	25	116	12.5	58
WH	wh	1	33	6	33	6
エコーイング	echo	0	0	0		
返事	res	1	4	29	4	29
繰り返し	repeat	0	0	0		
語尾なし	nogobi	0	0	0		
クローズド	closed	1	19	3	19	3
誘導	tag	0	0	0		
情報提供	info	0	0	0		
その他	other	0	0	0		

- 誘導質問――「～ですね」「～でしょう」のように肯定を期待するような質問。面接者が「叩かれたのね」と言えば，これは誘導となり得る。

　先述のように，クローズド質問や誘導質問は，質問（「Aですか」「Bでしょう」）に含まれる内容（AやB）が記憶を汚染したり，誘導・暗示となる可能性がある。よって，正確な情報を得るにはオープン質問かWH質問により面接を行なう必要がある。ただし，WH質問では「いつ」「どこ」などの焦点化した情報しか得られないことが多い。また，一問一答になりやすく「尋問」口調となりがちである。そのため，面接ではまずオープン質問を用いることが望ましい（英国内務省・英国保健省，2007；法と心理学会，2005；Lamb et al., 2008；Lamb et al., 2007など）。
　なお，日本語の面接では下記のような発話が現れることも多い（仲，2011）。

- エコーイング――子どもの話したことを繰り返す促進子（子ども「白い車だった」－面接者「白い車だった」など）。
- 返事――「ふん，ふん」などの相づち。子どもの発話を促す言葉として機能する。
- 繰り返し――相手の話したことをまとめる繰り返し（子ども「白い車を見た」の後に「白い車を見たと言っていたけれど」など）。まとめる際は，子どもが用いた言葉を用いることが重要である。上の例を「白っぽい車があったと言っていたけれど」とまとめることは不適切である。
- 語尾なし質問――「服は？（どうなっていた）」など，子どもに語尾をつがせる質問であり，子どもの報告を促進する。ただし，存在しない可能性のある項目について語尾なし質問を行なうと（例えば，服には模様がない可能性があるのに「服の模様は？」などと聴く），これは誘導となる可能性がある。

エコーイングと返事は子どもの発話を促すうえで有用である。繰り返しと語尾なし質問も，誘導情報（子どもが話していないこと）を含んでいなければ，確認や促しとして機能する。

　このほか，子どもが述べていない情報（「お父さんは〇〇と言ってたけれど」など）は「情報」として分類する。情報の提供は最小限にすべきであり，記憶喚起のために提供すべき情報がある場合は，何をどの段階でどの程度提示するか，面接の計画を立てる段階で慎重に吟味しておく。なお，「（部屋が）暑いかな？」や「あ，聞こえなかった」などの発話は「その他」として分類する。

4　発話の種類の分析――各発話タイプの個数と発話文字数

　分類が済んだならば，各タイプの質問がどの程度用いられているかをカウントしてみよう。Hershkowitz et al.（2006）の研究では，トレーニングを受けた面接者は6割程度がオープン質問，残りの2割ずつがWH質問，クローズド質問であった。これらは目安にすぎないがオープン質問は多いに越したことはない。一般的には以下のように考えることができる。

- オープン質問が多い面接では自由報告が引き出されやすく，子どもが自分の言葉で報告している可能性が高い。
- WH質問が多い面接は一問一答になりやすく，尋問口調になりがちである。また，面接者が聞きたいことだけを尋ねる仮説検証型の面接となっている可能性がある。仮説を支持する情報のみを収集する「確証バイアス」が働いていないか，注意が必要である。
- クローズド質問，誘導質問が多い面接では，子どもよりも面接者のほうが多くの情報を提供している可能性がある（「白い車？」の「白い車」など）。このような情報が誘導・暗示となっていないか検討が必要である。
- エコーイング，返事が多いのは差し支えない。子どもが話してい

る最中の返事（「白い車が（うん）すごいスピードで来たので（うん）怖かった」における「うん」など）を書き起こすのは煩雑なので，文と文の間の返事のみをカウントするか，カウントせず，長い報告としてまとめてもよい。
- 語尾なし質問，繰り返しについては，面接者が情報を提供していないか確認が必要である。

　以上はあくまでも面接の全体像であり，特定の情報が誘導・暗示となっていないかどうか確認するためには，「6 報告内容の分析」で示すような分析を行なう。

5　発話の種類の分析——発話文字数

　分類を終えたならば，面接者による発話タイプごとに子どもがどの程度の情報を提供したか，文字数をカウントしてみてもよい（エクセルであれば，「＝LEN（セル）」を用いる）。品詞分析などを行なえばより正確だが，品詞の数と文字数は相関があるので，実質的には文字数をカウントするので差し支えないと考えている。また，文字数は表記法（「話した」か「はなした」か）で異なるが，同一の人物が書き起こしを行なうのであれば，表記法はおおむね一貫していると推定される。文字数は概数ではあるが，評価指標としては簡便で，面接者と子どもがどの程度話しているかという概略を把握することができる。

　一般に，図のような結果が得られることが多い（面接者による各発話タイプに対する，被面接者の発話文字数を示す／架空の事例であるが，こういった結果は典型的である）。諸研究でもオープン質問による発話が多いことは繰り返し確認されているが，筆者が行なってきた鑑定事例においても同様である。

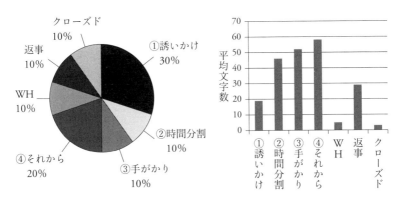

図　面接での発話の分析例

6　報告内容の分析——先行する情報との照合

　次に，子どもの発話内容を調べる。オープン質問，WH質問によって引き出された自発的な報告は，（確率的にではあるが）相対的に正確である可能性が高い。しかし，自由報告にも，①子どもが面接で初めて述べた発話，②子ども自身が以前述べたことを繰り返した発話，③面接者が述べたことを子どもが繰り返した発話，が含まれる。①と②は子どもの自発的な発話だが，③はそうではない。この検討のために，自由報告におけるそれぞれの内容（文節など）が，先行する発話に含まれていないか調べることが有用である。

　前述の表の例では，発話4の子「朝起きて，ごはん食べて，学校に行って，ここに来た」は①，発話8の子「で，学校の用意して，ご飯できたよって言われたから，下に行って，で，ごはん食べた」のうち「ご飯食べた」は発話4で出ているので②である。また，発話3の子「二人だけね，行ってたらね」の「二人だけ」は面接者の発話23の情報の繰り返しである③となる。

　WH質問にも子どもが述べたこと以外の情報が含まれる場合がある。例えば，子どもが「犯人はTシャツを着ていた」と述べていれば，「どんなTシャツ？」というWH質問は問題がない。しかし，子どもが「Tシャツの『模様』」については何も述べていないのに「どんな『模様の』Tシャ

ツ?」と尋ねれば, Tシャツに模様があったかのような印象を与える。このような質問は暗示質問といい, 注意が必要である。

　クローズド質問や誘導質問についても同様の分析が有用である。先述のように, クローズド質問や誘導質問には「Aでしたか」「Bですね」など, 特定の情報が含まれる。しかし, 先行情報と応答の関係性は, 以下の4種類に分けることができる。そのなかで特に問題なのは(4)の場合であろう。

(1) 先行情報が, 子どもがすでに述べたことである場合——子どもが先の会話で「白い車」と言っていた場合に, 面接者が「白い車って言ったんだっけ?」と尋ねるなど。この発話は「繰り返し」としてカウントすることもできる。
(2) 子どもが, 面接者が提示したこと以上の情報を提供した場合——面接者「白い車だった?」－子ども「うん。白い車で, ドアのところには緑で字が書いてあったよ」など。「白い車だった?」は誘導となり得るが, 子どもからさらなる情報を引き出したので, 合理化され得る。ただし, 子どもが迎合して「緑で字が書いてあった」と空想で述べた可能性もあるので注意が必要である。
(3) 子どもが命題を否定したり「わからない」「忘れた」などと答えた場合——面接者「白い車だった?」－子ども「うーん, 覚えてない」/「違う, 黒」。このような場合, 少なくとも誘導にはかかっておらず, 後者ではさらなる情報も引き出されている。ここで「本当に白い車でなかった?」などと質問を繰り返すのは適切ではない。
(4) 子どもが面接者が提示した情報を「うん」などとそのまま受け入れた場合——面接者「白い車だった?」－子ども「うん」。この答えが正しい場合もあるが, 反応バイアスや, 迎合によるものであるかもしれない。

　いずれにしても, 個々の発話だけではなく, 先行情報と照合しながら分析を行なう。

7 その他の分析

　以上，質問（ならびにそこに含まれる情報）と応答について見てきたが，次のような発話にも注意が必要である。

- 複雑で難しい質問——質問は答えを要請する。そのため，マルチ質問（1つの質問で複数のことがらを尋ねる）や，二重否定，埋め込み，代名詞などを含む複雑な問いに対しても，子どもは（質問の内容を理解していないにもかかわらず）答えようとする。しかし，複雑な質問への応答は，シンプルな質問への応答に比べ誤りが多く，さらには，応答の正確さと確信度の相関が低いことも知られている（つまり，子どもは自分の答えが合っていそうか間違っていそうかの判断ができない）（Brennan, 1995 ; Kebbell & Johnson, 2000 ; Perry et al., 1995 ; Walker, 1993）。
- 「わからない」の後の質問——子どもは，相手にとって有用な応答をしようと，曖昧で自信のないことは「わからない」「覚えていない」と言い控える場合がある。それでも質問を繰り返し，答えを得た場合，そこで得られた応答は誤りである可能性が高い（Koriat et al., 2001 ; Krähenbühl, Blades, & Eiser, 2009）。
- 質問の繰り返し——同じ問いを繰り返すと，子どもは前の答えは間違っていたのだと考え，答えを変える傾向がある（Poole & White, 1991, 1993）。特に，クローズド質問を繰り返すと矛盾した応答が生じやすい（Lamb & Fauchier, 2001 ; Orbach & Lamb, 2001 ; Memon & Vartoukian, 1996）。矛盾がある場合，どちらかの応答は誤りである可能性が高いので，注意が必要である。
- 圧力——「話さないと大変なことになる」「話してくれれば助けて上げられる」といった圧力や取引（Hershkowitz et al., 2006）は，子どもの応答を不正確にする（Bruck, Ceci, & Hembrooke, 2002）。

ある面接では，面接者「触られた？」－子ども「ううん」というやりとりが複数回繰り返された後，子どもは「うん」と述べた。別の面接では，「叩かれたの？」「叩かれたんじゃない？」という質問が繰り返された。その面接では，子どもは「ううん」と述べていたが，次の面接では「叩かれた」と言うようになった。特定の仮説の確認や追求，特定の情報を含む質問の繰り返しは誘導となる。

8 捜査の端緒となる情報，補助証拠につながる情報

　ここまで検討してきたのは面接内での情報の分析であった。面接で得られる情報は重要だが，それがオープン質問によって引き出されたものであっても，また，その内容が一貫しており迫真性があったとしても，それだけでは信用性が高いということにはならない（Bruck, Ceci, & Hembrooke, 2002）。結局のところ，補助的な証拠や外部情報に照らしてみなければ，供述の信用性は判断することができない（Pezdek et al., 2004）。そのため，面接で得た情報に，捜査の端緒となるような具体的情報が含まれているか，外的な情報と照合し，供述の正誤が確認できるような情報が含まれているかということは，たいへん重要である。「こんなおもちゃを買ってもらった」という供述から，そのおもちゃを販売した店が判明し，購入の日時から事件の時刻が特定された事案もある。「レンタル DVD を見ていた」という供述から，捜査機関が DVD 貸し出しの履歴を調べ，そこから日時が確認された事案もある。「○○ちゃんもいた」という報告から目撃者が判明し，その子どもからも補助的な情報が得られれば，それに照らして子どもの供述の信用性を判断することもできるだろう。

　外部情報との照合確認は捜査機関の仕事であろうが，こういった裏づけ可能な情報（checkable facts）が自発的な言葉で報告されているかどうかは重要である。面接において，問題となる出来事の前およびその前，そして出来事の後およびその後にある出来事や，時間的情報，空間的文脈に関する情報を聴取しておくことが必要である。

3 結語

 以上，供述分析の一方法について述べたが，どのような方法を用いるにしても，供述分析を行なうには，被面接者である子どもからできるだけ正確な情報をできるだけ多く得ておくことが必要である。

 近年の判決について述べる。ある事案では，幼児がわいせつ行為の被害を訴えた。事件の直後，事情を知らない父親が幼児に対し「何かあった？」と尋ねたところ，幼児から自発的な報告を得た（水庫, 2014）。この事案では，直後にオープン質問により本人の言葉を得たということが評価され，供述の信用性が認められた。

 別の事案では，児童がわいせつ行為の被害を窺わせるような発話をした。しかし，周囲の大人が繰り返し聴取し，誘導・暗示が与えられた可能性が高かったことから，その信用性は否定された。その判決文には「……当初の聴取の際，児童らに暗示・誘導なく自ら話してもらい録音録画し，母親からも供述を始めた状況を誘導なく詳細に聴取して録音録画するなど，真に暗示・誘導がないのであれば，その信用性を担保する方法は存在する」と書かれている。こういった面接，録音・録画があって初めて供述分析は可能になると言えるだろう。そのためには訓練を受けた面接者が適切な面接を行なうことも重要である。

文献

Ackil, J.K. & Zaragoza, M.S.（1998）Memorial consequences of forced confabulation : Age differences in susceptibility to false memories. Developmental Psychology 34 ; 1358-1372.
M・アルドリッジ＋J・ウッド［仲真紀子・斎藤憲一郎・脇中 洋＝訳］（2004）子どもの面接法——司法手続における子どものケア・ガイド. 北大路書房.
F・C・バートレット［宇津木保・辻 正三＝訳］（1983）想起の心理学. 誠信書房.
W・ボーグ＋R・ブロドリック＋R・フラゴー＋D・M・ケリー＋D・L・アービン＋J・バトラー［藤川洋子・小澤真嗣＝訳］（2003）子どもの面接ガイドブック——虐待を聞く技術. 日本評論社.
Brennan, M.（1995）The discourse of denial : Cross-examining child victim witnesses. Journal of Pragmatics

23 ; 71-91.
Broaders, S.C. & Goldin-Meadow, S.（2010）Truth is at hand : How gesture adds information during investigative interviews. Psychological Psychological Science published online 7 April 2010. DOI:10.1177/0956797610366082
Bruck, M., Ceci, S.J., & Hembrooke, H.（2002）The nature of children's true and false narratives. Developmental Review 22 ; 520-554.
Craig, R.A., Scheibe, R., Raskin, D.C., Kircher, J.C., & Dodd, D.H.（1999）Interviewer questions and content analysis of children's statements of sexual abuse. Applied Developmental Science 3-2 ; 77-85.
Davies, G.M., Westcott, H.L., & Horan, N.（2000）The impact of questioning style on the content of investigative interviews with suspected child sexual abuse victims. Psychology, Crime & Law 6 ; 81-97.
英国内務省・英国保健省＝編［仲真紀子・田中周子＝訳］（2007）子どもの司法面接——ビデオ録画面接のためのガイドライン．誠信書房．
M・ギャリー＋M・レイダー＋E・F・ロフタス［厳島行雄・仲真紀子＝訳］（2001）出来事の記憶と誘導尋問——事後情報効果．In：渡部保夫＝監修：目撃証言の研究——法と心理学の架け橋をもとめて．北大路書房，pp185-200．
浜田寿美男（2001）自白の心理学．岩波書店．
浜田寿美男（2005）自白の研究——取調べる者と取調べられる者の心的構図 新版．北大路書房．
Hershkowitz, I.（1999）The dynamics of interviews involving plausible and implausible allegations of child sexual abuse. Applied Developmental Science 3-2 ; 86-91.
Hershkowitz, I., Orbach, Y., Lamb, M.E., Sternberg, K.J., & Horowitz, D.（2006）Dynamics of forensic interviews with suspected abuse victims who do not disclose abuse. Child Abuse & Neglect 30 ; 753-760.
法と心理学会・目撃ガイドライン作成委員会＝編（2005）目撃供述・識別手続に関するガイドライン．現代人文社．
菊野春雄（1993）子どもの視覚記憶に及ぼす言語的質問の効果．教育心理学研究 31 ; 99-105.
Kebbell, M.R. & Johnson, S.D.（2000）Lawyers' questioning : The effect of confusing questions on witness confidence and accuracy. Law and Human Behavior 24 ; 629-641.
警察庁（2011）被害児童からの客観的聴取について——誘導，暗示を排除した聴取技法．警察庁被害児童からの客観的聴取技法に関する研究会．
警察庁（2012）取調べ（基礎編）．
Köhnken, G. & Steller, M.（1988）The evaluation of the credibility of child witness statements in the German procedural system. Issues in Criminological & Legal Psychology 13 ; 37-45.
Koriat, A., Goldsmith, M., Schneider, W., & Nakash-Dura, M.（2001）The credibility of children's testimony : Can children control the accuracy of their memory reports? Journal of Experimental Child Psychology 79 ; 405-437.
Krähenbühl, S., Blades, M., & Eiser, C.（2009）The effect of repeated questioning on children's accuracy and consistency in eyewitness testimony. The British Psychological Society 14 ; 263-278.
Lamb, M.E. & Fauchier, A.（2001）The effects of question type on self-contradictions by children in the course of forensic interviews. Applied Cognitive Psychology 15 ; 483-491.
Lamb, M.E., Hershkowitz, I., Orbach, Y., & Esplin, P.W.（2008）Tell Me What Happened : Structured Investigative Interviews of Child Victims and Witnesses. Chichester : Wiley & Sons.
Lamb, M.E., Orbach, Y., Hershkowitz, I., Esplin, P.W., & Horowitz, D.（2007）A structured forensic interview protocol improves the quality and informativeness of investigative interviews with children : A review of research using the NICHD Investigative Interview Protocol. Child Abuse and Neglect 31 ; 1201-1231.

Memon, A. & Vartoukian, R.（1996）The effects of repeated questioning on young children's eyewitness testimony. British Journal of Psychology 87 ; 403-415.

水庫一浩（2014）強制わいせつの被害者である当時7歳の女児の証言に信用性を認めた事例．研修 796 ; 101-106.

仲真紀子（2011）NICHDガイドラインにもとづく司法面接研修の効果．子どもの虐待とネグレクト 13 ; 316-325.

仲真紀子（2012a）子どもの証言と面接法．In：日本発達心理学会＝編，根ヶ山光一・仲真紀子＝責任編集：発達科学ハンドブック4．発達の基盤──身体，認知，情動．新曜社，pp.284-296.

仲真紀子（2012b）面接のあり方が目撃した出来事に関する児童の報告と記憶に及ぼす効果．心理学研究 83 ; 303-313.

仲真紀子（2013）心理学鑑定に必要な4つの要件．In：白取祐司＝編：刑事裁判における心理学・心理鑑定の可能性．日本評論社，pp.163-186.

Orbach, Y. & Lamb, M.E.（2001）The relationship between within-interview contradictions and eliciting interviewer utterances. Child Abuse & Neglect 25 ; 323-333.

Perry, N.W., McAuliff, B.D., Tam, P., Claycomb, L., Dostal, C., & Flanagan, C.（1995）When lawyers question children : Is justice served? Law and Human Behavior 19 ; 609-629.

Pezdek, K., Morrow, A., Blandon-Gitlin, I., Goodman, G.S., Quas, J.A., Saywitz, K.J., Bidrose, S., Pipe, M-E., Rogers, M., & Brodie, L.（2004）Detecting deception in children : Event familiarity affects criterion-based content analysis ratings. Journal of Applied Psychology 89 ; 119-126.

Poole, D.A. & Lamb, M.E.（1998）Investigative Interviews of Children : A Guide for Helping Professionals. Washington, D.C. : American Psychological Association.

Poole, D.A. & White, L.T.（1991）Effects of question repetition on the eyewitness testimony of children and adults. Developmental Psychology 27 ; 975-986.

Poole, D.A. & White, L.T.（1993）Two years later : Effects of question repetition and retention interval on the eyewitness testimony of children and adults. Developmental Psychology 29-5 ; 844-853.

Roberts, K.P., Lamb, M.E., & Sternberg, K.J.（2004）The effects of rapport-building style on children's reports of a staged event. Applied Cognitive Psychology 18 ; 189-202.

Raskin, D.C. & Esplin, P.W.（1991）Statement validity assessment : Interview procedures and content analysis of children's statements of sexual abuse. Behavioral Assessment 13 ; 265-291.

Saywitz, K, Camparo, L.B., & Romanoff, A.（2010）Interviewing children in custody cases : Implications of research and policy for practice. Behavioral Sciences and the Law 28 ; 542-562.

Steller, M.（1989）Recent developments in statement analysis. In J.C. Yuille（Ed.）：NATO Advanced Science Institutes Series. Series D : Behavioural and Social Sciences. Vol.47 Credibility Assessment. New York : Kluwer Academic/Plenum, pp.135-154.

Steller, M & Köhnken, G.（1989）Statement analysis : Credibility assessment of children's testimonies in sexual abuse cases. In : D.C. Raskin（Ed.）：Psychological Methods in Criminal Investigation and Evidence. Berlin : Springer, pp.217-245.

Sternberg, K.J., Lamb, M.E., Hershkowitz, I., Yudilevitch, L., Orbach, Y., Esplin, P.W., & Hovav, M.（1997）Effects of introductory style on children's abilities to describe experiences of sexual abuse. Child Abuse & Neglect 21-11 ; 1133-1146.

高木光太郎・大橋靖史（2005）供述の信用性評価における言語分析的アプローチの展開．心評 48 ; 365-380.

脇中洋（2005）．証言態度の変容を数量的に分析する試み．法心 4 ; 92-106.

Walker, A.G.(1993)Questioning young children in court : A linguistic case study. Law and Human Behavior 17 ; 59-81.

山本恒雄・渡邉 直・青木栄治・渡辺裕子・妹尾洋之・稲葉史恵・大久保牧子・丸山恭子・和田一郎・中嶋佐智子（2015）児童相談所における性暴力被害児への支援の在り方．In：岡本正子＝研究代表者：性的虐待事案に係る児童とその保護者への支援の在り方に関する研究．厚生労働科学研究費補助金政策科学総合研究事業（政策科学推進研究）平成 26 年総括・分担研究報告書，pp.13-32.

第4部
心理鑑定の今後の展望

II
「裁判員裁判のための対人援助専門職ネットワーク」の活動と意義

藤原正範

1 「裁判員裁判のための対人援助専門職ネットワーク」設立までの経緯

　「裁判員裁判のための対人援助専門職ネットワーク」（以下，「対人ネット」）がどのようにして始まったのかを，まず概括したい。筆者がこういう会を立ち上げないといけないと思うようになったきっかけは，裁判員制度である。2004年5月21日，「裁判員の参加する刑事裁判に関する法律」が国会で成立した。この法律公布後5年間，裁判所，検察庁，弁護士会などによって，裁判員制度を日本に定着させるために入念な準備が進められた。一般市民の参加する刑事裁判がどのようなものになるかをイメージし，また事前に問題になりそうなことをモニターする目的で，実に560回以上の模擬裁判が実施された。

　法律公布時，筆者は家庭裁判所調査官（以下，「家裁調査官」）であった。裁判所職員でありながらこの制度は有益であろうと漠然と思うだけで，関心は薄かった。当時，筆者の最大の関心事は，2000年の少年法「改正」とそれ以降繰り返される再改正論議の動向であった。

　しかしそのうちに，筆者のなかで少年法と裁判員裁判がしっかりと交わる時期がやってきた。筆者は，2005年3月に裁判所を退職した。退職後，少年事件に取り組む弁護士の付添人活動や刑事弁護活動の援助をするボラ

ンティア活動を始めた。そして，最高裁判所上告中の死刑判決を受けた被告人（事件当時は少年）の情状鑑定の依頼があった。たいへん大きな仕事であったが，三重県内の親しい臨床心理士2名の力を借りて取り組んだ。

2008年11月22日，日本福祉大学名古屋キャンパスで開催された犯罪心理鑑定研究会において，筆者らがその情状鑑定の報告をした。ここには，その事件の第一審段階で心理鑑定を行なった加藤幸雄（元 家裁調査官，当時 日本福祉大学学長）が出席しており，たいへん有意義な会となった。その議論のなかで，2009年5月21日に開始される裁判員裁判が話題になった。もっとも極端な事例として，家庭裁判所で検察官送致された14歳の少年が，裁判員の参加する刑事法廷に被告人として立つこともありうる。この事実に出席者全員は頭を抱え込んだ。裁判員裁判がいかに良い制度であるとしても，14歳の少年を裁く場としてふさわしいとは思えない。そこで起こる弊害は，その裁判を担う法律家の手によって，あるいは裁判手続き上の何らかの配慮によって取り除くことができるのだろうか。出席者全員は，裁判員裁判の対象として少年被告人が含まれるという現実を見据え，このような裁判に対人援助専門職が関わることの必要性を確認した。

その後も，この日の参加者は何度か集まることになる。そして，今しなければならないことは，私たちの問題意識を広く一般市民に知らせることではないかと考えるようになった。私たちの議論の成果は，2009年12月，『Q＆A少年事件と裁判員裁判——少年の立ち直りと向き合う裁判員のために』（明石書店）という本として出版された。

この時期，大阪，東京などで少年被告人の模擬裁判が実施されはじめた。裁判員裁判の実施直前にして，裁判所など関係者もやっと少年被告人の存在に気付いたのかという印象であった。

過去の裁判統計から試算すると，少年被告人の裁判員裁判は年間30件位と推定され，これは決して少なくない数である。筆者は，裁判員裁判で第1号の少年被告人が法廷に立つまでに，弁護人から依頼があれば対人援助専門職としてサポートできる体制を作り上げたいと考えた。刑事裁判への対人援助専門職の関与についての先駆者は加藤幸雄であり，著名な重大

事件の鑑定を多く手がけていた。筆者が構想する組織の先頭に立つ存在としては加藤が一番適任であるが，当時，大学学長として超多忙な身の上であり，その任を依頼することは無理な話であった。

　この組織を作るためには，一方で犯罪・非行に関心をもつ対人援助専門職へ，もう一方では弁護士や法律研究者へと賛同者を広げていく必要がある。前者については，家裁調査官やその退職者，加藤と筆者が役員を務める日本司法福祉学会会員にはたらきかけた。現職家裁調査官のA，元家裁調査官では山田麻紗子（日本福祉大学），村尾泰弘（立正大学）などの協力が得られた。弁護士では，齋藤義房（当時 日本弁護士連合会子どもの権利委員会委員長）が子どもの権利委員会所属の弁護士に広く呼びかけてくれた。

　2009年5月23日，品川駅において，山田，齋藤，Aと筆者の4人が，いかにしてこの組織を立ち上げるかについて，初めての話し合いを行なった。その後も何度か打ち合わせの機会を持ち，2009年9月に「対人ネット」立ち上げ会を開催することを決めた。

2　「対人ネット」の活動

1　会の発足

　2009年9月23日，村尾の勤務校である立正大学大崎キャンパスにおいて「対人ネット」立ち上げ会（第1回集会）を開催した。この会には毛利甚八氏（漫画『家栽の人』作者）を記念講演の講師として招いた。毛利氏は，ウクレレを片手に，中津少年学院の篤志面接員として取り組んだ音楽教育活動について話してくれた。

　この日の参加者は，山田，村尾，筆者ほか東京近郊の元家裁調査官，Aほか数名の現職家裁調査官，元法務教官，元法務技官（矯正心理職員），元保護観察官，少年法などを専門とする大学教員，さらに相当数の弁護士

など総勢約40名であった。

　毛利氏の講演後，この会が今後，少年被告人の裁判員裁判をサポートするための情報を収集し，弁護活動を支援することをアピールした。具体的には，「対人ネット」事務局（筆者）が活動可能な対人援助専門職（家裁調査官OB，非行・犯罪の実務に関わったことのある臨床心理士・社会福祉士など）の登録を受け付け，裁判員裁判の弁護人から依頼があれば，その登録者のなかから推薦する事業を進めるということである。ただ，最初から大きく手を広げることができないので，当面サポートする被告人は少年に限ることにした。

　その日，参加者から「対人ネット」のような組織が必要であるとして，この会への期待や要望が多数寄せられた。会のメンバー（登録者と弁護士）でメーリングリストを作り，情報交換を行なうことになり，メーリングリストの立ち上げと管理は，佐藤隆太弁護士（当時 法テラス秋田法律事務所）が担当することになった。

2　裁判員裁判への支援の開始

①埼玉ケース

　2009年の年末，さいたま地方裁判所の強盗致傷事件少年（以下，埼玉ケース）の弁護人からサポートの依頼があった。「対人ネット」が初めて受けた依頼であり，これは会の立ち上げの中心であった筆者自身が受けるしかないと考えた。

　この被告人は外国籍で行為時17歳，当時18歳であった。筆者は，埼玉に2回行き，拘置所の少年に弁護士同席で面接し，保護者である母親とは弁護士事務所で面接した。面接に先立って，弁護人が家庭裁判所の社会記録を閲覧して作成したメモを読んだが，非常に簡素で内容がないことに失望した。少年調査票の内容が検察官送致意見ありきという印象を抱かざるをえないものであった。

　埼玉ケースは，公判前整理手続き中であり，弁護人は少年の要保護性を

再検討して家裁移送により保護処分（少年院送致）とすべきであると主張していた。筆者がこの裁判への協力を受諾したことから、弁護人は筆者を専門家証人として採用するよう請求した。しかし、裁判所は保護処分の相当性は法律判断であるので証人の意見を聴く必要はないと述べ、請求を却下した。弁護側は、弁論で筆者の見解を間接的に述べるしか方法がなかった。

埼玉ケースの裁判は 2010 年 5 月下旬に始まり、6 月初旬に判決が言い渡された。裁判開始直前および裁判中、何度かスカイプを使って、弁護人と筆者の間で、どういう裁判員が選任されるといいか、弁論でどういう主張をすればいいかなどについて意見交換をした。筆者は、少年と保護者との面接結果を踏まえて、外国籍少年の社会生活上のハンディキャップの大きさ、少年の更生上の資源となる家族の存在について意見を述べた。また、弁護人は少年刑務所と少年院の処遇の違いをどのように説明するかについて筆者に意見を求めた。

埼玉ケースの判決は、検察官の求刑「5 年以上 10 年以下の懲役刑」に対して「4 年以上 7 年以下」となった。

②堺ケース（1）

埼玉ケースとほぼ同じ時期、大阪地方裁判所堺支部の強盗致死事件少年（以下、堺ケース（1））（武内、2014［pp.125-140］の弁護人からサポートの依頼があった。この被告人は行為時 16 歳で軽度の知的障害を有する。家庭裁判所は、社会調査で本人の資質と犯罪行為の関係を掘り下げることなく、少年法 20 条 2 項の規定通り検察官送致の決定をしていた。

弁護人は、公判前整理手続きにおいて社会調査の不足を主張し、本人の資質を鑑別した少年鑑別所の心理技官の証人尋問を求めた。しかし、それは認められず、次善の策として元家裁調査官の筆者を専門家証人として採用するよう申請した。だが、その申請も認められなかった。その後、弁護人は、被告人の資質に関わる鑑定を粘り強く主張し、最終的には知的障害に詳しい児童精神科医の鑑定と法廷証言が実現した。

堺ケース（1）については、2010 年 12 月、検察官の求刑通り「5 年以上

10年以下の懲役刑」の判決が下された。

③「対人ネット」の集会

　「対人ネット」は，2010年7月24日にさいたま市で第2回集会を開催し，埼玉ケースの検討を行なった。この会で，この事件を担当した弁護人は，刑罰より保護処分が妥当であるという主張が説得力を欠いたのは専門家証人が採用されなかったためであると明確に述べた。

　また，日弁連子どもの権利委員会主催の2010年8月の夏季合宿，日弁連主催の2011年5月の付添人経験交流集会においても，埼玉ケースと堺ケース（1）の検討が行なわれた。

　この会では，原則検察官送致該当事件について家庭裁判所の社会調査の形骸化が著しいこと，公判前整理手続きにおいて家庭裁判所移送の妥当性を主張するために専門家の鑑定や証言を求めてもなかなか認められないことが報告された。

④裁判員裁判開始から2010年までの状況

　裁判員裁判の開始後，予想されていた通り，少年事件も次々とその対象になった。2010年11月，仙台地方裁判所は，殺人・殺人未遂事件の19歳少年に対して死刑判決を行なった。

　「対人ネット」には，マスコミをにぎわす有名事件も，ほとんど報道されていない事件も，実にさまざまな少年被告人の情報が寄せられた。筆者は，弁護活動について可能な限りのアドバイスをするとともに，登録者のなかから適当と思われる専門職を紹介した。しかし，2010年までに，正式に鑑定を命じられたり，法廷証言が認められたりするケースはなかった。

　「対人ネット」登録者でない家裁調査官OBが個別に弁護士から依頼を受け裁判の支援をしているという情報を耳にすることもあった。そのなかで，元家裁調査官と元法務教官が法廷証言したケースがある。2010年3月に判決があった名古屋地方裁判所の19歳少年の強盗強姦等事件である（武内，2014［pp.181-202］）。

3 「対人ネット」活動の本格化

①堺ケース（2）

2012年の冬，大阪地方裁判所堺支部の傷害致死事件少年（以下，堺ケース（2））の弁護人からサポートの依頼があった。

この少年被告人は19歳の有職者で，会社の同僚といっしょに同僚にリンチを加え死なせてしまったという事件であった。筆者は，事件記録と社会記録（メモ）を読み，少年に2回，保護者に2回の面接を行なった。少年との面接は弁護側の私的な情状鑑定という位置づけであったが，拘置所が弁護士の同席しない面接を許可し，1回当たり1時間半程度の面接時間を確保してくれた。

筆者は，このケースのポイントは，犯罪行為実行における本人の役割（一見主導的に見えるがそうではない），犯行動機（主犯格の成人に認めてもらいたいという気持ちから被害者に暴行を加えた）と本人の生育史，家族関係（本件の背景となる本人の性格や行動の傾向をつくりだしてきた）との関係であると考えた。そして，この被告人の課題は「社会性の未熟」であり，処遇としては刑罰より矯正教育が望ましいという結論に達した。

弁護人は，家庭裁判所移送を主張するため筆者を専門家証人として申請し，裁判所はこれを認めた。法廷で，筆者は少年・保護者に対する調査によって得た事実，元家裁調査官として判断した内容を証言した。2012年5月，検察官の求刑「5年以上10年以下の懲役刑」に対して「5年以上9年以下」の判決が下された。

②新潟ケース

堺ケース（2）の依頼を受けたのとほぼ同じ時期に，新潟地方裁判所の殺人事件少年（以下，新潟ケース）の弁護人からサポートの依頼があった。

このケースは16歳の高校生が校内で同級生を殺害したというものであり，地元マスコミで大きく報じられていた。非常に動機のわかりにくい事件であったため，捜査段階で精神鑑定が行なわれており，その結果は責任

能力に問題はないというものであった。

　この事件のサポートは非常に困難が予想されたため，名古屋近辺の「対人ネット」メンバーに集まってもらい，弁護人からの詳細な説明を受けたうえで，サポートの方向性を議論した。この段階で，議論に参加したメンバーは，捜査段階の精神鑑定においても，家庭裁判所の社会調査においても，事実関係が十分に解明されていないという印象を抱いた。裁判所に再度の精神鑑定を求めつつ，「対人ネット」メンバーによる社会調査を並行していくのが適当ではないかという結論に達した。

　「対人ネット」では，筆者と村尾の2人が担当することになった。筆者と村尾は，拘置所において弁護士同席でアクリル板越しの面接を行ない，弁護士事務所で保護者との面接を行なった。同時に，弁護人は鑑定経験豊富な精神科医にも協力を依頼した。公判前整理手続において，裁判所は筆者とその精神科医の2人の法廷証言を認めた。

　ただ，筆者の証言内容は「少年院と少年刑務所の処遇の違い」に絞られた。公判では，弁護人が本件犯行と少年の人格特性との関係，処遇に関する意見を筆者から少しでも引き出そうと努めていたが，検察官から異議があり，裁判長もその異議を認めた。検察官は，法務省矯正局の通達を持ち出し，筆者に対して少年刑務所にも少年院と同じような更生改善の取り組みがあることを認めさせようとした（少年刑務所において，特別な教育的処遇が行なわれ，そのための一定のスタッフが配置されていることは否定できることではなかった）。筆者にとってこの窮屈な尋問は後味の悪いものであった。

　新潟ケースについては，2012年7月，検察官の求刑通り「5年以上10年以下の懲役刑」の判決が下された。

③千葉ケース

　2012年の夏，千葉家庭裁判所に係属する予定の殺人事件少年（以下，千葉ケース）について，弁護士からサポートを求められた。刑事裁判になる可能性が高いが，できれば保護処分で終わらせたいので，家庭裁判所の

審判段階からサポートしてもらえないかという依頼であった。

　この事件は15歳の高校生が自宅で同居の祖母を殺害したというものであった。筆者は少年の年齢が低く家族関係に大きな問題があると考え,「対人ネット」登録の元児童福祉司に協力を求め,筆者と2人でサポートに入ることにした。少年鑑別所で少年との面接を2回(筆者と元児童福祉司がそれぞれ1回ずつ),弁護士事務所で保護者との面接を行なった。そのうえで,筆者らは「保護処分(少年院送致)相当」の意見書を付添人弁護士に提出した。

　2012年10月,家庭裁判所は「中等少年院送致(長期の処遇勧告)」の決定を行なった。千葉ケースは,家庭裁判所の審判段階で,付添人に家裁調査官と同じ知識や技量を有する専門職が協力することが有効であることを証明するものとなった。

④「対人ネット」の集会

　この時期,不定期ではあるが,「対人ネット」に登録するメンバーが集まり,情報交換する会を続けた。2011年3月5日に大阪弁護士会館で第3階集会を,2012年1月8日に日本福祉大学名古屋キャンパスで第4回集会を開催した。

⑤ 2011年から2012年までの状況

　裁判員裁判が始まって2年が経過した頃から,弁護側が家庭裁判所移送を主張した場合,その立証のために元家裁調査官を専門家証人として採用する裁判体が増加していった。

　2011年7月に「5年以上10年以下の懲役刑」の判決があった千葉地方裁判所の強盗強姦事件の17歳外国籍少年の裁判では,村尾が関与し法廷証言を行なっている(武内,2014［pp.156-180］)。

　2012年2月に判決のあった福岡地方裁判所の強盗致傷事件の19歳少年の裁判では,福岡県で少年事件の付添人活動をしている正木信二郎(元家裁調査官)が法廷証言を行ない,求刑「4年以上7年以下の懲役刑」に

対して「家裁移送」の判決を得た（武内，2014［pp.71-81］）。

4 活動の変化と組織整備

①活動の変化

　2013年4月以降，「対人ネット」の活動は大きく変化した。その大きな契機は筆者自身の事情にある。2012年までの3年少々の間，不十分ながらも筆者が中心になって裁判員裁判のサポートの依頼を受けてきた。しかし，2013年から筆者の大学での業務が飛躍的に増加し，仕事の都合をつけて遠方の裁判所に出向くことが困難になった。

　筆者と交替するかのように，2013年3月，加藤は日本福祉大学学長を退き，刑事事件の鑑定活動を本格的に開始した。加藤は，名古屋市内のある弁護士事務所に席を置き，「司法ソーシャルワーカー」を名乗った（その肩書で名刺も作った）。

　名古屋では，加藤と同じ日本福祉大学の山田が，2010年に「名古屋鑑定研究会」という組織を立ち上げ，刑事事件の心理鑑定を積極的に引き受け，年4回の事例検討会を企画した。事例検討会には加藤をはじめ，元法務教官，元保護観察官など10名前後が常時参加していた。この名古屋グループは非常に有力なメンバーが集まっており，ここを「対人ネット」の中心に据えることが妥当であると考えられた。

　2013年度から，元家裁調査官の須藤明（駒澤女子大学），岡本吉生（日本女子大学）と村尾の3人は，科学研究費補助研究「裁判員裁判に寄与する情状鑑定の在り方と判決前調査制度の導入可能性に関する研究」を開始した。この3人は裁判所を退職後「FPIC」（後述）に所属し，刑事事件の心理鑑定を何度か経験していた。村尾は「対人ネット」に発足時から関わり，会発足後しばらくして須藤，岡本も参加するようになった。この3人は研究推進のため，刑事裁判の心理鑑定に積極的に関与した。

　この時期も，筆者の下には，それまでと同様に，少年被告人の裁判員裁判のサポートの依頼がたくさん寄せられていた。マスコミが大きく報じる

ような少年事件のほとんどが「対人ネット」に持ち込まれたと言っても過言ではない。筆者は，依頼した弁護人に対して，名古屋近郊のケースは加藤らを，東京近郊のケースは村尾らを紹介することを繰り返した。近畿など西日本のケースは，鑑定経験のある元家裁調査官の橋本和明（花園大学）らを紹介した。いわば筆者はケースの振り分け役を担っていた。

②組織の整備

筆者は加藤と相談のうえ，「対人ネット」の集会を「勉強会」という名称にして定例化することにした。そして，会の代表を加藤，事務局を筆者とすることを決めた。

「勉強会」の会場を原則として立正大学大崎キャンパスに固定することにし，第5回を2013年11月23日，第6回を2014年5月25日，第7回を同年12月20日，第8回を2015年6月20日と，半年に1回のペースで開催した。この会は実際に行なわれた裁判例の検討が主な内容となるため，参加者を「対人ネット」メーリングリスト登録者，またはその推薦を受けて事前に事務局へ届け出た者に限っており，毎回ほぼ40名程度の参加者がある。

3 刑事裁判と対人援助専門職

1 対人援助専門職による刑事事件の鑑定

刑事裁判のなかには，被告人の責任能力の有無は問題にならないが，犯罪動機の解明などのため，人間関係諸科学の専門家の手助けを必要とするものがある。この手助けの多くが刑の減軽を目的とするため，この活動は情状鑑定と呼ばれる。加藤は，科学的知見に基づく活動を情状鑑定ではなく「犯罪心理社会鑑定」と呼ぶことを提唱した。それは，家庭裁判所の社会調査と同様に，医学，心理学，教育学，社会学などの専門的知識を活用

した活動のことである。

　刑事裁判においてこの活動を担ってきた大きな勢力は，加藤など元家裁調査官であった。家裁調査官OBなどが設立した「公益社団法人家庭問題情報センター（FPIC）」という組織がある。この組織は，家庭裁判所の業務に関連して，家裁調査官のもつ人間関係諸科学の知識と対人援助技術を活用して，「官」が担いにくい領域をカバーするものである。具体的な業務は，家庭問題に関する相談・調停（Alternative Dispute Resolution : ADR），親子の面会交流援助，後見・後見監督などであり，家事分野のものが多い。「刑事事件の鑑定人の推薦」が業務のひとつに挙げられているが，ごく小さな領域のようである。しかも，この鑑定は裁判所からの依頼によるものが基本である。「FPIC」の理事長は元家庭裁判所長であり，事務局長は家庭審議官（家裁調査官のトップ官職）退職者が務めている。本部の下に東京ほか全国各地に9つの相談室をもつ。組織の性格から社会からの信頼度は極めて高い。しかし，「官」の色彩が強いことからくる長所と短所があることは否めない。

　「FPIC」の活動とは一線を画して，弁護士から依頼される刑事事件の鑑定を受けて活動する元家裁調査官もいる。

　全くの個人の活動として，犯罪心理を専門とする大学教員（精神科医，臨床心理士など）が，裁判所や弁護士から依頼され，鑑定に取り組むというものもある。なかには数多くの事件を手がけて，またその経験を著作にし，有名になっている人もいる。名の通った人には次々と弁護士から依頼が舞い込み，非常に多忙になってしまう傾向がある。

2　対人援助専門職による「入口支援」

　ごく最近，罪を犯した知的障がいのある人，高齢の人について，社会福祉士がサポートする活動が始まった。

　2013年4月，東京地方検察庁に「入口支援」を行なうアドバイザーとして1人の社会福祉士が採用された。これはいまだ実験的な取り組みであ

るが，その人数は徐々に増えている。「入口支援」とは，知的障がいがあるか，高齢である犯罪者を，通常の刑事手続きの乗せる前に福祉の支援につなぐ試みのことであり，刑務所から社会に戻る人の支援を「出口支援」と呼ぶのに対比して使われるようになった言葉である。

　また，弁護士事務所に社会福祉士・精神保健福祉士を採用し，あるいは弁護士事務所と独立型社会福祉士とが提携して，刑事被告人の裁判と支援について協働を図ろうとする動きもある。

3　事件の重大性との関係

　刑事裁判における対人援助専門職の関わり方は，事件の重大性に左右される。

　事件が軽微な窃盗の繰り返しや軽い暴力ならば，被疑者が福祉の支援を受けることを条件に検察庁が不起訴処分とすることについては，社会から非難される可能性は少ない。その意味では，現在の東京地方検察庁の取り組みは対人援助専門職の上手な活用と考えられる。情状鑑定のなかにも，比較的軽い事案で，本人の法廷での態度や動機の不可解さから執行猶予を選択しにくいが，裁判所として実刑判決を避けたいという思いから命じられるものがあり，これも社会の許容する範囲内にある。

　問題は，被害者や地域社会が峻烈な処罰感情を抱くような重大事案である。重大事件を引き起こしたのが少年である場合，刑事責任能力は備わっているが何らかのハンディキャップを有している場合，このようなケースの取り扱いは非常に難しい。検察官は，少年であっても家庭裁判所が検察官送致決定したこと，何らかの障がいがあるとしても刑事責任能力有りという判断がなされていることから，重大な事案には相応の処罰が必要であると主張する。そして，その主張は世間の大きな支持を得る。

　しかし，このような被告人の裁判で，少年のもつ未成熟性と更生可能性，ハンディキャップのある人の社会生活上の困難と社会資源との関わりが明らかにされなければ，適切な処遇の選択はできない。裁判員裁判の対象は

死刑や無期懲役の決定がありうる重大事件の被告人であり，峻烈な処罰感情が支配する法廷内においても，冷静かつ客観的に，しかも豊富な被告人に関わる情報が裁判体に提供されなければならない。このような情報収集と分析を弁護士のみで行なうのは至難の技であり，対人援助専門職の関与が求められる。

対人援助専門職は，どんな人であっても，その人の尊厳を尊重するという倫理観をもたなければならない。だが，そのようなセンスは，重大事件の法廷内では圧倒的な少数意見になってしまう。ときには依頼した弁護士との間に摩擦を引き起こすことさえある。しかし，それが対人援助専門職の関与する意義であり，「渦中の栗を拾う」ことになってもやり抜かなければならないのである。

刑事裁判の主宰者は司法機関であり，その担い手は法律家であることに間違いはないが，裁判における立証活動は多職種連携で行なう必要があるのではないだろうか。

4 「対人ネット」の将来

1 求められる活動

刑事事件のなかには，被告人について対人援助専門職が心理学や社会学を活用した調査を行ない，その人と犯罪行為について一定の見解をもち，その結果を証人となって公判廷で明らかにすることが必要なものがある。被告人が少年である場合，何らかのハンディキャップを有する場合などであり，事件数としてはそれほど多くないかもしれない。しかし，これは間違いなく必要な活動である。「対人ネット」は，それに応える組織として構想されている。

「対人ネット」は，弁護人の依頼によって対人援助専門職が弁護活動のサポートを行なうことを目的とした組織である。活動の流れは図のように

なる。

　対人援助専門職の調査は，犯罪動機の解明，被告人の人格の把握を行なうが，静的なものにとどまらず，被告人のストレングスを見つける，エンパワメントしてより良い状態で被告人を裁判に臨ませる，被告人の更生意欲が高まるよう家族や就労先などの協力を取り付けるなど動的なものになる可能性が高い。したがって,「鑑定」というより「支援」という言葉を使ったほうがふさわしいかもしれない。

　とくに，少年被告人の場合，未決拘留中であったとしても成長発達権が保障されるべきであり，対人援助専門職が関わりを継続することには大きな意味がある。

2　活動の担い手

　現在,「対人ネット」の有力なメンバーは元家裁調査官に限られている。調査段階で元法務教官，元保護観察官，元児童福祉司に協力をしてもらったことはあるが，中心は元家裁調査官であった。しかし，この活動を元家裁調査官のみで継承していくことは不可能であり,現時点で「対人ネット」は持続可能な組織と言えない。

　筆者ほか元家裁調査官でこの活動を勧めている者のほとんどは大学教員であり，本来業務のかたわらでしているという現状である。これでは，将来この組織を大きく強いものにすることができないであろう。さらに，ごく最近深刻な事態が生じた。2015年2月，加藤は出張先で倒れ，長期入院の身の上となったしまった。せっかく立ち上げた「司法ソーシャルワーク」の活動も休止中である。

　さて，少し長期的な展望を持って，「対人ネット」の担い手を検討してみよう。国家資格である社会福祉士，精神保健福祉士，あるいは2015年に法制化された公認心理師を基本として，その上に司法領域の高度な研修や実習を課し,「司法福祉士」「司法心理師」のような資格を創設したらどうだろうか。家裁調査官,法務技官(矯正心理職員)と法務教官,保護観察官,

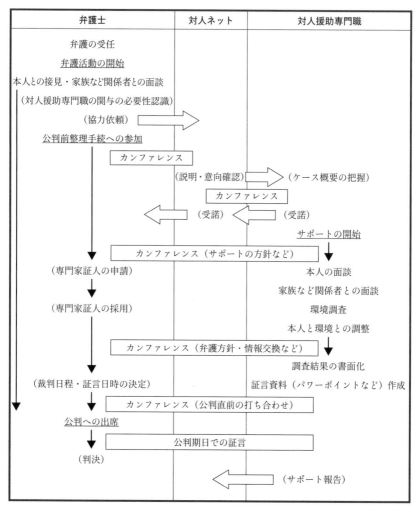

図　対人ネットの活動

社会復帰調整官などの官職にはこの資格者が充てられるべきであり，また刑事弁護人をサポートする専門職，検察庁に採用される専門職もこの資格者であるべきだろう。「対人ネット」は，刑事事件のなかでもっとも重大な事案を担う専門職の集団として，「司法福祉士」や「司法心理師」のあこがれの仕事になればいいと思うが，これは夢に過ぎないだろうか。

3　活動の条件

　「対人ネット」の活動を継続するにあたって，人材確保とともに重要なのは，この仕事をすることで対価が得られるかどうかということである。筆者が引き受けた事件では，被告人の保護者に経済力がある場合，弁護人を通して交通費や日当を受け取ることができたが，経済力が乏しい場合は弁護士事務所がどこからか捻出するか，手弁当に甘んじるかになる。たくさんの鑑定を引き受けた加藤もほとんどがボランティアであったと語っていた。この活動についてどこからも報酬が得られないとすれば，将来公認の専門職に委ねることは不可能である。「対人ネット」の活動は，基本的に社会正義にかない，法的安定をもたらすのであり，何らかの公的な財政支出が検討されてもいいのではなかろうか。

　もうひとつ，弁護人の私的活動として対人援助専門職を活用する場合，裁判所の命じる鑑定と比べて，被告人との接触に種々の困難が伴うことである。拘置所によって取り扱いは異なるが，弁護士同席のアクリル板越しの面接が基本となり，時間制限があることも多い。このような条件では，心理テストの実施は困難であり，そもそも正確な情報収集，被告人との信頼関係の醸成の妨げになる。家裁調査官の社会調査を超えるような情報収集を目指すためには，家裁調査官並みの調査環境の保持が必須である。弁護人の依頼による活動であっても，より良い情報収集ができるような配慮を拘置所に求めたい。

4 NOFSWとミティゲイション・スペシャリスト

　日本司法福祉学会は，この5年間，アメリカのNOFSW（全国司法ソーシャルワーク機構）との学術交流を行なってきた。アメリカには，司法に関係する業務を専門とするソーシャルワーカーが存在し，そのなかでも刑事弁護をサポートするミティゲイション・スペシャリスト（刑減軽専門職）という専門分野がある。また，NOFSWは，組織として死刑判決を受けた拘置者に対するサポート活動にも取り組んでいる。

　アメリカと日本では，司法の事情もソーシャルワーカーの事情も大きく異なるので，アメリカの実践をそのまま真似ることはできないが，刑事弁護の活動に対人援助専門職がどのように関与していくかを考えるうえでは，学ぶものが多い。また，アメリカ各州が，司法ソーシャルワークの活動を保障するための財政基盤を作り上げていることにも注目すべきである。

5 当面の課題

　「対人ネット」について，長期的には大きな夢を抱きながら，当面は元家裁調査官を中心とする現有メンバーが地道に活動を続けていくしかないと筆者は考えている。取り組みの方向性は次の3つである。

①勉強会の開催

　第5回勉強会以降，東京の立正大学大崎キャンパスを会場とし，年2回開催してきた。参加者は，対人援助専門職と弁護士のバランスが良く，固定のメンバーも多く，毎回ほぼ40名程度の参加がある。会の発展のためには，ときには東京でない地域での開催を検討する必要があるかもしれない。そして，刑事裁判弁護への関与に関心をもつ対人援助専門職と弁護士を増やしていきたい。

②弁護人のサポート活動・法廷証言を行なう者の開拓

　即戦力という観点からは，現段階で元家裁調査官は外せない。元家裁調査官が社会福祉士・臨床心理士などと組んでサポート活動を行なうことにより，「対人ネット」への新たな登録者を増やし，かつ実際に活動できる専門職を育てたい。

③日本司法福祉学会，NOFSW との交流

　「対人ネット」は日本司法福祉学会を母体とし，同学会のひとつの研究分野の実験的活動として育ってきた。日本司法福祉学会と NOFSW との学術交流の結果は「対人ネット」の活動に生かされなければならない。

　「対人ネット」の活動活性化のため，近い将来，ホームページの立ち上げ，ニュースの発行などを検討したいと考えている。現在の「対人ネット」を持続可能なものにしていくための努力が，将来大きく花開くことを期待したい。

付記

　本論稿において，「対人援助専門職」は，国家資格である社会福祉士・精神保健福祉士を中心としてソーシャルワーク業務を行なう者，臨床心理士を中心として心理相談業務を行なう者を指す言葉として使った。

文献

藤原正範（2013）量刑判断に対人援助専門職は寄与できるか．罪と罰 50；98-113.
加藤幸雄・藤原正範＝編（2009）Q＆A 少年事件と裁判員裁判──少年の立ち直りと向き合う裁判員のために．明石書店．
公益社団法人家庭問題情報センター（n.d.）設立の趣旨──FPIC（家庭問題情報センター）とは？（http://www1.odn.ne.jp/fpic/gyoumu_1.htm［2016 年 3 月 1 日閲覧］）
まさかり（n.d.）裁判員裁判になった少年事件の判決例．（http://www.geocities.jp/masakari5910/citizen_judge_hanrei_boy.html［2016 年 3 月 1 日閲覧］）
武内謙治＝編著（2014）少年事件の裁判員裁判．現代人文社．

あとがき

橋本和明

　世の中に凶悪な事件があとを立たない。人々はいつわが身に災厄が襲ってくるかと不安を募らせている。犯罪心理鑑定は，加害者がなぜそのような犯行に至ったのかというメカニズムやパーソナリティへの理解とともに，家族や学校における社会的要因あるいは成育史などの要因と犯罪行為との関連を明らかにするものである。時々，「動機なき殺人」などというように，犯行の確たる動機がなく実行に移してしまう事件が起こったと聞かされるが，動機がないということこそが犯行の大きな動機であり，そこに大きな真実が隠されているかもしれないのである。こうして犯行の陰に存在するもの，犯行を通して加害者が真に求めていたものが何かわかれば，多少ともわれわれは腑に落ち，不安が軽減されるかもしれない。

　私はこれまで金剛出版から『非行臨床の技術――実践としての面接・ケース理解・報告』（2011），『子育て支援ガイドブック――「逆境」を乗り越える子育て技術』（2014）を刊行し，本書『犯罪心理鑑定の技術』はその三部作のひとつという位置づけになる。いずれも"技術"にこだわったのは，単に技法の習熟を目的としたからではない。自分の持っている力を精一杯発揮させ，その時その場で考えたことを大切にしながら前に進んでいくという姿勢を，私自身が貫きたかったからである。本書のなかでも，執筆者の一人である井原裕氏が「『技術』には，つねにそれを使う人の生き方や考え方がこめられている。それを人間観とか，倫理観と呼ぶわけだが，そういった精神的な価値なくしては『技術』に生命が宿らない」と述べて

いるが，そこに臨床家あるいは実務家の姿があると信じている。

　最後に，金剛出版の藤井裕二氏には三部作とも編集をご担当いただいた。藤井氏の企画力や丁寧なご指導ご助言があればこそ，ここまでこられたと思っている。心よりお礼を申し上げたい。

　この本は，科学研究費助成事業研究（学術研究助成基金助成金・基盤研究（C）（一般）・課題番号16K04399：平成28〜30年度）の成果である。

　本書が犯罪・非行や裁判にかかわる専門家だけではなく，多方面の方に読まれ，心理鑑定の大切さが広まっていくことを期待したい。

2016年6月 初夏を前にして
橋本和明

索引

名

石川義博 184
岩佐嘉彦 141
岡本吉生 165, 185, 238
小田晋 060
加藤幸雄 023, 059, 110, 185, 230, 247
齋藤義房 231
才村眞理 170, 185
佐藤隆太 232
須藤明 007, 165, 238
ドストエフスキー（フョードル） 064
永山則夫 108, 184
橋本和明 058, 185, 239
林養賢 008, 172-184
フロイト（ジークムント） 119, 125
正木信二郎 237
水上勉 008, 171, 172, 174-183, 185
村尾泰弘 006, 110, 231
村瀬嘉代子 008, 160, 185
毛利甚八 231
柳田國男 060-062, 075
山田麻紗子 008, 186, 231
山中康裕 172

A

DNA鑑定 021, 058
DSM-5 .... 125, 196, 198
ICD-10 .... 196, 198
Mitigation Specialist 146, 147
NICHDプロトコル 211
Probation Officer 146

あ

アスペルガー症候群 112, 121, 125
アセスメント
　静的── 149
　動的── 148, 149
アルコール依存 133, 183
安心で安全な環境の提供 051
いじめ訴訟 203
依存欲求の満足 134, 135
一般情状 .... 038, 053, 110, 146［▶犯情］
医療観察法 060, 073, 077, 087
インフォームド・コンセント 035
エコーイング 215-217
エンパワメント 010, 243
オープン質問 ... 205, 206, 208, 211, 213, 216-219, 222, 223［▶クローズド質問］

か

家庭裁判所調査官（家裁調査官） 004, 006, 022, 023, 037, 046, 048, 076, 080, 081, 085-087, 094, 095, 097-099, 101, 106, 148, 153, 163, 164, 166, 167, 210, 229-235, 237-240, 243, 245-247
家庭裁判所への移送 051, 102
過敏性 048, 049, 052

可変的リスク（dynamic risk factors）.............. 149
環境調整命令... 051
監獄法... 103, 164
観護措置............................. 042, 044, 080, 097, 101
鑑定結果............ 005, 032, 036, 038, 039, 070, 079,
　　083, 084, 086, 146, 148, 150, 157, 159, 165
鑑定事項............ 005, 006, 024, 026, 031, 032, 037,
　　077-079, 083, 086, 087, 100
鑑定手法... 005, 086
鑑定資料............ 005, 006, 057, 082, 083, 086, 087
鑑定費用.. 033, 058
鑑定命令...................................... 006, 023, 087
鑑定留置.. 078, 079
鑑別結果通知書......... 080, 086, 097, 100, 101, 153
記憶の変遷・汚染... 210
基準にもとづく内容分析（CBCA）.............. 207
起訴後鑑定.. 021, 032
起訴前鑑定.. 021, 032
虐待環境.. 169
虐待事件.. 007, 141
虐待死亡事例.................... 126-132, 137, 141, 142
虐待の世代間伝達... 129
ギャンブル依存....................................... 133, 134
教育主義... 093
供述信用性分析（SVA）................................ 207
供述調書............ 034, 063, 100, 101, 113, 148, 172,
　　175, 208, 209
供述の信用性................. 145, 205-207, 222, 223
供述分析... 009, 010, 024, 205, 206, 208, 210, 223
矯正可能性...................................... 099, 106, 107
矯正教育... 046, 047, 051, 052, 102, 105, 113, 235
矯正処遇... 029, 164
虞犯少年.. 079, 080
クローズド質問...... 205, 206, 211, 213, 216, 217,
　　220, 221［▶オープン質問］
ケア葛藤.. 137
刑事収容施設及び被収容者等の処遇に関する
　　法律.................................. 029, 103, 164, 185
刑事訴訟法.. 021, 076, 077
刑事弁護................................... 073, 229, 246
刑の減軽... 088, 146, 239
刑の量定.................. 022-024, 053, 054, 076, 077
検察官送致......... 006, 023, 042, 045, 047, 081, 093,
　　098-101, 104, 106, 107, 152, 154, 230, 232,
　　233, 241
　　──（逆送）.. 081
　　原則──................................. 104, 106, 234
　　原則──事件............... 019, 020, 028, 106, 107
限定責任能力... 077
厳罰化.. 006, 088
更生可能性......... 029, 031, 099, 146, 149, 168, 241
拘置所...... 032, 033, 078, 101, 112, 171, 232, 235,
　　236, 245
公的鑑定.. 021, 032, 033, 037, 038, 058, 100, 101,
　　146, 147［▶私的鑑定］
行動制御能力.. 022, 025
公認心理師.. 243
公判前整理手続き..032, 047, 079, 083, 085, 232-
　　234, 236
固定的リスク（static risk factors）.................. 149
個別処遇の原理...................................... 093, 094

裁判員裁判...... 003, 007, 009, 010, 020, 021, 027,
　　028, 030, 032, 037, 038, 040, 047, 051, 057,
　　067, 070, 071, 075, 084, 150, 153, 164, 210,
　　229, 230, 232, 234, 237-239, 241
裁判員の参加する刑事裁判に関する法律（裁
　　判員法）... 164
再犯危険性.. 030, 031, 103
再犯防止.............. 006, 088, 096, 100, 103, 159
再犯リスク... 149
死刑適用の基準... 108
自己対象.. 158
資質鑑別.. 113
「事実」の再学習... 210
私的鑑定... 021, 032, 033, 037, 038, 058, 100-102,
　　141, 146, 147, 160［▶公的鑑定］
児童自立支援施設... 044, 046, 048, 051, 081, 099
　　──送致.. 081, 099
児童相談所...... 043, 044, 080, 095, 096, 129, 130,
　　132, 210
　　──長（または都道府県知事）送致........ 099
児童養護施設送致................................ 081, 099
自閉症スペクトラム障害...... 112, 117, 121, 122,
　　125

索引　251

司法過程 094
司法面接（forensic interview）......... 009, 210, 211
社会調査 .. 004, 022, 080, 106, 146, 233, 234, 236, 239, 245
社会的危険性 030
社会福祉士 232, 240, 241, 243, 247
社会復帰調整官 245
遮蔽 200-202
守秘義務 035
証人尋問 070, 074, 084, 086, 200, 233
少年院 007, 046-048, 051, 052, 068, 098, 099, 102-105, 112, 113, 170, 233, 236
　──送致 045, 081, 099, 233, 237
　──法 104
少年鑑別所 045, 076, 080, 085, 086, 097, 101, 112, 113, 120, 233, 237
少年刑務所 068, 103, 233, 236
少年法 019, 020, 028, 047, 051, 076, 104, 106-108, 166, 229, 231, 233
　──第55条の移送 102
職権主義 093, 094
　──的審問構造 094, 097
触法少年 .... 079, 080, 088, 089 [▶犯罪少年]
食をめぐる問題 135
　食事の強要 135
　食の制限 135
事実弁識能力 022, 025
心神耗弱 022, 025, 070, 073, 075, 077
心神喪失 .. 022, 025, 070, 072, 073, 075, 077, 087
審判不開始 081, 098
制御能力 022, 025, 067, 077
精神保健福祉士 241, 243, 247
生物－心理－社会の次元 147
責任無能力 077
セックス依存 007, 133, 140
全件送致主義 080, 096
専門家証人 032, 038, 040, 047, 071-073, 075, 233-235, 237
ソーシャルワーカー 146, 160, 170, 238, 246
損害賠償請求 187-191, 194, 202

た

対人援助専門職 010, 230-232, 239-247
男性依存 007, 133, 134, 140
注意欠如・多動性障害（ADHD）................ 120
調査対象 035, 037, 095, 166, 174
治療的司法（Therapeutic Jurisprudence）........ 158
付添人 073, 081, 200-202, 229, 234, 237
投影同一化（projective identification）............ 151
当事者主義的対審構造 094
動物虐待 067
特段の事情 020, 028, 107

な

認知行動療法 068

は

パーソナリティ障害 056
発達障害 006, 007, 056, 105, 111-113, 117, 120, 122, 123, 125
　広汎性── 066-068, 125
判決前調査 163
　──制度 022, 146, 159, 160, 163, 238
犯罪少年 .... 079, 080, 089 [▶触法少年]
犯罪動機 010, 112, 239, 243
犯情 038, 052, 053, 110, 145, 146, 155
　[▼一般情状]
反応バイアス 205, 220
被害感 049, 052, 108, 154, 170, 181
被害者意識 155
被害者参加制度 037
被害者性 007, 155, 156
被害者調査 037, 042
被害者の司法臨床 188, 203, 204
被害と加害の逆転現象 050
被虐待体験 153
非行臨床 149, 154, 158, 166
筆跡鑑定 021
ビデオリンク方式 199-201
評議 039

不処分 081, 098
不定期刑 107, 108
プレゼンテーション 038, 039, 047, 067
弁識能力 022, 025, 074, 077
法務技官 076, 085, 112, 231, 243
法務教官 007, 080, 231, 234, 238, 243
ホールディング（holding） 157
保護因子（protective factors） 149
保護過程 094
保護観察 051, 081, 098, 104, 184
 ──官 098, 231, 238, 243, 245
保護処分 .. 046, 068, 081, 093, 098, 099, 102, 104, 106, 107, 152-154, 233, 234, 236
保護相当性 106, 107

ま

見て，聞いて，わかる裁判 020
民事鑑定 008
無力感 007, 049, 050, 053, 131, 132, 140, 151, 157

メタ認知 117, 118
面接者と被面接者の非対称性 147
問題解決型裁判所 159

や

役割葛藤（Double Role） 148
誘導質問 216, 217, 220
誘導や暗示のない方法 206
要保護性 ... 019, 020, 080, 094, 098, 106, 107, 232

ら

ライフヒストリーワーク 170
リスク因子 008, 149
留置場 078
量刑 ... 022-024, 027, 029, 038, 039, 053, 054, 066, 075, 085, 102, 107, 141, 145, 160, 164, 184
累非行性 106

執筆者一覧
（執筆順）

橋本和明	花園大学社会福祉学部臨床心理学科	［はじめに／第1章／あとがき］
井原　裕	獨協医科大学越谷病院こころの診療科	［第2章］
廣瀬健二	立教大学大学院法務研究科	［第3章］
村尾泰弘	立正大学社会福祉学部	［第4章］
小栗正幸	三重県教育委員会事務局特別支援教育課	［第5章］
西澤　哲	山梨県立大学人間福祉学部	［第6章］
須藤　明	駒沢女子大学人文学部心理学科	［第7章］
山田麻紗子	日本福祉大学福祉社会開発研究所 客員研究所員	［第8章］
横山　巖	弁護士（大阪弁護士会）	［第9章］
仲真紀子	北海道大学大学院文学研究科	［第10章］
藤原正範	鈴鹿医療科学大学保健衛生学部医療福祉学科	［第11章］

編著者略歴

橋本和明
（はしもと・かずあき）

花園大学社会福祉学部臨床心理学科教授。1959年大阪生まれ。1983年名古屋大学教育学部教育心理学科卒業後，家庭裁判所調査官補として採用。名古屋，大津，福岡，大阪，静岡，和歌山において家庭裁判所調査官を歴任。主任家庭裁判所調査官として大阪家庭裁判所を退職後，2006年より現職。

主著───『虐待と非行臨床』（単著・創元社［2004］），『発達障害と思春期・青年期──生きにくさへの理解と支援』（編著・明石書店［2009］），『非行臨床の技術──実践としての面接・ケース理解・報告』（単著・金剛出版［2011］），『子育て支援ガイドブック──「逆境を乗り越える」子育て技術』（編著・金剛出版［2014］）ほか。

犯罪心理鑑定の技術
（はんざいしんりかんてい）（ぎじゅつ）

印　刷	2016年8月10日
発　行	2016年8月20日
編著者	橋本和明
発行者	立石正信
発行所	株式会社 金剛出版（〒112-0005 東京都文京区水道1-5-16）電話03-3815-6661　振替00120-6-34848
装　幀	岩瀬 聡
印刷・製本	シナノ印刷

ISBN978-4-7724-1502-6　C3011　©2016　Printed in Japan

非行臨床の技術
実践としての面接・ケース理解・報告

[著]=橋本和明

●A5判 ●上製 ●260頁 ●定価 3,800円+税
● ISBN978-4-7724-1192-9 C3011

暴力事件・犯罪行為に手を染めた少年を
更生へと導く非行臨床。
家庭裁判所調査官の経験から論じる
非行臨床の技術論＋ケースレポート。

子育て支援ガイドブック
「逆境を乗り越える」子育て技術

[編]=橋本和明

●A5判 ●並製 ●280頁 ●定価 3,700円+税
● ISBN978-4-7724-1384-8 C3011

発達障害，虐待，家庭内葛藤，非行，いじめで停滞した
「むずかしい子育て」。
「できるところ」からはじめて育つ子も育てる親も楽になる
〈方法としての子育て技術〉リソースブック。

精神鑑定の乱用

[著]=井原 裕

●A5判 ●上製 ●200頁 ●定価 3,200円+税
● ISBN978-4-7724-1120-2 C3047

裁判員制度において大きな争点となる
犯罪者の責任能力，障害者の保護と処罰の必要性の関係を
重大犯罪の精神鑑定を手がけた著者が詳しく解説。
裁判員制度時代の精神鑑定ガイド。